今古

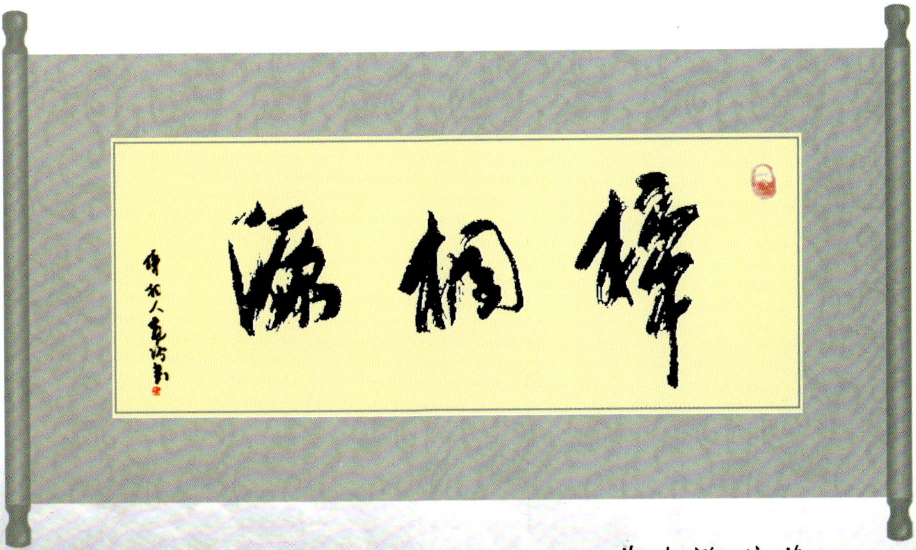

黄瑞祥 编著

浙江工商大學出版社
ZHEJIANG GONGSHANG UNIVERSITY PRESS

图书在版编目（CIP）数据

古今梓桐源 / 黄瑞祥编著. — 杭州 ：浙江工商大学出版社，2017.6

ISBN 978-7-5178-2128-1

Ⅰ.①古… Ⅱ.①黄… Ⅲ. ①淳安县－地方志 Ⅳ. ①K295.55

中国版本图书馆CIP数据核字(2017)第090335号

古今梓桐源

黄瑞祥 编著

策划编辑 沈　丹
责任编辑 沈　丹　谭娟娟
封面设计 黄瑞祥　洪晓辉
责任印制 包建辉
出版发行 浙江工商大学出版社
（杭州市教工路198号　邮政编码310012）
（E-mail：zjgsupress@163.com）
（网址：http：//www.zjgsupress.com）
电话：0571-88904980，88831806（传真）
排　　版 淳安县千岛湖金榜印刷厂
印　　刷 杭州五象印务有限公司
开　　本 787mm×1092mm　1/16
印　　张 29
字　　数 348千
版 印 次 2017年6月第1版　2017年6月第1次印刷
书　　号 ISBN 978-7-5178-2128-1
定　　价 86.00元

梓桐风光（唐华木摄）

梓桐镇镇政府大楼

梓桐镇
杜井
黄村
叶家庄
井峰
（井坎）
慈溪
练溪
（胡家）
洋塘坞
洋尖
935
竹尖山
桃树湾尖
天高尖
尹山
（十八殿坞）
三联
（方祠堂）
河联
（后洲）
结蒙
卢家
（石岭下）
唐家
程家源
春头尖
鹰峰
杏富
（富坡）
常宁
姜桐
（姜宅）
牛角尖
胡江
（墩头）
富石
（新屋里）
鱼口尖
799
青山
西湖
乌鸣坑
硕真半岛
梓桐口林场
黄梓桐口林场
松崖列岛
息坑列岛
江
水
库

梓桐镇政区图

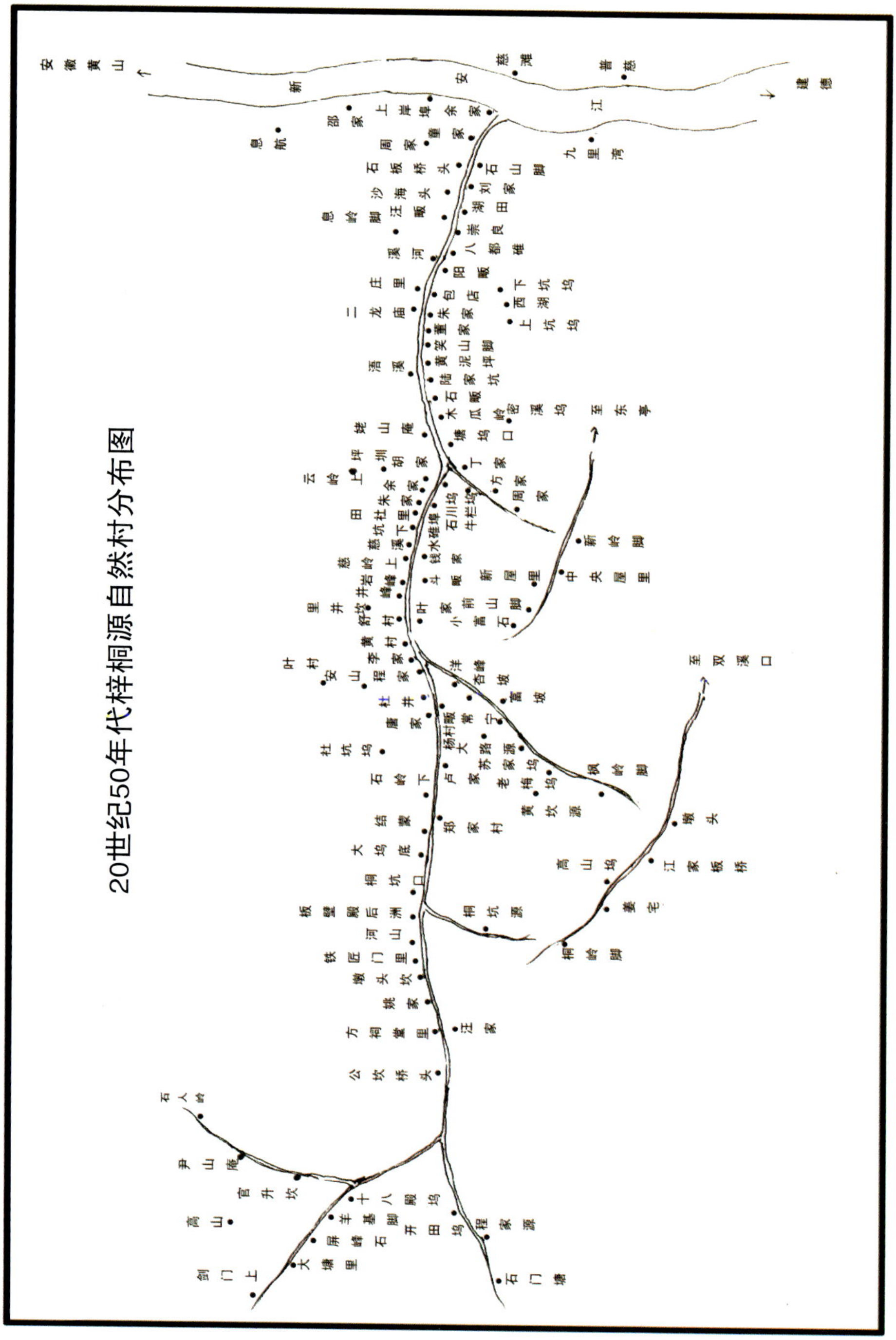

20世纪50年代梓桐源自然村分布图

梓桐桥晖

梓桐桥，位于梓桐镇，建于1964年。桥为三孔石拱，长42.1米，宽6.1米，高6.3米。桥头香樟，树龄500多年，冠盖如云。石桥、古木与清溪相互辉映，成为梓桐源标志性的景观。

尹山古庵

尹山位于梓桐源头，古为淳邑名胜。山巅有尹山庵，建于宋淳熙七年。今已圮，仅存佛殿残迹。

尹山银杏树

尹山珊瑚朴

茅桥清风（茅庵桥）

茅庵桥，位于卢家村村脚，为木石结构式廊桥，相传始建于明朝。原桥墩为青石材质，状如船型。桥梁为巨木横陈，桥面为木板铺设。公元2001年6月，古桥被洪水冲垮。同年9月重修，至2005年竣工。重建后的茅庵桥廊亭如旧，然桥墩与桥面改为钢筋水泥结构。

富岭樵歌

（乍柴岭）

富石岭，俗称乍柴岭，位于叶家乍柴坞头。岭巅有石亭、古柏，是叶家庄通往富石村的要道。

太白辞杯（汤瓶罐）

汤瓶罐位于尹山之南石山殿。山似酒杯（或茶罐）倒置，其把尤为明显。从尹山山腰眺望视野最佳。

蛇首探月

蛇首探月（俗称蛇头），位于公坑源口。巨岩耸立翠峰，酷似神蛇探首，仰望星空。

三潭瀑秀（三门潭瀑）

三门潭瀑布位于里桐程家源与石门塘之间。瀑布三折，冲刷成三个碧潭。白练三叠，喷珠泻玉，飘洒有态，秀丽可人。

梓桐民居

梓桐镇卫生院

2016年建成使用。

梓桐镇汽车站

汽车站位于杨家源口，2006年建成，班车由此可直达杭城、县城及汾口、姜家、威坪、鸠坑等乡镇。

梓中老校舍

梓桐中学创办于1958年。图中校舍建于1961年左右，是当年师生工作、学习和生活的主要场所。2007年拆除。

梓中新校舍

2011年7月建成使用。

梓桐镇中心幼儿园

梓桐镇中心幼儿园位于杨家源，2010年建成。

新建梓桐镇中心小学

新的梓桐镇中心小学位于黄村里何家塘，占地面积30余亩。2007年5月动工，2008年9月投入使用。新的学校气势宏伟，环境幽静，设备齐全，师资优良。

陈硕真画像

陈硕真（？—653），唐代梓桐源田庄里（今没入千岛湖）人。唐永徽四年（653），陈硕真在田庄里聚众起义，自称文佳皇帝，在中国农民战争史上写下了光辉一页。著名历史学家翦伯赞称她为“中国历史上第一个称帝的农民起义女领袖”。

胡拱辰画像

胡拱辰（1416—1508），字共之，明梓桐胡溪（今慈溪）人。明正统四年（1439）举进士，官至南京工部尚书，政绩显著，德齿俱尊。九十三岁卒于家中。赠太子少傅，谥号“庄懿”。

梓桐胡江村（墩头）胡氏宗祠

梓桐第一碑（胡拱辰墓碑）

据说此碑从南京（明京城）运来，立于拱辰墓前。后经变故，弃之于池塘作洗衣石。2007年挖出，现存放练溪村。碑身净高 1.8 米，宽 0.85米，厚0.16米。碑文已磨损，但碑头大篆“胡公墓志”“南京兵部文档”等字样依稀可辨。另有一方“胡都御史寿茔”碑，现存慈溪村。

前　言

我一直深爱着我的家乡——梓桐源，总想为她做点什么。2005年退休前夕，突然萌发一个念头，要写一本介绍梓桐源的书。此时我已不再担任县委党校教育科长的职务，教学任务也相对轻松，于是便有了更多采访、搜集资料的时间和方便。退休后，县委党史研究室聘请我参与《中国共产党淳安历史》的编写工作，这又为我查阅资料提供了更多的便利。公私兼顾，经过三个寒暑的努力，2008年，16万多字的初稿形成，书名定为《古今梓桐源》。

时任梓桐镇党委书记方震凡看到书稿后非常高兴，当即表示由镇政府资助内部出版，并为此书写了热情洋溢的序言。他在序言中写道："初夏，黄瑞祥先生送来了沉甸甸的《古今梓桐源》手稿，我捧之大为惊异，于是乎将信将疑地翻阅起来，顿时有一种'忽如一夜春风来'的清新和舒畅，又有一种'秀才不出门，能知天下事'的惊讶和满足，更有一种'千呼万唤始出来'的期待和珍贵。千年悠悠梓桐之独特文化与厚重历史，就需要这样来抢救、提炼并传承、光大。"他认为："书中载有梓桐建置沿革、村源探究、人物春秋、古迹考证、乡风民俗、民间轶事，记述颇为翔实，是非常珍贵的极富历史价值的史料，不失为词典式的'梓桐全书'。梓桐人值得一读，需要了解梓桐的人不妨一读。阅《古今梓桐源》，必会引领梓桐人更加热爱梓桐，归属梓桐，回报梓桐，必会引起更多的人了解梓桐，关注梓桐，走进梓桐……"他最后写道："《古今梓桐源》瓜熟蒂落，终于与读者见面了，当你打开本书的时候，也许比较陌生，可她会带领你遨游梓桐源，并渐入佳境；也许似曾相识，可她会唤起你无限的回忆，给出一个个美好的答案；也许非常熟悉，可她会挽住你的梓桐情怀，使你迸发无穷的生活激情。我想，能达到此目的，也就不违编者之初衷，不枉编者之辛苦了。”这些话对于编者来说无疑是莫大的慰藉、鼓励与鞭策。

2011年10月，梓桐镇举办建镇以来的第一次“书画艺术节”。为了推介梓桐，宣传梓桐，镇党委、镇政府让我把书名改成《古韵梓桐》，同时增加文化方面的内容。为此，我把政界人士的介绍撤了下来，加上了古今梓桐籍人士的诗词作品。

丙申金秋，镇党委书记罗宝华给我带来一个暖心的建议，让我结合近年梓桐的发展变化把《古韵梓桐》再做修改，扩大版面，公开出版。于是我夜以继日地修改书稿，补充内容，用了一个月的时间修改完毕。这次修订，“人物简介”分志载名人、政界人士、教育行政、翰墨留香、杏林传芳、科技·艺人、英模学者7个部分记述（企业界人士也曾考虑过，但“标准”难定，定了也难以获取真实数据，最后放弃）。原撤下的政界人士重新载入；根据新编《淳安县志》补充了当代的“志载名人”；增加医药界、科技界和文艺人士的介绍。在“民间轶闻”栏目中，增加陈硕真的民间故事5则。新增“书画之页”栏目，收录50位梓桐籍书画爱好者的作品。考虑再三，把书名仍旧改回《古今梓桐源》，一则比较切合内容，二则为纪念已故书名题写者。

实事求是地说，《古今梓桐源》倾注了我的心血，凝聚了我对故乡的深情。但我毕竟是一个上了年纪的业余编者，视野不宽，接触面不广，知识水平和写作能力亦有限，书中错误和遗漏之处在所难免，望读者不吝指教。

编　者

2016年11月

梓桐源概述

梓桐源，位于淳安县西部。东濒千岛湖，南接界首乡、姜家镇；北邻鸠坑乡，西与姜家镇郭村、安徽黄山市歙县璜田乡接壤。中心地点杜井村距县城26.94千米。地域面积156平方千米（其中东西最大距离28.9千米，南北最大距离13.5千米，辖19个行政村（71个自然村）。现有6156户、19065人（其中城镇人口1867人，乡村人口17198人）。

梓桐源芳名由来无考，但据“字”索“义”，略加推测，亦可知其端倪。《辞海》注：“‘源’本作‘原’，水流所从出。”由此可知，“源”的本义是指水，梓桐“源”即梓桐“溪”也，是梓桐溪水流经的地方。因为有水才有生命，才有人烟，才有田园和村庄。至于“梓”和“桐”，则分别为两种乔木名，“梓”即梓树，“桐”即桐树也。《辞海》注“梓，植物名，紫葳科，落叶乔木。分布于我国东北南部及长江流域。生长较快，木材轻软，耐朽，供建筑及制家具、乐器用。嫩叶可食，皮供药用，中医学上称‘梓白皮’”；“桐，木名，如梧桐；泡桐；油桐”。也许历史上的梓桐源到处长着梓树与桐树，故名“梓桐源”吧！宋绍兴十七年，胡溪（今慈溪）村有一之、南逢叔侄两人同登进士榜，双双“折桂”，光耀乡里，从此，梓桐源又有了“双桂源”的别称。

梓桐源属亚热带湿润性季风气候，春夏秋冬，四季分明，占尽江南特色：当春风拂过，万物复苏，百花绽放，争奇斗艳。尤其是那漫山的杜鹃花和满畈的油菜花，红得令人心醉，黄得让人神迷。夏雨骤来，千峰滴翠，万壑争流，往日那潺潺湲湲的小溪也一下子变得汹涌澎湃起来，让人平添了几分英雄胆色。当秋霜染红层林时，那金黄的玉米，深红的蕃芋，洁白的蚕茧，还有那挂满枝头的甜橙、柑橘、香泡、柿子……无不洋溢着丰收的喜悦。冬雪皑皑，万籁俱寂，银装素裹，分外妖娆。拄杖老人，心驰神往，戏雪儿童，欢呼雀跃……面对如此多姿多彩的田园风光，让人情不自禁地赞叹：美哉——梓桐源！

梓桐源地处浙西山区，山峦起伏，群峰竞秀，尽显山区风貌。白际山余脉横贯全境，屏列梓桐溪两岸。境内高山有洋尖、竹尖（又名竹山尖）、鱼口尖、青山、鸟鸣坑、尹山等。洋尖位于梓桐源北部，为梓桐源与南村源的分水岭。海拔935米，为境内最高峰。如登山巅，可谓眼观“三桐”（里桐、中桐、外桐），背倚“三源”（南村源、赋置源、鸠坑源），天风浩荡，气象万千。竹尖位于里桐与鸠坑交界处，海拔917米，略低于洋尖。但竹尖山坳植被茂密，物产丰富，非洋尖所能比拟，故梓桐有句谚语云“洋尖高虽高，抵不上竹尖半只坳”。鱼口尖在富石与桐子坞（界首乡）的玛璜村之间，海拔799米。因两座山头一高一低，中间形似大鱼张嘴，故名。青山在坑村与桐子坞交界处，海拔721米；鸟鸣坑在西湖村与桐子坞交界处，海拔562米。值得一提的还有尹山。尹山位于梓桐公坑源头，自宋以来，历为淳安古刹名山。明《嘉靖淳安县志》载：“尹山——在县西南70里，两峰南峙，跨石如桥，倚石如人，中有石室石棋，皆天然之胜。”又载：“尹山庵，宋淳熙七年建。其佛为新安汪越国公华第八子修真化此。”尹山一带胜景颇多，如“蛇首探月”“太白辞杯”“枫林秋色”“石门天堑”“古庵遗址”“歙人望乡”等等。

梓桐多高山，亦多峻岭。如“鸠岭”（里桐至鸠坑）、“赋置岭”（里桐至南赋）、“沿天岭”（中桐至南赋）、“云岭”（外桐至南赋）、“洋岭”（中桐至东亭）、“乍柴岭”（叶家至富石）、“枫岭”（常宁至龙源三村）等等。这些山岭旧时多为乡际、村际古道，顶巅有倚路凉亭，供行人歇脚。其中赋置岭与乍柴岭顶为石砌凉亭，与城门相仿。内置长条青石板凳，光洁清爽，路人休憩其上，暑气乏意顿消。如今交通便利，翻山越岭者少之又少，这些古道、凉亭也将渐渐湮没在人们的记忆之中了。

梓桐源地灵人杰，名人辈出。唐代农民起义女首领陈硕真在田庄里揭竿而起，威震浙皖山区，被历史学家翦伯赞誉为“中国历史上第一个称帝的农民起义女领袖”。著名的文学家皇甫湜，据说也是梓桐源人（见《淳安县地名志》533页），其文学成就得到韩愈、柳宗元、李贺、白居易等人赏识，是古文运动的积极参与者。其子皇甫松，文学造诣与父齐名，词尤著称，在晚唐词史上占有重要地位，影响巨大。南宋绍兴年间，胡溪（今慈溪）一之、南逢叔侄二人同登进士榜，双双及第，传为美谈。明朝胡拱辰，官至南京工部尚书，文韬武略，政绩斐然，卒后谥“庄懿”。崇坡（今叶家庄）人叶广，明授四川顺庆府推官，秉公执法，断案如神。时人云：“三峡之灵有川神，两浙之明有叶君。”三峰（今黄村）人士黄钟，明任江西永宁知县，爱民如子，廉谨著闻，卒于官，“民若丧慈父母，哀号者载路”……

梓桐源文风炽盛，翰墨留香。乡人向以“读书”为荣，“握管”为乐。就时下而言，在淳安书画界中小有名气的梓桐籍人士还真不少。如：三联的王富强，卢家的卢红星，并峰的胡耀祖，叶家的叶志和，常宁的胡则周、胡盛斌，慈溪的胡乐芳，杜井的胡锦帆，黄村的黄裕成，尹山的汪永明，等等。

梓桐源自然条件优越，资源丰富。发源于石门塘、大塘里一带的梓桐溪由西向东，贯穿全境。夹溪两岸，良田展展，烟村簇簇。千岛湖形成后，外半源沦为水域，梓桐源总体上形成了“六山二水一分田，一分道路和庄园”的格局。现有耕地557.5公顷（其中水田382公顷，旱地175.5公顷），园地883公顷，山林面积12268.3公顷。农作物主要种植水稻、玉米、六月黄豆、小麦、番薯、油菜等。近年来，耕作制度有了极大改变，20世纪初以来，由于实行“大田革命”，水稻种植逐渐消失，蚕茧、玉米和番薯成了最主要农产品。林业经济主要有用材林、薪炭林。多产松木、杉木和毛竹。近年来，茶叶、山核桃的发展势头迅猛，尤其是山核桃，梓桐源已逐渐成为县内山核桃主产区之一。矿产资源有铅、锌、锑、大理石等。水力资源丰富，建有小型水库14座，总蓄水量117.5万立方米；小型水电站4座，总装机容量

630千瓦，年发电量152万千瓦时。这些水库和电站大多建于20世纪50至70年代，至今仍然发挥着不错的效益。

梓桐源经济繁荣，文化发达。2015年，全镇农村经济总收入达263638万元。其中工业收入120000万元，农业收入32297万元，其他收入111341万元。农民人均纯收入14199元。镇内有普通中学（初中）1所，占地面积28575平方米，建筑面积7130平方米；教职员工49人，在校学生221人。镇中心小学1所，占地面积22144平方米，建筑面积9721平方米；教职工49人，在校学生344人。镇办幼儿院一所，占地面积4680平方米，建筑面积1945平方米；教职员工12人，在园幼儿196人。中心卫生院1所，占地面积1450平方米，建筑面积3140平方米，有医卫人员22人。

现在的梓桐源，交通便利，郑（家）鸠（坑）公路几乎贯穿全境。从梓桐汽车站出发，东经黄村、并坑、慈溪、练溪，右折过西湖，穿越龙门隧道、狮岭隧道衔接千汾线，直达县城千岛湖镇，车程仅40分钟。越云岭，过南浦大桥，可直达淳安第三大镇——威坪镇。向西南经常宁，翻“枫岭”可达姜家、汾口与开化。西北方向小型客车可达源头石门塘、大塘里等村庄。

历史的梓桐源是古老的，现代的梓桐源是青春的；自然的梓桐源是靓丽的，人文的梓桐源是璀璨的。与时俱进的梓桐源充满梦想、前途和希望！

梓桐源——“江南山水”的一角，“文献名邦”的一页。让我们走进梓桐源，深情拥抱梓桐源……

目 录

第一章 建制沿革

山花子·梓桐源

梓桐源渊百千年，山明水秀村复村。
人杰地灵文风蔚，多俊贤。
盛世今朝展新颜，农工商贸百业全。
物阜民丰夸大有，福泽绵。

——黄瑞祥

梓桐源历史悠久。早在东汉以前，梓桐源就有山民居住，至唐时，人烟渐密（史载陈硕真在田庄里聚众起义便是佐证）。北宋以后，迁徙愈频，至明末大体形成了今日之格局。县以下行政区划，唐以前失载。南宋时，史书已有“梓桐乡”的记载。此后，梓桐源便一直是县属地方行政建制。新中国成立以后，梓桐源建制历经了“乡—区—公社—乡—镇”的变化。迄至2016年12月，共召开了17次人民代表大会，产生了17届乡镇（公社）人民政府。日前，梓桐镇所辖19个行政村，共有农村人口19300余人。

东汉建安十三年（208），孙权遣威武中郎将贺齐击山越，平黟、歙。分歙县东之叶乡置始新县，此为淳安建县之始。

县以下行政区划，唐以前失载。宋行乡里制，元沿宋制，明、清设乡、都、图。

据南宋淳熙三年（1176）的《严州图经》载，宋时淳安设14乡，辖112里。梓桐设乡，下辖：仙坛、召石、慈口、普慈、云源、富皇、养村、龙源8个里。

明时，据嘉靖三年（1524）的《淳安县志》载：嘉靖前，为14乡，辖118里；嘉靖后，乡以下置都、图，为14乡，辖36都、80图。梓桐乡辖都四、图九：一都辖图一，二都辖图二，三都辖图三，四都辖图三。

清承明制，唯图略有增减。据光绪十年（1884）的《续纂淳安县志》载：梓桐乡，在县西，旧辖里十，曰西廓、仙坛、召石、慈口、云源（原系失落三都，后改十三都内二图）、富皇、龙潭、普慈、养村、锦溪。今辖都四，曰一都、二都、三都、四都，原领图各二，今减为一，曰四都领三图。

民国十年（1921），淳安县划为10区，辖263村里。梓桐为区，下辖：虎溪、慈峰、石门、洋山、洋合、良溪、浯溪、练溪、慈溪、三民、并峰、富市、崇坡、三峰、杜镇、三坡、云峰、胡江、鹰雉、金峰、云林、石郑、龙剑、桐里、程姜25个村里。

民国十七年（1928），颁布《县组织法》。合10户为邻，5邻为闾，3至5闾为村；城镇及人口密集村为里，设村里委员会。各置里长、村长、闾长、邻长。梓桐设区，辖25村、86闾，417邻。

民国十九年（1930），取消原有区名，冠以数字，梓桐为第四区。是年3月，改村里制为乡镇制。民国二十一年（1932），全县设5区、9镇、275乡、1734闾、8520邻。

民国二十三年（1934）10月撤区，改为县与乡镇两级制。同时废闾邻，立保甲。以10户为甲，10甲为保，8至10保为乡（镇）。置乡（镇）长、保长、甲长。保甲制度由此始，并延伸至民国末年。

民国二十四年（1935）5月，全县为66个乡镇。梓桐划分为6个乡，即：节蒙乡（程姜、桐里、龙剑），枫岭乡（鹰雉、胡江、云峰、三坡），四溪乡（慈溪、浯溪、良溪、练溪），桐口乡（洋山、洋合、石门、慈峰、虎溪、慈滩），外桐乡（三峰、崇坡、富市、三民、屏峰），里桐乡（石郑、云林、金峰、杜镇）。

民国二十五年（1936）6月，全县并66个乡镇为25个乡镇。梓桐源分为里桐乡和外桐乡。

民国二十九年（1940）实施新县制，全县分东、西两个区。至民国三十年（1941），分为5区。

民国三十四年（1945）10月，全县设9个督导区，梓桐源属于第七督导区。

1949年5月，淳安解放，建立县人民政权。6月，设城区、港口、茶园、桥西、威坪5区。梓桐属于威坪区。乡（镇）以下废保甲，逐步建立行政村。

1950年6月至8月，淳安县新建83个乡镇，辖441个行政村。梓桐源属威坪区。源域内为：童家乡、练溪乡、并峰乡、唐家乡、常宁乡、结蒙乡6个乡，辖30个行政村。1955年5月，乡（镇）人民政府改称乡（镇）人民委员会。

童家乡人民政府

（1950年8月建立，辖五村。第一村：息航、邵家、上埠；第二村：童家下半村；第三村：童家上半村、石板桥、世合头；第四村：湖田、汪畈、石山脚、刘家；第五村：崇良、八都碓、息岭脚、庄里、溪河、阳坂、麻车岭上。）

乡　长	方木桂	（1950年8月—1954年3月）
	方坐昌	（1954年3月—1956年4月）
副乡长	叶早元	（1950年8月—1951年9月）
	方寿昌	（1951年9月—1952年11月）
	周殿里	（1952年11月—1954年3月）
	童夏升	（1954年3月—1956年4月）

练溪乡人民政府

（1950年8月建立，辖五村。第一村：水碓埠、朱家、余家、云岭上；第二村：胡家；第三村：浯溪、外石畈、里石畈、丁家、方家、周家、新岭脚；第四村：塘坞口、石坞畈、接坑口、木瓜岭；

第五村：包店、西湖头、洋合店、董家、笑山脚、下坑坞、朱家、石居里、黄泥坞、下湾、上坑坞、陆家坑。）

乡　长　　胡江汉　（1950年8月—1952年11月）
　　　　　胡信生　（1952年11月—1954年5月乡长
　　　　　　　　　1954年5月—1955年12月副乡长）
　　　　　胡凤生　（1951年9月—1954年5月副乡长
　　　　　　　　　1954年5月—1955年12月乡长）
副乡长　　余有全　（1950年8月—1951年9月）

并峰乡人民政府

（1950年8月建立，辖五村。第一村：黄村、安山、李家；第二村：叶家、舒村；第三村：新屋里、前山脚、小富石、中央屋里、新岭脚。第四村：并峰、钱家、斗畈、岩石下；第五村：慈溪。）

乡　长　　方克云　（1950年8月—1951年9月）
　　　　　黄连兴　（1951年9月—1956年4月）
副乡长　　黄长春　（1951年9月—1954年2月）
　　　　　叶万年　（1954年2月—1956年4月）

唐家乡人民政府

（1950年8月建立，辖五村。第一村：洋峰；第二村：杜井、叶村、程家；第三村：唐家、杨村畈；第四村：卢家、社坑坞；第五村：石岭下、郑家村、桐坑坞。）

乡　长　　胡遇新　（1950年8月—1951年4月）
　　　　　胡海珍　（1951年4月—1955年12月）
副乡长　　郑樟柱　（1950年8月—1951年4月）
　　　　　唐文梅　（1951年4月—1954年3月）

卢连喜　（1954年3月—1956年4月）
卢水林　（1954年7月—1956年4月）

结蒙乡人民政府

（1950年8月建立，辖五村。第一村：结蒙、大坞底；第二村：桐坑源、后洲、桐坑口、板壁殿、小岭脚、铁匠门里、墩头坎；第三村：下姚家、汪家、方祠堂、公坑桥头、十八殿坞、羊坞基脚、大塘里、屏峰石、尹山庵、官升坎、高山；第四村：程家源、开田坞；第五村：石门塘。）

乡　长　徐南京　（1950年8月—1951年3月）
姚步云　（1951年3月—1952年11月）
徐树荣　（1954年4月—1956年4月）
副乡长　方来太　（1950年8月—1951年3月）
叶万苟　（1951年3月—1955年8月）
代副乡长　方江春　（1955年8月—1956年4月）

常宁乡人民政府

（1950年7月建立，辖五村。第一村：杏坡、富坡；第二村：常宁、大路源、苏家坞、黄坑源、老梅坞、枫岭脚；第三村：墩头；第四村：板桥；第五村：姜家、高山坞、阳坑源棚里、桐岭脚。）

乡　长　胡永阳　（1950年7月—1952年11月
1954年4月—1956年4月）
胡玉全　（1952年11月—1954年4月）
副乡长　胡本元　（1951年9月—1951年12月）
江状生　（1951年12月—1952年11月）
胡谱奎　（1954年4月—1956年4月）

1956年4月，全县调整为41个乡镇。梓桐源域内设有中桐乡、里桐乡、外桐乡3个乡人民委员会。

中桐乡人民委员会（1956年4月，由并峰、常宁乡合并建立）

乡　长　　董长香　（1956年4月—1956年11月乡长
　　　　　　　　　　1956年11月—1958年10月副乡长）
　　　　　叶万年　（1956年11月—1957年12月乡长
　　　　　　　　　　1957年12月—1958年10月副乡长）
　　　　　方国涛　（1957年12月—1958年3月）
副乡长　　黄连兴　（1956年4月—1958年3月）
　　　　　胡永阳　（1956年11月—1958年10月）

里桐乡人民委员会（1956年4月，由结蒙、唐家乡合并建立）

乡　长　　卢水林　（1956年4月—1958年2月）
副乡长　　徐树荣　（1956年4月—1958年2月）
　　　　　郑深和　（1958年2月—1958年10月）

外桐乡人民委员会（1956年4月，由童家、练溪乡合并建立）

乡　长　　胡炳元　（1956年4月—1958年2月）
　　　　　卢水林　（1958年2月—1958年10月）
副乡长　　余早元　（1956年4月—1958年10月）
　　　　　徐树荣　（1958年2月—1958年10月）
　　　　　徐益生　（1958年8月—1958年10月）

1958年10月，淳、遂两县合并为淳安县。实行“政社合一”的人民公社体制。全县组建为31个人民公社。梓桐源内的里桐、中桐、外桐与鸠坑、南赋5个乡合建为东风人民公社，1959年3月改称梓桐人民公社。

梓桐人民公社管理委员会

社　长　　洪子喜　（1958年10月—1959年6月）
副社长　　黄茶娣　（1958年10月—1959年6月）
　　　　　叶早合　（1958年10月—1959年6月）
　　　　　徐祥福　（1958年10月—1959年6月）
　　　　　胡炳元　（1958年10月—1959年6月）
　　　　　叶杏清　（1958年10月—1959年6月）
　　　　　吴积善　（1958年10月—1959年6月）
　　　　　徐建银　（1958年10月—1959年6月）

为了建设我国第一座自己设计、自制设备的大型水力发电站——新安江水电站，1956年至1960年，淳安、遂安两县29万居民舍家为国，迁徙他乡。梓桐源外桐、中桐两公社的42个自然村，7700余人亦在其中。梓桐源被水库淹没的村庄为：童家、石板桥、世合头、上埠、息航、邵家、湖田、汪畈、石山脚、刘家、崇良、八都碓、息岭脚、庄里、溪河、阳畈、塘坞口、包店、洋合店、陆家坑、董家、浯溪、朱家、笑山脚、下坑坞、石畈、接坑口、木瓜岭、练溪、朱家、水碓埠、下湾、黄泥坪、丁家、石洲里、石川屋、田社里、坑下、慈溪、钱家、岩石下、斗畈等。其中，慈溪、钱家、岩石下、斗畈、练溪、水碓埠等村留下部分村民就地后靠建新村，但仍沿用原村名。部分自然村后靠与其他村合并，建立新的行政村。

1959年6月，县政府对公社规模做了调整。梓桐人民公社不变。下设中桐、里桐、鸠坑、南赋4个管理区委员会，64个生产大

队，350个生产队。（梓桐源域内为中桐、里桐2个管委会）

梓桐人民公社管理委员会

社　长　刘成志　（兼，1959年6月—1959年10月）
副社长　黄茶娣　（1959年6月—1961年8月）
王成水　（1959年6月—1961年8月）
张连杰　（1960年1月—1960年12月）
卢祝荣　（1960年1月—1960年12月）
钱金松　（1960年12月—1961年8月）
胡树标　（1960年12月—1961年8月）

中桐管理区管委会

主　任　胡永阳　（1959年6月—1960年1月）
汪柱木　（1960年1月—1961年8月）
副主任　叶万年　（1959年6月—1960年1月）
胡树标　（1960年2月—1960年12月）
胡谱奎　（1960年12月—1961年8月）
余早元　（1960年12月—1961年8月）

里桐管理区管委会

主　任　卢祝荣　（1959年6月—1960年1月
1960年1月—1961年8月）
王木春　（1960年1月—1960年12月）
副主任　叶早合　（1959年6月—1960年1月）
唐文梅　（1959年9月—1960年12月）
卢润才　（1960年12月—1961年8月）

1961年8月，恢复区公所建制。全县设8个区、58个人民公社。梓桐设区公所，辖里桐、中桐、外桐、鸠坑、南赋、东亭6个公社。（梓桐源域内为3个公社）

梓桐区公所（1961年8月建立）

区　长　　董玉财　（1961年9月—1965年4月）

副区长　　杜德瑶　（1961年9月—1962年1月）

里桐人民公社管理委员会

社　长　　钱柏根　（1961年8月—1965年4月）

副社长　　徐树荣　（1961年8月—1965年4月）

中桐人民公社管理委员会

社　长　　何祖茂　（1961年8月—1962年5月）

　　　　　胡学贵　（1961年8月—1965年4月）

副社长　　符振甲　（1961年8月—1962年7月）

　　　　　胡永阳　（1961年8月—1962年5月）

　　　　　黄茶娣　（1962年7月—1964年6月）

　　　　　汪韩和　（1962年7月—1965年4月）

外桐人民公社管理委员会

社　长　　吴积善　（1961年8月—1965年4月）

副社长　　胡谱奎　（1961年8月—1962年5月）

　　　　　叶早合　（1961年8月—1962年5月）

1965年4月至1966年6月，全县行政组织做了调整，梓桐区外桐

公社并入中桐公社。（梓桐源域内为里桐、中桐2个公社）

里桐人民公社管理委员会

社　长　　钱柏根　（1965年4月—1968年2月）
副社长　　徐树荣　（1965年4月—1968年2月）
　　　　　胡树标　（1965年9月—1968年2月）

中桐人民公社管理委员会

社　长　　胡学贵　（1965年4月—1968年3月）
副社长　　吴积善　（1965年4月—1968年3月）
　　　　　汪韩和　（1965年4月—1965年9月）
　　　　　邵和昌　（1965年9月—1968年3月）
　　　　　程志仁　（1966年9月—1968年3月）

1966年秋，“文化大革命”开始，至1970年12月，全县建立了6个区革命领导小组、52个公社、1个镇革命委员会。（梓桐源域内为里桐、中桐2个公社）

梓桐区革命领导小组

（1968年1月建立，辖里桐、中桐、东亭、九坑、南付5公社）
组　长　　雷鼎臣　（1968年1月—1971年9月）
　　　　　唐淑臣　（1971年9月—1973年2月）
负责人　　方光新　（1973年2月—1977年6月）
副组长　　徐道森　（1968年1月—1976年10月）
　　　　　江济农　（1970年9月—1971年9月）
　　　　　方三如　（1971年9月—1976年10月）

负责人　　严志发　（1973年2月—1976年9月）

里桐人民公社革命委员会（1968年2月建立）

主　任　　卢连喜　（1968年2月—1976年10月）

副主任　　方德和　（1968年2月—1970年5月）

　　　　　钱柏根　（1968年2月—1970年5月）

　　　　　徐元贵　（1969年3月—1976年10月）

　　　　　方玉赐　（1973年4月—1976年1月）

　　　　　王银汉　（1976年1月—1976年10月）

中桐人民公社革命委员会（1968年3月建立）

主　任　　龚大德　（1968年3月—1972年3月）

　　　　　严志发　（1972年3月—1973年4月）

　　　　　方国和　（1973年4月—1976年10月）

副主任　　方银法　（1968年3月—1973年3月）

　　　　　胡学贵　（1968年3月—1976年2月）

　　　　　叶艾舜　（1969年7月—1971年9月）

　　　　　胡加祥　（1969年7月—1971年9月）

　　　　　徐财苟　（1976年1月—1976年10月）

1976年10月，粉碎江青反革命集团后，区、乡政权组织陆续做了调整。1978年1月前后，各公社、镇均召开了第七届人民代表大会，选举产生公社管理委员会，取消了“革委会”名称。1981年5月，撤消梓桐区建制，建立姜家区。

梓桐区公所

（1978年5月，区领导小组改称区公所。1981年1月，公社革命委员会改称公社管理委员会。）

组　长　　方光新　（1971年6月—1977年10月）
副组长　　徐道森　（1976年10月—1978年5月）
区长　　　吴奕光　（1978年6月—1980年5月）
　　　　　徐祥福　（1980年5月—1981年5月）
副区长　　周七都　（1980年1月—1981年7月）

梓桐源域内设：

里桐人民公社管理委员会

主　任　　卢连喜　（1976年10月—1979年5月）
　　　　　郑烈顺　（1981年1月—1981年5月）
副主任　　方德和　（1976年10月—1978年5月）
　　　　　王银汉　（1976年10月—1977年7月）
　　　　　刘炳章　（1977年12月—1980年10月）
　　　　　徐树荣　（1978年5月—1979年11月）
　　　　　胡云忠　（1980年3月—1981年5月）
　　　　　姚宏福　（1980年3月—1981年5月）

中桐人民公社管理委员会

主　任　　方国和　（1976年10月—1977年3月）
　　　　　毛林翼　（1977年4月—1980年3月）
　　　　　徐财苟　（1976年10月—1980年3月副主任
　　　　　　　　　1980年3月—1981年1月主任）
　　　　　方玉赐　（1981年1月—1981年5月）
副主任　　程志仁　（1978年5月—1981年5月）
　　　　　胡秋美　（1980年3月—1981年1月）

洪继奎　（1980年4月—1981年1月）
王银汉　（1981年1月—1981年5月）

1981年5月，撤消梓桐区，里桐、中桐、东亭归属姜家区；九坑、南赋归属唐村区。梓桐源域内为：

里桐乡人民政府

主　任	郑烈顺	（1981年5月—1983年6月）
	周相生	（1983年6月—1984年7月）
副主任	胡云忠	（1981年5月—1984年7月）
	姚宏福	（1981年5月—1982年10月）
乡　长	周相生	（1984年7月—1987年1月）
	章光耀	（1987年1月—1987年12月）
副乡长	徐朝生	（1984年8月—1984年12月）
	胡友杰	（1984年8月—1987年12月）

中桐乡人民政府

主　任	方玉锡	（1981年5月—1982年9月）
副主任	王银汉	（1981年5月—1982年10月）
	程志仁	（1981年5月—1981年10月）
乡　长	胡家春	（1984年8月—1987年1月）
	胡云忠	（1984年8月—1987年1月副乡长 1987年1月—1987年12月乡长）
副乡长	徐的南	（1987年1月—1987年12月）

外桐乡人民政府（1984年4月，从中桐乡分建）

乡　长　　姚宏福　（1984年8月—1987年12月）

副乡长　　姜作军　（1984年8月—1987年12月）

1984年4月，恢复乡镇制，公社更名为乡，大队更名为行政村。至1985年，全县建制为6区、7镇、61乡、890行政村。梓桐源域内为3个乡、38个行政村。即：

里桐乡16村（结蒙、联爱、尹山、联心、三联、后洲、大富、石岭、河山、程家源、郑家、桐坑、卢家、唐家、杨村、石门塘）。

中桐乡13村（杜井、舒村、叶家庄、安山、黄村、洋峰、杏坡、富坡、常宁、桐岭脚、姜宅、江家、墩头）。

外桐乡9村（慈溪、练溪、岩峰、斗畈、钱家、西湖、并峰、坑村、富石）。

1987年至1992年第九届人民代表大会（1987年1月）、第十届人民代表大会（1990年1月）选举产生：

里桐乡人民政府

乡　长　　章光耀　（1988年1月—1990年1月）

　　　　　胡顺联　（1990年1月—1992年5月）

副乡长　　胡有杰　（1988年1月—1989年11月）

　　　　　叶普清　（1990年1月—1992年5月）

中桐乡人民政府

乡　长　　胡云忠　（1988年1月—1989年10月）

　　　　　钱立建　（1990年1月—1992年5月）

副乡长　　徐的南　（1988年1月—1992年5月）

外桐乡人民政府

乡　长　　叶有青　（1988年1月—1990年11月）

　　　　　严跃进　（1990年11月—1992年5月）

副乡长　　姜作军　（1988年1月—1988年1月）

　　　　　徐旭建　（1988年1月—1990年1月）

　　　　　严政平　（1990年1月—1992年5月）

1992年5月，全县撤区扩镇并乡，从6个区、68个乡镇调整为12个镇、25个乡。梓桐源域内，中桐、里桐、外桐3乡合并建立梓桐镇。

梓桐镇辖38个行政村（村民委员会）、76个自然村。即：杜井（杜井）、舒村（舒村）、叶家庄（叶家）、安山（安山、叶村、程家）、黄村（黄村、李家、下黄村）、洋峰（洋峰、洪家坞口）、杏坡（杏坡）、富坡（富坡）、常宁（常宁、大路源、苏家坞、黄坑源、老梅坞、枫岭脚）、桐岭脚（桐岭脚）、姜宅（姜宅、高山坞、阳坑源棚里）、江家（江家）、墩头（墩头）、结蒙（结蒙）、联爱（大塘里、屏峰石）、尹山（尹山庵、官升坎、高山）、联心（十八殿坞、羊坞基脚）、三联（方祠堂、姚家、汪家、公坑桥头）、后洲（后洲、桐坑口）、大富（大坞底）、石岭（石岭下）、河山（河山）、程家源（程家、开田坞）、郑家村（郑家）、桐坑（桐坑源、桐岭脚）、卢家（社坑坞）、唐家（唐家）、杨村（杨村畈）、石门塘（石门塘）、慈溪（慈溪、慈岭上）、练溪（胡家、云岭上、坪洲、余家、水碓埠）、岩峰（岩石下）、斗畈（斗畈）、钱家（钱家）、西湖（西湖、上坑坞、下坑坞）、并峰（并坎、里并坎）、坑村（方家、周家、丁家、牛栏坞、密溪坞）、富石（新屋里、前山脚、小富石、中央屋里、新岭脚）。

1992年5月至1993年1月，是从乡到镇的过渡时期。

梓桐镇行政工作领导小组 （县委任命）

组　长　　钱立建　（1992年5月—1993年1月）
副组长　　叶普青　（1992年5月—1993年1月）
　　　　　严政平　（1992年5月—1993年1月）
　　　　　黄存菊　（1992年5月—1992年11月）
　　　　　吴　蔚　（1992年7月—1993年1月市下派）
　　　　　姜菊莲　（1992年11月—1993年1月）

梓桐镇人民政府（1993年1月，梓桐镇第十一届人民代表大会选举产生。）

镇　长　　钱立建　（1993年1月—1995年8月）
副镇长　　姜菊莲　（1994年1月—1996年1月）
　　　　　吴　蔚　（1993年1月—1994年8月市下派）
　　　　　严政平　（1993年1月—1996年1月）
　　　　　叶普青　（1993年1月—1996年1月）

梓桐镇人民政府（1996年1月，第十二届人民代表大会选举产生。）

镇　长　　姚宏福　（1996年1月—1998年9月）
副镇长　　严政平　（1996年1月—1998年9月）
　　　　　汪仁发　（1996年1月—1998年9月）

姜的动　（1996年1月—1998年4月）
姜菊莲　（1996年1月—1998年12月）

梓桐镇人民政府（1999年1月，第十三届人民代表大会选举产生。届期内有调整。）

镇　长　江建辉　（1999年1月—2001年8月）
汪有策　（2001年8月—2002年1月）
副镇长　姜菊莲　（1999年1月—2001年9月）
姜海云　（1999年1月—2001年9月）
余昌盛　（1999年1月—2000年1月）
王建林　（2001年9月—2002年1月负责行政工作）
汪雪梅　（2001年9月—2002年1月负责行政工作）
王新民　（2001年9月—2002年1月负责行政工作）

2001年8月，全县由37个乡镇调整为30个乡镇。梓桐镇未变。

梓桐镇人民政府（2002年1月，第十四届人民代表大会选举产生。届期内有调整。）

镇　长　汪有策　（2002年1月—2003年4月）
何宇福　（2003年4月—2004年12月）
严小平　（2004年12月—2005年2月主持行政工作
2005年2月—2006年8月镇长）
姜建明　（2006年8月—2006年12月主持行政工作）
副镇长　王建林　（2002年1月—2006年8月）
王新明　（2002年1月—2006年8月）
汪雪梅　（2002年1月—2004年12月）

汪鹏飞　（2004年12月—2007年1月）
王爱春　（2006年8月—2006年12月负责行政工作）
余兴昌　（2006年8月—2006年12月负责行政工作）

2006年6月，全县由30个乡镇调整为23个乡镇。梓桐镇未变。

梓桐镇人民政府（2007年1月，第十五届人民代表大会产生。届期内有调整。）

镇　长　姜建明　（2007年1月—2007年4月）
吴福建　（2007年4月—2008年5月）
徐军飞　（2008年5月—2010年5月）
徐晓东　（2010年5月—2011年9月）
副镇长　王爱春　（2007年1月—2011年9月）
王兴昌　（2007年1月—2010年10月）
汪鹏飞　（2007年1月—2010年5月）
王庆华　（2010年5月—2011年9月）
徐　迅　（2010年5月—2011年9月）

2007年11月，淳安县进行行政村规模调整。将全县898个行政村调整为425个。梓桐镇原38个行政村相应调整为19个。调整后情况如下。

西湖村（原西湖、坑村合并）：260户，796人。

练溪村（原练溪村）：174户，526人。

慈溪村（原慈溪、钱家、斗畈村合并）：256户，721人。

并峰村（原并峰、岩峰村合并）：298户，913人。

富石村（原富石村）：281户，903人。

叶家庄村（原叶家、舒村合并）：262户，835人。

黄村村（原黄村）：371户，1177人。

杜井村（原杜井、安山、洋峰、杨村合并）：548户，1723人。

杏富村（原杏坡、富坡村合并）：265户，771人。

常宁村（原常宁村）：511户，1658人。

胡江村（原墩头、江家村合并）：328户，1098人。

姜桐村（原姜宅、桐岭脚村合并）：269户，826人。

唐家村（原唐家村）：320户，990人。

卢家村（原卢家、石岭、郑家村合并）：523户，1703人。

结蒙村（原结蒙、大富村合并）：461户，1519人。

河联村（原桐坑、后洲、河山村合并）：292户，893人。

三联村（原三联村）：239户，893人。

程家源村（原石门塘、程家源合并）：283户，964人。

尹山村（原尹山、联心、联爱村合并）：148户，441人。

调整后，梓桐源为19个行政村，77个自然村，6089户，19350人（纯农业人口）。

梓桐镇人民政府（2012年1月，第十六届人民代表大会产生。届期内有调整。）

镇　长	徐晓东	（2010年5月—2011年9月）
	方肇兴	（2012年4月—2015年11月）
	余红英	（2016年4月—2016年12月）
副镇长	王庆华	（2011年9月—2012年4月）

徐　迅　（2011年9月—2016年12月）
程胜红　（2014年4月—2016年9月）
程　军　（2011年9月—2015年8月）
童国强　（2015年8月—2016年12月）
肖金平　（2016年9月—2016年12月）
胡国锋　（2016年9月—2016年12月）

梓桐镇人民政府（2016年12月，第十七届人民代表大会产生。）

镇　长　牟　剑　（2016年12月—　）
副镇长　徐　迅　（2016年12月—　）
肖金平　（2016年12月—　）
童国强　（2016年12月—　）
胡国锋　（2016年12月—　）

第二章 党史春秋

踏莎行·颂建党八十周年

党史辉煌，周年八十，各族同胞如同室。
韶山日出九州红，新权建立旧制逝。
抗美援朝，保家卫国，敲锣打鼓将土改。
工农团结紧联盟，兴邦跟党志坚决。

——黄建仪

梓桐源是具有革命传统的老区。早在新民主主义革命时期，中共下浙皖特委就在里桐石门塘建立了地下党组织——梓桐区委员会，领导和组织群众与封建反动势力展开了不屈的斗争。新中国成立之后，在中共淳安县委的领导下，梓桐源的党组织带领群众相继进行了民主建政、土地改革、镇压反革命、支援抗美援朝、开展“三反”“五反”等一系列运动，巩固了新生的人民民主政权。进入社会主义建设时期，党组织又带领群众艰苦奋斗，克服了种种困难和灾害，使梓桐源的面貌发生了根本性的变化，奠定了建设社会主义新农村的基础。党的十一届三中全会开创了历史新纪元，梓桐党组织坚定不移地贯彻执行十一届三中全会以来的路线、方针和政策，沿着建设中国特色社会主义道路前进，为把梓桐源建设成为富强、民主、文明、和谐的社会主义新农村而努力奋斗。自新中国成立至2016年10月，共召开了15次乡镇党代表大会，选举产生了15届乡镇党的领导机构。目前，梓桐镇党委所辖10个党总支部，20个党支部，共有党员902名。

一、新中国成立前的党组织

中共梓桐区委的建立

1936年7月，中共浙皖特委委员徐谓滨在章坑发、陆万才、陆万祥等人的带领下，来到梓桐源的石门塘、公坑、姜家村等地活动。通过宣传教育和组织发动，石门塘、程家源、公坑、墩头、板桥、姜家等地都组织了农民团。石门塘全村贫苦农民都参加了农民团，姜志发任团长；姜家村姜邦和任团长；程家源村程樟林任团长。与此同时，积极发展党的组织，吸收先进分子加入中国共产党。

1936年8月23日晚，徐谓滨、陆万才、陆万祥等人在姜家村（今姜宅）姜志才家开会，正式成立梓桐区委。区委设在石门塘，下辖4个党支部。其活动范围包括公坑、姜家、板桥、花果庵、程家源等地。

中共梓桐区委

书　记　　陆万才　（1936年8月—1936年10月）
　　　　　姜志坚　（1936年10月—1937年3月）
委　员　　姜谱秀　（1936年8月—1937年3月）
　　　　　姜谱有　（1936年8月—1937年3月）

所辖组织：

石门塘党支部

书　记　　姜谱喜　（1936年7月—1937年3月）

程家源党支部

书　记　　程金仁　（1936年8月—1937年3月）

姜家村党支部

书　记　　姜则生　（1936年7月—1937年3月）

大塘里党支部

书　记　　张万金　（1936年7月—1937年3月）

二、新中国成立后党组织的发展变化

（一）建国初期的乡镇党组织

1949年6月建立威坪区分委，1960年2月改称区委。辖16个乡（镇）党支部。其中梓桐源域内有6个党支部：

童家乡党支部（1954年7月建立）
书　记　　方始顺　（1954年7月—1956年4月）
副书记　　叶百花　（1954年7月—1956年4月）

练溪乡党支部（1954年7月建立）
书　记　　丁贵祥　（1954年7月—1956年4月）

并峰乡党支部（1954年7月建立）
书　记　　叶万年　（1954年7月—1956年4月）

唐家乡党支部（1954年7月建立）
书　记　　卢水林　（1954年7月—1956年4月）

结蒙乡党支部（1954年7月建立）
书　记　　徐和娣　（1954年7月—1956年4月）

常宁乡党支部（1955年10月建立）
书　记　　卢祝荣　（1955年10月—1956年4月）
副书记　　胡水清　（1955年10月—1956年4月）

（二）调整后的乡镇党组织

1956年4月，全县调整为41个乡镇，分别建立了1个镇党委、30个乡党总支部和10个乡党支部（1957年改称党总支部）。

梓桐源域内：

外桐乡党总支部（1956年4月，童家、练溪乡并建为外桐乡，同时建立乡党支部，1957年5月改为党总支部。）

书　记　　丁贵祥　（1956年4月—1957年12月书记
　　　　　　　　　　1957年12月—1958年2月副书记）
　　　　　江济农　（1957年12月—1958年4月）
副书记　　叶百花　（1956年4月—1958年10月）
　　　　　洪宝钰　（1957年6月—1958年10月）
　　　　　唐文梅　（1958年2月—1958年10月）

中桐乡党总支部（1956年4月，并峰、常宁乡并建为中桐乡，同时建立乡党支部。1957年12月改为乡党总支部。）

书　记　　卢祝荣　（1954年4月—1957年12月书记
　　　　　　　　　　1957年12月—1958年10月副书记）
　　　　　洪子喜　（1957年12月—1958年10月）
副书记　　黄荼娣　（1956年4月—1958年10月）

里桐乡党总支部（1956年4月，结蒙、唐家乡并建为里桐乡，同时建立乡党支部。1957年5月改为乡党总支部。）

书　记　　唐文梅　（1956年4月—1957年12月书记
　　　　　　　　　　1957年12月—1958年2月副书记）
　　　　　方海睦　（1957年12月—1958年4月）
　　　　　王樟标　（1958年5月—1958年8月）

副书记　　叶早合　（1956年4月—1958年10月）

（三）并县以后的公社（管理区）党组织

人民公社初期：

1958年10月，淳、遂两县合并时，即实现公社化。撤消区级建制，联乡办社。全县建茶园、威坪联社党委和31个公社党委。威坪联社下辖威坪、松崖、梓桐3个公社党委。

1958年10月，鸠坑、南赋、外桐、中桐、里桐乡并建为东风公社，并建立党委。1959年改为梓桐公社党委。

梓桐公社党委

书　记　　刘成志　（兼，1958年10月—1959年6月）
副书记　　卢祝荣　（1958年10月—1959年6月）
　　　　　何祖茂　（1958年10月—1959年6月）
　　　　　洪宝钰　（1958年10月—1959年6月）
　　　　　洪炳来　（1958年10月—1959年6月）
　　　　　洪子喜　（1958年10月—1959年6月）

调整后的公社（镇、管理区）党组织：

1959年5月，对公社规模做了调整，全县为15个公社党委，下设51个管理区党总支部。1961年为11个公社党委、41个管理区党总支部。

中共梓桐人民公社委员会

书　记　　黄成侠　（1959年4月—1959年12月）
　　　　　江济农　（1959年6月—1960年1月副书记
　　　　　　　　　1960年1月—1961年8月书记）

副书记　　刘成志　（1959年6月—1959年10月）
　　　　　钱金松　（1959年7月—1960年12月）
　　　　　洪子喜　（1959年7月—1961年7月）
　　　　　王国法　（1959年12月—1961年8月）
　　　　　王明德　（1960年2月—1961年8月）
　　　　　王宪民　（1960年4月—1961年8月）

梓桐源域内党总支部为：

中桐管理区党总支部（1959年6月建立）
书　记　　洪子喜　（兼，1959年6月—1960年1月）
　　　　　任廷标　（1960年1月—1960年12月书记
　　　　　　　　　1960年12月—1961年8月副书记）
　　　　　何祖茂　（1960年12月—1961年8月）
副书记　　胡永阳　（1960年1月—1960年12月）

里桐管理区党总支部（1959年6月建立）
书　记　　钱金松　（兼，1959年6月—1960年1月）
　　　　　王明清　（1959年6月—1960年1月副书记
　　　　　　　　　1960年1月—1960年12月书记）
　　　　　钱柏根　（1960年12月—1961年8月）
副书记　　余夏金　（1960年1月—1961年8月）

恢复区建制后的区、公社党组织：

1961年8月恢复区委建制。全县设8个区委、58个公社党委。1964年为8区1镇63公社党委，延续至1965年4月。

中共梓桐区委员会（1961年8月建立。下辖里桐、中桐、外桐、鸠坑、南赋、东亭6个公社党委。）

书　记　　江济农　（1961年8月—1965年4月）

副书记　　董玉财　（1961年8月—1965年4月）

先后任委员的是：任咸元、胡学贵、王成水、钱金松、姚承林、王宪明、王明清、徐祥福、王国法、洪子喜、黄荼娣、符振甲、朱堂法、胡树标。

梓桐源域内公社党委为：

里桐公社党委

书　记　　王明清　（1961年8月—1962年5月）

　　　　　卢连喜　（1962年5月—1965年4月）

副书记　　郑深和　（1961年8月—1963年4月）

中桐公社党委

书　记　　洪子喜　（1961年8月—1965年4月）

副书记　　方国和　（1962年7月—1962年12月）

　　　　　何祖茂　（1962年12月—1963年2月）

外桐公社党委（1965年4月并中桐公社）

书　记　　王宪民　（1961年8月—1965年4月）

　　　　　卢连喜　（1962年5月—1962年5月未到职）

副书记　　任廷标　（1961年8月—1963年2月）

　　　　　郑深和　（1963年4月—1965年4月）

（四）“文化大革命”时期党组织

1966年秋，区、公社党组织受到“文革”的冲击，被迫停止活动。1970年，全县恢复53个公社党委，建立697个基层党支部。1971年3月恢复6个区委。

中共梓桐区委员会（下辖里桐、中桐、东亭、九坑、南赋5个公社党委）

书　记　　雷鼎臣　（1971年3月—1971年9月）
　　　　　唐淑臣　（1971年9月—1973年2月）
主要负责人方光新　（1973年2月—1977年6月）
副书记　　江济农　（1971年3月—1971年9月）
　　　　　方三如　（1971年9月—1976年10月）
负责人　　严志发　（1973年2月—1976年9月）
先后任委员的是：任咸元、徐道森、陈家法、王成水。

梓桐源域内的公社党委：

里桐公社党委

书　记　　卢连喜　（1970年5月—1976年10月）
副书记　　钱柏根　（1970年5月—1972年10月）
　　　　　钱继木　（1970年9月—1976年10月）
　　　　　方玉赐　（1973年4月—1976年1月）
　　　　　王银汉　（1976年1月—1976年10月）

中桐公社党委

书　记　　龚大德　（1970年5月—1972年3月）
　　　　　严志发　（1972年3月—1973年2月）
　　　　　方国和　（1973年4月—1976年10月）
副书记　　何祖茂　（1970年5月—1972年3月）

胡学贵　（1970年9月—1976年2月）
胡捷政　（1973年12月—1976年10月）
徐财苟　（1976年1月—1976年10月）

中共梓桐区委员会

书　记　方光新　（1977年6月—1977年10月）
吴奕光　（1978年6月—1981年5月）
副书记　方三如　（1976年10月—1977年3月）
任仲达　（1977年6月—1980年3月）
徐祥福　（1980年1月—1981年5月）

先后任委员的是：任咸元、徐道森、陈家法、王成水、周七都、胡江汉、王让竹、钱金松。

里桐公社党委

书　记　卢连喜　（1976年10月—1979年5月）
程荷连　（1979年5月—1981年5月）
副书记　钱继木　（1976年10月—1977年3月）
王银汉　（1976年10月—1977年7月）
刘炳章　（1977年12月—1980年10月）
郑烈顺　（1980年3月—1981年5月）

中桐公社党委

书　记　方国和　（1976年10月—1977年3月）
毛林翼　（1977年4月—1980年3月）
徐财苟　（1976年10月—1980年3月副书记
1980年3月—1981年5月书记）

副书记	胡捷政	（1976年10月—1980年3月）
	程志仁	（1980年3月—1981年5月）
	方玉赐	（1980年11月—1981年5月）

（五）并入姜家区后的党组织

1981年5月，撤消梓桐区，建立姜家区。梓桐源归属姜家区。

里桐乡（公社）党委

书　记	程荷连	（1981年5月—1982年10月）
	郑烈顺	（1981年5月—1982年10月副书记 1982年10月—1983年6月书记）
	严华好	（1983年6月—1983年12月）
	钱立建	（1983年12月—1987年12月）
副书记	钱余庆	（1982年10月—1987年12月）
	胡捷政	（1985年6月—1986年12月）
	章光耀	（1986年12月—1987年12月）

中桐乡（公社）党委

书　记	徐财苟	（1981年5月—1984年4月）
	卢衍德	（1982年2月—1984年4月副书记 1984年4月—1987年12月书记）
副书记	程志仁	（1981年5月—1981年10月）
	方玉赐	（1981年5月—1982年11月）
	陈道华	（1982年10月—1984年4月）
	徐鹏寿	（1982年10月—1983年2月）
	姚玄壮	（1984年4月—1987年12月）
	胡云忠	（1986年12月—1987年12月）

外桐乡党委（1984年4月建立）

书　记　　王银汉　（1984年4月—1986年12月）

　　　　　胡家春　（1986年12月—1987年12月）

副书记　　陈道华　（1984年4月—1986年12月）

　　　　　胡捷政　（1986年12月—1987年12月）

1986年12月至1989年12月，全县68个乡镇党委。至1992年5月，全县设8个区委、68个乡镇党委。

调整后梓桐源域内的党组织：

里桐乡党委（1986年12月召开第七次党代会，选举产生第七届委员会；1989年12月召开第八次党代会，选举产生第八届委员会。）

书　记　　钱立建　（1988年1月—1989年10月）

　　　　　章光耀　（1988年1月—1989年10月副书记

　　　　　　　　　1989年10月—1992年2月书记）

　　　　　胡发明　（1992年2月—1992年5月）

副书记　　钱余庆　（1988年1月—1989年1月）

　　　　　姚玄壮　（1989年1月—1992年5月）

　　　　　胡顺联　（1989年10月—1992年5月）

委　员　　严竹苟、胡有杰、叶普青、黄元祥

中桐乡党委（1986年12月召开第七次党代会，选举产生第七届委员会；1989年12月召开第八次党代会，选举产生第八届委员会。）

书　记　　卢衍德　（1988年1月—1992年2月）

副书记　　姚玄壮　（1988年1月—1989年1月）

胡云忠　（1989年1月—1989年10月）
钱余庆　（1989年1月—1992年5月）
钱立建　（1989年10月—1992年5月）
张建华　（1992年2月—1992年5月）
委　员　徐的南、姜的动、严竹苟、汪长友

外桐乡党委（1986年12月召开第七次党代会，选举产生第七届委员会；1989年12月召开第八次党代会，选举产生第八届委员会。）

书　记　胡家春　（1988年1月—1992年5月）
副书记　胡捷政　（1988年1月—1990年11月）
叶有青　（1988年1月—1990年11月）
严跃进　（1990年11月—1992年5月）
鲍江苏　（1991年3月—1992年5月）
委　员　严华北、胡金祥、胡汉成、严政平、黄裕成、唐华余

（六）撤区建镇后的党组织

中共梓桐镇委员会

1992年5月，中桐、里桐、外桐3个乡行政区域合并建立梓桐镇，由县委任命党委组成人员。

1992年12月，召开第九次党代会，选举产生梓桐镇第九届委员会。此后，由县委和县委组织部做了调整充实。

书　记　卢衍德　（1992年5月—1994年1月）
副书记　钱立建　（1992年5月—1994年1月）
钱业山　（1992年5月—1994年1月）
张建华　（1992年5月—1994年1月）

委　员　　姚玄壮、叶普青、鲍江苏、徐的南、汪长友

1994年1月至1998年12月，全县乡镇党组织37个。梓桐源域内为中共梓桐镇委员会。

中共梓桐镇第九届委员会（1992年12月第九次党代会选举产生）

书　记　　卢衍德　（1994年1月—1995年8月）
　　　　　钱立建　（1994年1月—1995年8月副书记
　　　　　　　　　　1995年8月—1995年12月书记）
副书记　　钱业山　（1994年1月—1995年8月）
　　　　　张建华　（1994年1月—1994年1月）
　　　　　姚宏福　（1994年1月—1995年12月）
　　　　　严政平　（1995年9月—1995年12月）
委　员　　姚玄壮、鲍江苏、徐的南、汪长友、汪仁发、徐百福

中共梓桐镇第十届委员会（1995年12月第十次党代会选举产生）

书　记　　钱立建　（1995年12月—1998年12月）
　　　　　吴英奇　（1995年12月—1998年12月）
副书记　　姚宏福　（1995年12月—1998年9月）
　　　　　严政平　（1995年12月—1998年9月）
　　　　　汪仁发　（1995年12月—1997年11月委员
　　　　　　　　　　1997年11月—1998年12月副书记）
　　　　　江建辉　（1998年4月—1998年12月）
委　员　　姚玄壮、徐的南、徐百福、姜海云、王新明、王顶富

中共梓桐镇第十一届委员会（1998年12月第十一次党代会选举产生）

书　记　吴英奇　（1999年1月—2001年12月）

副书记　江建辉　（1999年1月—2001年8月）

汪仁发　（1999年1月—2001年1月）

钱黎明　（2000年1月—2001年1月）

汪有策　（2001年8月—2001年12月）

姜海云　（1999年1月—2001年9月委员
2001年9月—2001年12月副书记）

委　员　王顶富、王新明、王建林、方长建

中共梓桐镇第十二届委员会（2001年12月第十二次党代会选举产生）

书　记　吴英奇　（2001年12月—2003年4月）

吴中明　（2003年4月—2004年12月）

何宇福　（2003年4月—2004年12月副书记
2004年12月—2006年8月书记）

副书记　汪有策　（2001年12月—2003年4月）

严小平　（2003年9月—2006年8月）

倪东晓　（2003年5月—2004年6月下派）

姜建明　（2006年8月—2006年9月）

姜海云　（2001年12月—2003年9月）

王昌高　（2004年12月—2006年8月）

方腾华　（2006年8月—2006年9月）

委　员　王建林、王顶富、方长建、程凤英、王爱春、余兴昌、程文仙、邵晓春、汪顺有

中共梓桐镇第十三届委员会（2006年9月第十三届党代会选举产生。所属党总支部1个、党支部47个，党员822名。）

书　记　　何宇福　（2006年9月—2007年3月）

　　　　　方震凡　（2007年3月—2010年5月）

　　　　　徐军飞　（2010年5月—2011年9月）

副书记　　姜建明　（2006年9月—2007年3月）

　　　　　方腾华　（2006年9月—2008年9月）

　　　　　吴福建　（2007年3月—2008年5月）

　　　　　徐军飞　（2008年5月—2010年5月）

　　　　　徐晓东　（2010年5月—2011年9月）

　　　　　程文仙　（2008年9月—2011年9月）

委　员　　王爱春、余兴昌、程文仙、邵晓春、汪顺有、郑苏坤、徐迅、王庆华

中共梓桐镇第十四届委员会（2011年9月第十四届党代会选举产生。所属党总支部10个、党支部20个，党员902名。）

书　记　　徐军飞　（2011年9月—2015年5月）

　　　　　罗宝华　（2015年5月—2016年10月）

副书记　　徐晓东　（2011年9月—2012年4月）

　　　　　方肇兴　（2012年4月—2015年11月）

　　　　　余期信　（2011年9月—2015年11月）

　　　　　王庆华　（2012年4月—2015年5月）

　　　　　季小飞　（2015年8月—2016年9月）

委　员　　徐　迅、邵晓春、郑苏坤、郑良美、程胜红、李军良、徐亮平、宋小鸿、范晓昕、肖金平、王芳群、沈伟峰（市派）

中共梓桐镇第十五届委员会（2016年10月第十五届党代会选举产生。所属党总支部10个、党支部19个，党员964名。）

书　记　　罗宝华　（2016年10月—2017年3月）

　　　　　钱红建　（2017年3月—　　）

副书记　　牟　剑　（2016年10月—　　）

　　　　　欧阳小英（2016年10月—　　）

委　员　　徐 迅、肖金平、李军良、宋小鸿、王芳群、范晓昕、沈伟峰（市派）

第三章 村源探究

忆江南·梓桐景色

江南好，梓桐列芳洲，山水清奇风景美，陆行车马水行舟，盛世度春秋。

——胡剑勋

梓桐源，山青水秀，土地肥沃；村庄稠密，人口众多。在方圆六十里的土地上，分布着大小七十多个自然村（千岛湖形成前有一百多个自然村），一万九千多人口。

梓桐源当前格局的自然村，大多奠基于宋元明清时期。少数则形成于20世纪50年代末（移民后靠建村）。近2万人口中，百“姓”纷呈，但以胡姓为最多，素有“胡半源”之称。除胡姓外，徐、黄、姜、唐、卢、叶、程、余、邵等姓氏也占有相当的比例。众姓黎庶，和衷共济，为斯源的开拓发展做出了不懈的努力和奉献。

限于资料的不足，这里所谓的“村源探究”仅仅是对梓桐源部分自然村的记叙，也只是简单的“略考”而已。不能作为历史定论，姑且为喜欢梓桐源历史文化的人做个参照。

杜井村

杜井村，别名杜镇、杜川，梓桐镇政府驻地。位于梓桐源中段，洋尖山南麓。村民主姓胡，祖籍安定郡。

胡姓起源有一个美丽的传说：在远古时期，舜帝的妻子女英、娥皇登上凰仙楼游玩。在凰仙楼上做了一个梦，梦见乾坤朗朗，天高气爽，皓月当空，熠熠生辉。更奇怪的是明月一轮，旁有十口排列。醒来后，不觉心有所悟，情思如醉。便梳洗打扮，来到皇宫，把梦中所见奏告舜帝。舜帝听后不久，皇后便有了身孕，产下太子。太子凤隼龙颜，精神奇异。舜帝十分高兴，便把群臣召集到七宝台，引太子与众臣见面。并告诉群臣，在太子初孕之时，自己还梦见北方有五色祥云辉映殿内，其中有一位神人，指着太子说：“此人有非同寻常的福份，借神龙之威，将来定能光显宗族。”讲完便消失了。舜帝让大臣解释梦中所见有什么预兆。这时，丞相陈稽永回答说：“陛下所生太子，天降祥瑞于空中，左有明月，右有十口，其十口则成古字；更有明月，则成胡字，今朝合有胡氏之祖出焉。”舜帝听了心中大喜，便在七宝殿张乐设宴，以示庆贺。并下令让所有臣子都称太子为“胡太子”。太子到了七岁，舜帝便封他为安定郡王。后来，舜帝二十五世孙阏父做了周朝的陶正（官名），其妻明显夫人又梦见明月一轮落于怀抱，十月怀胎生下一个儿子，取名叫“满”。周武王想起舜帝梦诞胡太子之事，便赐满为胡公，并把陈国封给他。满的儿子便以父亲的谥号为姓氏，这便是胡姓的起源。

史书记载胡氏的起源与传说相关。据《元和姓纂》载：“胡，帝舜之后，胡公封陈，子孙以谥为姓。”文中的胡公姓妫名满，是帝舜的后裔，于西周初期被周武王姬发封于陈（今河南淮阳），建立陈国。妫满的父亲叫阏父，曾担任过周朝的陶正（主管制陶之官）。因制陶有功，周文王便把长女嫁给其子妫满。因妫满的谥号为胡公，其后裔即以谥号为氏，即胡氏。

梓桐源胡氏的来源，据安定《胡氏宗谱》述：北魏时，有谏议大夫国珍公，宦游睦州，遂家焉。其后裔则公（号千仓公）世居青溪长乐乡，是为青溪胡氏一世祖。至北宋嘉祐元年（1035），则公六世孙珪公由常乐迁梓桐源胡家村（今杏坡村后宋家坞），是为梓桐胡氏一世祖。此后，胡氏人丁兴旺，瓜瓞绵绵，则分派别几而迁居梓桐源各处。由此算来，梓桐胡氏已有980多年历史了。

杜井胡氏，据杏坡《胡氏宗谱》载：明末，珪公第十九世维垣公由杨岭下迁杜川（即今杜井），是为杜井胡氏始迁祖。据说当地不宜凿井，故名“杜井”（杜绝挖井之意）；亦说“杜井”即“独井”之谓，指原来村中仅有一口井。由此看来，杜井胡氏奠基在明末，至今约400年。

杜井是梓桐源政治、经济、文化的中心，风景秀丽，交通发达。里人剑勋先生有诗云：“杜井原居梓桐中，山明水秀气如虹。两桥相映交通便，车似水流人似龙。”

2007年11月，杜井村与邻近的洋峰、杨村、安山合并为一个行政村，定名杜井村。

石门塘村

石门塘村，位于梓桐源头芙畈岭脚。村民主姓姜，祖籍南阳郡。

据传，姜姓出自“三皇”之一的炎帝神农氏后裔。炎帝神农氏生于姜水（今渭河支流的岐水，源出岐山），以居地命姓为姜，炎帝为姜姓受姓始祖。虞、夏之际，炎帝裔孙、四岳始祖伯夷，因辅佐大禹治水有功，被封于吕（今河南省南阳县西），建立吕国，再次被赐以祖姓，以续炎帝香火。春秋时的齐国，其创立者是神农氏的后裔姜太公（姜尚）。由伯夷建立的吕国，在公元前678年被楚国所灭；由姜尚建立的齐国，在公元前221年被秦国所灭。在吕、齐两国灭亡后，其子孙都有以姜为姓的，他们尊炎帝为姜姓得姓始祖。

石门塘村，相传明永乐年间，姜氏祖先永隆公迁居梓桐源头马达岭脚（即今村）。明嘉靖年间，村东建有寺庙，出口处有高丈余、宽八尺的石门，俗称“石门第一景”；石门南面有池塘，故名石门塘。

由此可知，石门塘姜姓始迁祖为永隆公，至今已有590多年历史。

石门塘村是梓桐源老革命根据地村（简称革命老区村）。1936年，中共地下党梓桐区委就设立在该村，同时建立石门塘党支部，支部书记姜谱喜。

2007年11月，石门塘与程家源合并为一个行政村，定名程家源村。

程家源村

程家源村，别名韶川，位于梓桐源头乾峰尖东。村民主姓程，祖籍广平郡。

据《元和姓纂》记载，程氏是颛顼的后裔重黎的后代，祖先是程伯休父。根据《万姓统谱》记载，程伯休父在朝廷担任大司马之职，并且被封食采于程，即今天的河南洛阳东部，他的后代就以邑为氏，称为程氏，望出广平、安定。另外，根据《左传》记载，春秋时期，晋国大夫程郑，是荀氏的支子（非正妻生子），荀林父的弟弟荀欢采邑于程，即现在的山西新绛县北，他们的后世子孙亦以程为姓。因此，程氏又有一支出自荀氏。

程家源村，据《韶川程氏宗谱》记载：程祖太守公，于宋嘉定年间迁居于此。当时名韶川。清光绪年间，以姓氏得名程家源。

由此可知，程家源村奠基至今已有800多年历史了。

程家源属革命老区村。1936年，在此建立了中共地下党支部——程家源支部，支部书记为程金仁。同年还组织了农民团，程樟林任团长。

2007年11月，程家源与石门塘合并为一个行政村，定名程家源村。

大塘里村

大塘里，今名联爱村，位于碓家岭脚。村民主姓徐、严。祖籍东海郡、富春郡。

徐姓起源见“结蒙村”介绍。

严姓起源，史载由庄姓而来。战国时期有一位君王叫侣，死后谥号庄王。他的子孙便以庄为姓。相传到东汉时，汉明帝叫刘庄，为了避讳天子的名字，姓庄的人就改为姓严。

大塘里村，相传在清光绪年间，村民居住在碓家岭脚山坑两旁。这里地形如螃蟹，谓有蟹王踞此，吉利于民。先人为了留住蟹王，于村旁凿了口大池塘，故名大塘里。

大塘里严姓据传是从鸠坑乡严家村迁来此地的，时间约在明末清初。

大塘里属革命老区村。1936年建立了中共地下党支部。

2007年11月，联心、联爱、尹山村合并为一个行政村，定名为尹山村。

十八殿坞村

十八殿坞村，今名联心村，位于笔架尖东南侧的山凹里。

相传，古时该村有十八姓，每姓于村外附近建有小殿，共十八座；后拆去全部小殿，伙建大庙于村东。庙内塑有十八个菩萨，表示十八姓祖。又因隅位于山坞之中，故取名“十八殿坞”。

十八殿坞徐姓居民，祖籍东海郡，相传明朝末年，徐公双福从鸠坑乡塘联村迁来此地。

十八殿坞属革命老区村。1936年建立了中共地下党支部，支书张万金。

2007年11月，联心、联爱、尹山村合并为一个行政村，定名为尹山村。

尹山村

尹山村，位于尹山山腰。村民主姓严、洪、方。

严姓起源见“大塘里村”介绍。洪姓起源，据《元和姓纂》所载，本姓共氏。西周时有太叔，受封于共国（在今河南辉县），称为共伯。春秋时，共国被卫国所灭，其后有共氏。在唐朝以前，部分“共”氏家族因避仇逃难而改为“洪”氏。又据《通志·氏族略》载：豫章有弘氏，因避宋朝讳而改为同音的“洪”氏。

方姓起源，据古书记载，方姓源出于炎帝榆罔的后裔。《明代方正学族谱序》认为，榆罔有子名雷，封于方山，号称“方雷”。方雷的子孙中有一位叫方叔的将军，智勇过人。他曾奉命南征，平定过荆蛮的叛乱，为周室的复兴立下了大功。因此，后世各地的方姓宗谱，都采用了“周大夫方叔之后”的说法。方氏源出于河南，后世各地的方姓大多是从河南迁出的。

尹山村严姓、洪姓、方姓村民，多为从邻近的鸠坑乡迁至此。具体年代不详。

自宋以来，尹山为梓桐风景名胜地。《明嘉靖淳安县志》记载：“尹山——在县西南70里，两峰南峙，跨石如桥，倚石如人，中有石室石棋，皆天然之胜。”元歙人郑玉与徐大年、俞士渊同游尹山，有诗云：“白发萧萧老郑虔，相邀同上尹山巅。新秋昨夜过微雨，古树空岩生翠烟。山佛倚天形耸瘦，仙桥驾壑影空圆。欲题姓氏留山骨，藓滑苔深不可镌。”山巅有寺，名尹山庵。其佛为新安越国公汪华第八子修真化于此。明蜀阜人徐贯有《尹山庵》一诗，赞云："梵宇萧萧山外山，欲穷幽讨未能闲。千寻拔地青峰耸，一道沿崖碧水湾。古木雨晴猿正挂，长林烟溟鹤初还。万缘到此都成幻，不在寻常色相间。"

2007年11月，联心、联爱、尹山村合并为一个行政村，定名为尹山村。

三联村

三联村，1958年由汪家、姚家、官祠堂、公坎桥头等村合并，以其中的三姓组合为名。

姚家村，位于马鞍山南侧山脚。村民主姓姚，祖籍吴兴郡。

姚姓出自虞氏，始祖为虞舜。舜是上古五帝之一，出生于姚墟（今河南范县南、山东鄄城北一带），故舜也称姚舜，又因出自有虞氏，所以也称虞舜。舜在当天子以前，名声就很大，尧帝曾把两个女儿嫁给他。尧死后，舜即位，勤农耕桑，治国有方。舜的后世子孙以舜的出生地命氏，遂为姚姓。《说文》中记载："虞舜居姚墟，以姚为氏焉。"

梓桐三联姚家，据传此村原系方姓居住，村中建有方氏祠堂。后方姓外迁，明朝末年姚姓祖先光贵公从安徽迁来此地定居，则以姓氏得名姚家。（另据《淳安文史资料》载："明末由遂安铜山口迁里桐姚家。"）因方家祠堂遗址尚存，又俗称"方祠堂里"。

三联村汪姓，祖籍平阳郡 。相传明朝月国公从安徽迁至此。方姓，祖籍河南郡，明朝时从安徽迁至此。

三联村属革命老区村。

河山村

河山村，别名铁匠门里，位于竹山尖南侧山脚。村民主姓吴，祖籍延陵郡。

吴姓出自姬姓，以国为氏。据《通志·氏族略》《元和姓纂》所载：周太王古公建周国，晚年欲传位于三儿子季历，长子太伯和次子仲雍自动让贤，远到江南，以农为业。后来太伯建立勾吴国。周朝建立后，武王封太伯第三世孙周章为侯，改国号为吴。吴国后被越国所灭，其王族子孙便以吴为姓氏。

淳安吴姓据狮峰乡普慈、世家坂谱载：吴姓源于江苏苏、常二州，后世迁新安歙县。“有名道超公者出宰海宁，秩满告归，路经青溪，见众山竞秀，一水澄清，顾而乐之，歌乔迁之句，咏在涧之章，遂卜居于治西之贺城。”

河山村吴姓，据说由安徽歙县迁来。始迁祖是位铁匠，故村名就叫“铁匠门里”（即铁匠居住的地方）。大年三十，铁匠回歙县祭祖，因路途遥远，翻山越岭，返回梓桐时天色已黑。家里妻子儿女，早已点上蜡烛，摆好饭菜，正等待他回来吃“年夜饭”。此后，铁匠门里就形成了“点灯吃年饭”的习俗。时至今日，这一习俗仍然被河山村村民保留着。《淳安地名志》载：此村背倚竹山尖，面对小溪，以“前河后山”之由名河山。

2007年11月，河山与后洲、桐坑源合并为一个行政村，定名河联村。

后洲村

后洲村，别名板壁殿，位于竹山尖脚。村民主姓徐，祖籍东海郡。

此村据《剑溪徐氏宗谱》记载：明朝末年，徐祖昭公迁此。村前有平畈，后有山洲庙堂，建村于山洲上，故名后洲村。

另据传说：早年，村后有座菩萨殿，殿中供奉着观世音菩萨。这“观音娘娘”很是灵验，所以前来祭拜的人很多，香火极为兴旺。有一年，乘观世音回南海之际，“九龙齐出”，大水淹没了村庄。眼看就要漫进菩萨殿内，村民赶紧用“猪栏屏”挡在殿门口，大水就消退了。后来，人们就把此殿叫作“板壁殿”。大水把村子冲成沙洲，到处留下“稻桶”大小的石块。这些巨大的石块一直到20世纪60、70年代“农业学大寨”期间，才被炸破用来砌成田坝地磅。因村子建在沙洲后，故名“后洲村”。

2007年11月，后洲与桐坑源、河山合并为一个行政村，定名河联村。

桐坑源村

桐坑源村，位于桐岭北麓。村民主姓余，祖籍临淮郡。

余姓起源，据《风俗通志》载，余姓为“由余之后，世居歙州，为新安大族，望出下邳、吴兴”。春秋时，秦国有个臣医叫由余，他的祖先是晋人，避乱于西戎。由余本来在西戎为官，后奉命出使秦国，见秦穆公贤德大度，就留在秦国为臣。他为穆公谋划征伐西戎，使秦国成为西方霸主。他的后代子孙以其名为姓氏，有的姓由，有的姓余。

另有一说，余姓系由铁木复姓所改，为元太祖成吉思汗（铁木真）后代，出自铁穆氏宰相之家。相传铁穆宰相乃忠臣，太祖听信谗言，要捉其五个儿子。五子星夜出城，逃至贵州，见太祖亲领追兵前来，就躲在凤锦桥下。追兵到来时，有人见桥下水波动荡，提出可疑。太祖未加细查，随口说："江中有水，水中有鱼，何必大惊小怪，快快继续向前追赶。"铁穆氏五兄弟逃脱后，原想改为金氏，最后决定改为余氏。"余"字比金字少一横，又是"水中有鱼"之鱼字谐音，堪称一字双关。

余姓发祥地在陕西凤翔至咸阳一带。汉时迁入安徽歙县一带。唐代后迅速壮大，形成东南一带望族。

相传桐坑源村余姓清初由常宁黄坑源迁至此。

2007年11月，桐坑源与后洲、河山合并为一个行政村，定名河联村。

大富村

大富村，别名剑溪、大坞底。位于竹山尖脚东南面。村民主姓徐，祖籍东海郡。

徐姓起源见"结蒙村"介绍。

此村据《剑溪徐氏宗谱》载述：南宋明宗时，徐祖信公自安徽省水村游猎到此。见此地山清水秀，田畈平展，土壤肥沃，水口山脉似青龙守门，审识是富裕吉祥之地，故携家定居于此，取名大富地，谐音为"大坞底"。

2007年11月，大富与结蒙合并为一个行政村，定名结蒙村。

结蒙村

结蒙村，别名龙溪、节母坑。位于竹山尖东侧山麓。村民主姓徐，祖籍东海郡。

据史书记载：徐姓源出嬴姓。夏商时，嬴姓祖先伯益的儿子若木被封在徐（今江苏泗洪县及安徽泗县一带）。春秋后期，徐国被吴吞并，子孙以国为氏，这便是徐姓的起源。

梓桐结蒙村，相传在南宋高宗时，徐祖信公自安徽黟县朱坊村游猎到此，见此地一片蒙杆，刍荛簇簇，豁人心眼。其子九岭公便结茅于此，取名为结蒙坑。后来，该村出了一位“贞妇”，合村给她竖起“贞节”石牌坊（1967年拆除），故又称“节母坑”。

由此可知，结蒙村奠基于南宋高宗时，至今已有800多年的历史了。

结蒙村属革命老区村，也是梓桐源内的大村庄。它曾经是结蒙乡、里桐公社和里桐乡政府的驻地，也是梓桐里半源的政治、经济和文化中心。

石岭下村

石岭下村，因村在石岭脚，故名石岭下。村民主姓胡、余，祖籍明经郡、泗水郡。

石岭下胡姓与梓桐源其他村胡姓不同，属于“明经胡氏”即“李改胡”。说起李改胡，这里面还隐含着一个动人的故事：唐朝末年，曾追随黄巢起义的朱温叛变后，投降朝廷，当上了“宣武节度使”，成了手握重兵的军阀。唐天祐元年（904），朱温威逼唐昭宗李晔迁都洛阳。唐昭宗不敢违抗，只好听任他的摆布，带着皇后、皇子、公主、侍从和朝中官员向洛阳进发。也是“李”姓命不当绝，途中，带着身孕的何皇后生下了一个皇子。李晔知道此去凶多吉少，当此大难临头之际，他找到了贴身侍卫、婺源考川人胡清（又名胡三）临危托孤，请胡三将刚刚出生的皇子偷偷抱回家去抚养，给李家保留一点血脉。昭宗和皇后给小皇子裹以御衣、藏上珠宝，刺破手指写下血书，交给胡三。胡三不顾个人安危，历尽千辛万苦，将皇子带回了家乡，取名昌翼，改姓为胡。果然不出李晔所料，唐昭宗一行走到半路，朱温就下令将昭宗身边二百多人全部杀死，此后又在宫中杀了李晔。“胡昌翼”成了李唐王朝留下的惟一一个皇子……好在朱温灭唐以后建立的“后梁”王朝只存在了十几年，就被后唐取代了。隐姓埋名的胡昌翼度过了人生最危险的时期。后唐同光三年（925），21岁的胡昌翼以《易经》中“明经科”第二名进士，金榜题名，本可做官了。这时，义父胡三破墙取出龙衣御衫，珠宝血书，告知他的真实家世。胡昌翼知道自己身世后，决定终生不仕，耕读于乡里，讲经于书院，成了一位隐居山谷的著名学者，人称“明经先生”，直至96岁去世。

现在婺源考水有“唐太子墓”。太子墓顶是一幅“太极图”，墓周的八面分别用纹饰花砖和刻有“乾、坤、坎、离、震、艮、巽、兑”符号的古砖砌成。墓碑上刻着八个大字“始祖明经胡公之墓”。

余姓起源见“桐坑源村”介绍。

梓桐石岭下余姓，据《富川余氏宗谱》载：社老次子名天禄，天禄子严七，严七子长时由歙邑迁淳西梓桐石岭下。迁居时间约在明末清初。

2007年11月，石岭下与郑家、卢家合并为一个行政村，定名卢家村。

郑家村

郑家村，别名石峤，位于桐坑坞口东侧。村民主姓郑，祖籍荥阳郡。

郑姓源出于姬姓，以国名为氏。据《通志》记载，周宣王静分封其母弟友于郑国（今陕西华县以东），是为郑桓公。桓公之后，郑武公迁都于新郑，为春秋时的郑国，后为韩国所灭。其遗族散居于淮阳、商丘一带，以原国名“郑”为姓，称郑氏。郑桓公就成了郑氏的始祖。郑氏最早发源地是今河南省的新郑县。

梓桐郑家村，据《梓里石峤郑氏宗谱》载述：郑祖公（名公亮，字希明）于宋朝治平年间，由安徽省歙县北丰川村迁居梓桐源石峤（即今址），村以姓氏得名。

由此看来，郑家村奠基至今已历950多载。

2007年11月，郑家、石岭下与卢家合并为一个行政村，定名卢家村。

卢家村

卢家村，别名富溪、云林。位于马鞍山北侧山脚。村民主姓卢，祖籍范阳郡。

据《姓纂》及《通志氏族略》记载：“姜氏，齐太公之后，至文公子高，高孙傒，食采于卢，今卢县也，因姓卢氏。秦有博士卢敖，汉有燕王卢绾。”齐太公，就是辅助周武王兴周灭纣的姜子牙，其于大功告成后，被封在齐国，爵位为公，成为后世同宗而不同姓的共同始祖。春秋时氏繁衍于齐国的姜太公后裔中，还有以“卢蒲”两字为姓的一支。此支卢蒲氏传自“九合诸侯，一匡天下”的齐桓公。传到后来，也纷纷改了单姓的卢氏，并且以河南省大兴县一带为繁衍中心。此段渊源，《通志氏族略》记载：“卢蒲氏，出自桓公，亦为卢氏，范阳。”

梓桐卢家村，据《范阳卢氏重辑清显公嫡宗谱》记载：元朝至治元年（1321），卢祖从青溪迁居梓桐富溪（即卢家），后人丁兴旺，遂以姓氏得名卢家。

由此可知，卢家村建村距今已有690多年的历史了。

卢家村脚有廊桥——茅庵桥，也是梓桐源风景之一。相传此桥始建于明代。2001年，桥被洪水冲跨，同年重建，至2005年竣工。村人卢凤祥为新修茅庵桥撰联，联云："富溪清泉延世泽，云林嘉树有馀阴。"把卢家村别名嵌入，有名有景，甚为贴切。茅庵桥头前山耸翠，古木阴阴；桥下隔埠溪水碧透，游鱼鳞鳞。夏日坐此乘凉，清风徐来，惬意无比。

2007年11月，卢家与郑家、石岭下合并为一个行政村，定名卢家村。

唐家村

唐家村，别名楼下、金峰。村民主姓唐，祖籍晋昌郡。

唐姓出自祁姓和姬姓，为黄帝轩辕氏之后。相传帝尧是黄帝轩辕氏的玄孙，姓伊祁，名放勋，尧是他的谥号。他最初被封于陶，后来迁于唐，所以被称为陶唐氏。成为天子后，开始以唐为国号，所以又称唐尧。尧死后，舜帝封他的儿子丹朱为唐（今河北唐县）侯。到周武时，唐侯作乱被成王所灭，唐国之地就被改封给成王之弟唐叔虞，原来帝尧的后裔则被迁往杜国，称唐杜氏。唐杜氏的后裔有以国为氏的，称唐氏。另外，唐叔虞的子孙也以国为氏，后来就姓了唐。同时，周昭王时，曾封丹朱之后在鲁县为唐侯，被楚灭后，其子孙也姓唐。春秋时，又有一支姬姓唐诸侯国，被楚昭王灭后，其后人也称为唐氏。以上四支唐氏，均源自轩辕氏。

梓桐源唐家，据《晋昌唐氏宗谱》载述，北宋元丰四年（1081），道旻公徙居于此。初名楼下，后称金峰，子孙兴旺后，以姓取名唐家。

由此可知，唐家村距今已历930多年。

唐家村是梓桐源较大的村庄，新中国成立初期曾是唐家乡政府的驻地。

杨村畈村

杨村畈，位于杜井村西南侧。村民主姓洪、汪，祖籍豫章郡、平安郡。

洪姓起源见“尹山村”介绍。相传杨村畈洪姓祖先迁居此地约在清朝初年。

汪氏起源于平阳（今山东邹城西），繁衍于新安，是新安郡望族。

汪姓源自姬姓。商末周文王占领河南鲁山的古鲁国，封与其子周公旦之长子伯禽，是为鲁国。周武王灭商后，委派鲁伯禽东征商的盟国徐、奄等17国，讨平后，命伯禽长驻奄地，即今山东曲阜。鲁国由河南鲁山移封山东，成为春秋时东方强大的诸侯国。传及鲁国第21位国君鲁成黑肱生庶子取名满。因姬满有功于鲁，受封为颍川侯，食采于“汪”地（在当时鲁国平阳），人称汪侯。其后代以采邑地为氏而得姓，颍川侯姬满为汪氏得姓始祖。第31世汪文和为新安郡汪氏的开基始祖。第44世汪华被唐高祖授予歙州（即徽州）刺史，封越国公。汪华生有九子，其后裔在歙州境内分布最广。歙州后来有“黟、歙之人，十姓九汪，皆华公之后也”的说法。

杨村畈汪姓祖先迁此约在清朝初年。

据传此村先祖迁此，有诗云：“田园广阔绕村边，杨柳柔扬溪水间。四季天娇阳艳艳，安居乐业福千年。”以此索义标名为杨村畈，沿用至今。

2007年11月，杨村畈、洋峰、安山、杜井合并为一个行政村，定名杜井村。

桐岭脚村

桐岭脚村，别名桐岭，位于距梓桐镇驻地9公里的桐岭鹰峰脚下。村民主姓胡，祖籍安定郡。

胡姓起源见“杜井村”介绍。

据民国十九年（1930）《龙源胡氏宗谱》记载：明朝中叶，叔智公迁此。址落桐岭脚下，故取名桐岭脚村。

2007年11月，桐岭脚与姜宅合并为一个行政村，定名姜桐村。

姜家村

姜家村，今名姜宅村。位于距梓桐镇驻地8.5公里的桐岭南面。村民主姓姜，祖籍南阳郡。

姜姓起源，见“石门塘村”介绍。

相传，明朝中叶，姜姓祖志荣公肇迁于此，村以姓氏得名姜家。因重名，1981年9月更名为姜宅村。

2007年11月，姜家与桐岭脚合并为一个行政村，定名姜桐村。

板桥村

板桥村，今名江家村。位于距梓桐镇驻地8公里处。村民主姓江，祖籍兰陵郡。

江姓出自嬴姓，为颛顼裔孙伯益之后。伯益因辅佐大禹治水有功，帝舜时就赐他嬴姓，这样，伯益就成了古代嬴姓各族的祖先。伯益传至十几代，至西周时，其后裔受封于江（国都在今正阳县东南的大林乡）。春秋时（鲁文公四年）被楚国所灭，子孙就以国为氏而姓江。

梓桐板桥村江姓，相传，明朝中叶，江祖东荣、东山两兄弟狩猎至此，猎犬盘桓不辞，遂揣吉徙此。村以姓氏得名江家。后因村中隔小溪，架板桥往来，再名板桥。

2007年11月，板桥与墩头合并为一个行政村，定名胡江村。

墩头村

墩头村，位于梓桐镇西南7公里处。村民主姓胡，祖籍安定郡。

胡姓起源见“杜井村”介绍。

据民国十九年（1930）《龙源胡氏宗谱》记载，明朝中叶，胡祖仟九公自枫岭脚迁居龙源墩头。因村前有前门、下门二墩，址落二墩之麓，故名。

2007年11月，墩头与板桥合并为一个行政村，定名胡江村。

常宁村

常宁村，别名常宁头、云川、云溪，位于春头尖山南。村民主姓胡，祖籍安定郡。

据《云川胡氏宗谱》记载：“胡氏出于有虞，封安定郡王。北魏时，国珍公由临泾而迁浙西睦州青溪常乐乡。宋仁宗嘉祐元年丙申，因常乐祖居回禄，珪公始迁淳西梓桐宋源胡家村。明，则公迁洋岭下。明永乐，福顺公因赘云溪汪氏，遂居于此，是为云溪村，即今云川也。”又载：“常宁系云川，为汪姓居住。因汪姓人丁不旺，由胡氏福顺公，自洋岭下赘汪毕公之女就住于此。顺公居后，文风蔚起，书香日振，犹且家业宏大，丁口蕃衍。但愿常年安宁，故名常宁。”

由此而知，常宁胡氏开基始祖为福顺公（珪公十五世孙）。自明朝永乐年间至今，历史约600年。

常宁村地灵人杰。环村有笔峰、展诰诸山，挺拔秀丽。里人养和有《笔峰毓秀》诗：“三峰矗立势崔巍，似笔凌云面面开。天毓人文原有意，好教平步占春魁。”奭光《展诰烟霞》诗云：“此山平列彼山头，展诰奇峰景最幽。一幅烟霞凭读画，千秋翰墨出名流。荣标虎榜人文盛，宠锡龙章姓字香。乘兴登高欣远眺，洵知双桂有来由。”

常宁村作为行政村，包括枫岭脚、老梅坞、黄坑源、苏家坞、大路源等自然村。大路源“毕”姓据载：“明末由歙南迁淳之富墩。”（见《淳安文史资料》第七辑）常宁是梓桐源内的大村庄，新中国成立初期，曾是常宁乡政府的驻地。

富坡村

富坡村，别名石埠坎，位于上安岭北。村民主姓胡，祖籍安定郡。

胡姓起源见“杜井村”介绍。

相传此村基原是个大水坎，数步石阶通向埠头。后人丁渐旺填平水坎建村，故名石埠坎村。

2007年11月，富坡与杏坡合并为一个行政村，定名杏富村。

杏坡村

杏坡村，别名仁杏树下。位于上安岭北。村民主姓胡，祖籍安定郡。

胡姓起源见“杜井村”介绍。

据杏坡《胡氏宗谱》载述：梓桐胡氏始祖珪公四世孙四八公（应公之子）自胡家村迁居仁杏树下（杏坡），即在覆船形西首，与祖居只隔一溪，此为杏坡始居之祖。谱载“八景记”中对杏坡的肇基及地理环境有一番描述：“考前代宗谱云，嘉祐年间珪公祖迁宋源胡家村，义聚三百余口，是则成聚成都，其规模固宏远矣。殁而葬覆船形，去村仅数百步。墓前田坂百十数亩，上有天马排空，下有狮峦蹲侍。仙人洞即在龙山之左，金盘形即启栋宇之基。旗峰岭排列西北，道山庵巩固东南。宋水环于墓前，凉亭建于水口，盖锁山水之秀丽以成村居之胜境也。我祖肇基于此，是为乐土……”

由此可知，杏坡乃胡氏祖居故址也，从四八公算起，至今已历900年有余。

杏坡村覆船形，乃梓桐胡姓风水宝地。洋坡古人胡步楼有诗云：“一座峰峦似覆船，梓桐始祖葬山前。兴来缓步登高望，现出钟灵毓秀巅。”又云：“覆船奇兆本天成，马鬣崇封始祖茔。水绕山环通气脉，地灵人杰卜簪缨。”

2007年11月，杏坡与富坡合并为一个行政村，定名杏富村。

洋峰村

洋峰村，位于洋岭脚对面。村民主姓胡，祖籍安定郡。

胡氏起源见“杜井村”介绍。

据《安定胡氏宗谱》载述，梓桐胡氏始祖四世廿二公自胡家村迁居洋岭下，是为洋峰始迁之祖。民国三年时改为洋坡村，后又改名洋峰村；1966年曾称“东风”大队，1981年恢复原名。

洋峰胡氏从廿二公算起，至今已历900余载。

2007年11月，洋峰与杜井、杨村、安山合并为一个行政村，定名杜井村。

安山村

安山村，原名庵山。村民主姓黄，祖籍江夏郡。

黄姓起源见“黄村”介绍。

安山村，据传明末黄氏祖文豪公（原居黄村四房），因得罪兄长潜逃此地，建庵事和尚。传至二、三世时，生聚集蕃衍成村，即名庵山。1958年雅名为“安山”。

安山黄姓迁居此地，已有300多年历史了。安山作为行政村，包括叶村、程家自然村。

2007年11月，安山、杜井、杨村、杨峰合并为一个行政村，定名杜井村。

黄村

黄村，别名三峰。村民主姓黄，祖籍江夏郡。

黄姓为中国古老姓氏之一，其主根在古黄国（今河南信阳地区潢川县）。黄姓起源有二支：

一出自嬴姓。帝舜时期，东夷部落的首领叫伯益，是“帝颛顼之苗裔”，因帮助大禹治水有功，被帝舜赐姓嬴氏。传说伯益后裔有十四氏，其中黄氏大约在商末周初在今河南潢川建立黄国。公元前648年，黄国被楚国所灭，黄国子孙以国为氏，就是黄氏。

二出自金天氏之后。台骀是上古时期少昊金天氏的苗裔，世代为水官之长。颛顼时受封于汾川，后也被尊为汾水之神。春秋时，台骀的后人曾建立沈、姒、蓐、黄诸国，后来都被晋国所灭。其中黄国公族之孙以国为姓，成为黄姓。

黄村渊源，据三峰《黄氏宗谱》载："忆我黄氏，一世祖允基公由东魏渡江为富阳令，再任遂安令，因家焉。历数世，常幽公自遂邑迁淳东合洋。越九世，弦公由合洋迁梓桐练溪，是为梓桐派始祖。……至二十一世祖（即常幽公十二世孙，也即弦公曾孙），垓公遂卜居三峰里（即今黄村）。"

由此可知，黄村始迁祖为垓公，奠基时间在南宋，至今已历800余载。

黄村是梓桐源中较大的村庄。锦山秀水，良田沃土；民风淳朴，厚德载物。里人有诗记实："黄村自古谓三峰，始祖开基讳垓公。已历苍桑八百载，祠前黄犬最诚忠。村南溪曲潺潺水，廓北山青习习风。广有良田五百亩，千余黎众乐融融。"

黄村作为行政村，包括李家自然村。李姓是当今中国第一大姓。据《新唐书·宗室世系》记载：颛顼的重孙、东夷部落的首领皋陶，曾任尧帝理官（司法官），即以"理"为姓。他的后裔理征因直谏犯上，被纣王所杀。理征的儿子理利贞逃到今河南境内，靠树上的果子充饥活命。由此"指树为姓"，改为李姓，定居于苦县。所以，苦县是李氏的发源地，即今河南省鹿邑县境内。

黄村李家自然村的李姓，祖籍陇海郡。始迁祖李泰熙（竹匠），于清雍正年间，从遂安县十一都李家迁至梓桐黄村。始居下门弄花厅，后移居李家（现址），至今已历十一世（从李泰熙算起。如从遂安李家算起，则为三十三世）。

舒村

舒村，位于舒村坞口、富石岭对面。村民主姓胡，祖籍明经郡。

据《古歙谭概》载：明经胡氏创派始祖为唐昭宗李晔之子。为区别于真胡，俗称李改胡。唐天祐元年（904），朱温逼昭宗迁都洛阳，途经陕县，何后生太子，为保太子不受迫害，于是将太子托付于近侍胡清（字鉴之，世称胡三公）。胡清潜抱徽州婺源考水隐居。胡清改李为胡，取名昌翼（含“大得覆翼”之义），字宏远，号绎思。不久，李唐宗室被朱温灭口，唯独易名胡昌翼的太子得以幸存。后唐同光三年（925），胡昌翼以明经登第。此时，胡清详叙其前世。胡昌翼于是弃官隐居考水，人称“明经先生”。后裔遂以明经冠其派为明经胡氏。长子胡延进，北宋开宝八年（975）任绩溪县令，孙胡忠（字良臣，号桂崖），就学于绩邑西乡龙井（宅坦），因家焉。

舒村相传为舒姓居住，以姓氏得名舒村。明朝末年，胡氏祖良德公自安徽绩溪至此，沿用舒村原名。舒村胡氏奠基始于明朝末年，距今约400年。

2007年11月，舒村与叶家合并为一个行政村，定名叶家庄村。

叶家庄

叶家庄，别名崇坡。位于生柴岭脚。村民主姓叶，祖籍南阳郡。

据史书所载，叶姓出自芈姓沈氏，为帝颛顼的后代。颛顼的后裔陆终有一子名季连，赐姓芈。他的后裔鬻熊很有学问，做过文王的老师。后来成王便追封其曾孙熊绎于荆山（今湖北西部）一带建立荆国，定国号为楚。春秋时，楚庄王有一曾孙叫戌，任沈县尹，有称沈尹戌。其后代就有人以沈为姓。沈尹戌后来任楚国左司马，他为人正直，嫉恶如仇，深得楚人敬重。楚昭王十八年（前498）战死沙场，昭王封他的儿子沈诸梁在叶（今河南叶县南旧城），称叶公。叶公曾平定白公胜的叛乱以复惠王，有功于楚，得封南阳，更获赐为公，后委其事于子，而退休于叶。其后人便以邑地为姓氏，称叶氏。

据叶家庄《南阳叶氏宗谱》载述："兹忆叶姓鼻祖，乃春秋时代平白公胜之乱者诸梁公也。传至唐朝，有法善公南来幽居括苍（浙江丽水），嗣后，文衡公分教睦州寿昌（今建德寿昌），遂占籍此邑。传至北宋，谏议大夫椿公又由寿邑迁居淳安梓桐崇坡（今叶家），此为吾族奠基之始。"

由此可知，叶家庄奠基于北宋年间，椿公为梓桐叶氏一世祖，至今已历30余世也。

新中国成立初期，叶家庄曾是并峰乡政府的驻地。

2007年11月，叶家庄与舒村合并为一个行政村，定名叶家庄村。

并峰村

并峰村，别名并坎、并坑。位于洋尖山南。村民主姓胡，祖籍安定郡。

胡姓起源见"杜井村"介绍。

相传此村后山峰并立，村落低凹处，故名并坎，又名并峰。胡祖十八世修公迁居里并坎；镛公十九世时，人口兴旺，村址逐渐外移，称外并坎。

2007年11月，并峰、岩峰合并为一个行政村，定名并峰村。

岩峰村

岩峰村，别名岩石下。相传村头有块大岩石，村后有山峰，村址在山峰下面，故名岩石下。村民主姓胡、程。

胡姓起源见“杜井村”介绍；程姓起源见“程家源村”介绍。

岩峰胡姓系慈溪迁此；程姓系程家源迁此。具体年代不详。

岩峰村属移民后靠村。

2007年11月，岩峰与并峰合并为一个行政村，定名并峰村。

斗畈村

斗畈村，位于梓桐溪南，因村后有座山叫斗岭，村前有一畈田，故名斗畈。村民主姓童，祖籍雁门郡。

童姓的起源有二说：

一说源于上古，是黄帝的后代。黄帝之孙叫颛顼，颛顼有个儿子叫老童。老童天生一副好嗓子，说话唱歌时，嗓音就象钟罄一样宏亮清越，又有音乐的韵味。他的后世之孙就以祖上名字中的“童”字命姓，称童姓。

一说出自胥姓，始自风姓，是赫胥氏的后代。春秋时期，晋国有个大夫胥童，他与周朝的权臣栾书、中行偃积怨很深。后来栾书、中行偃受宠于厉公，胥童遂被杀害。他的后人为避仇杀，以祖父名字为姓，改“胥”为“童”，称童姓。

斗畈村童姓由梓桐息坑村（今已没入水中）迁此，具体年代不详。而息坑童姓据说源自淳安东源港。相传太公夫妇二人，自雁门郡南迁。背父母尸骨至浙江，一路寻求棲身之之所。一日至淳安县东源乡临歧（十五都）仰韩村投宿，置父母尸骨于山脚。是夜倾盆大雨，土山崩塌，掩埋父母尸骨，遂即于此建造坟墓，并定居于此。

斗畈村属移民后靠村。

2007年11月，斗畈、钱家、慈溪合并为一个行政村，定名慈溪村。

钱家村

钱家村，位于梓桐溪入注千岛湖处。村民主姓钱，祖籍吴越郡。

《通志·氏族略》将钱姓起源归入"以官为氏"类，其远祖为陆终，得姓始祖为钱孚。陆终是颛顼帝的玄孙，陆终的妻子怀孕三年，剖宫产下6个儿子。其中第三子后来被封于彭城，因此得姓彭，他就是活了800多年的大寿星彭祖。彭祖的后裔有个叫孚的，在西周时任钱府上士（钱府，掌管钱财的官署；上士，周代官名），其后人便以官为氏，称为钱氏。钱孚是在西周都城镐京做官的，因此钱姓应起源于北方，但其发展繁衍却是南方盛于北方。下邳、吴兴两郡钱姓人丁兴旺，成为当地望族。

梓桐钱家村，相传系明朝钱氏祖迁至此，以姓氏得名。

钱家村属移民后靠村，部分村民移江西浮梁鹅湖钱家村。

2007年11月，钱家、斗畈、慈溪合并为一个行政村，定名慈溪村。

慈溪村

慈溪村，别名徐溪、胡溪。位于研岭山南，千岛湖畔。村民主姓胡，祖籍安定郡。

相传此村有十八姓，胡姓最多。村前一溪称"胡溪"。明朝时，胡拱辰官拜南京工部尚书，为官清廉，惠民如子。为示纪念改"胡溪"为"慈溪"。

据《安定胡氏宗谱》载述：梓桐始祖珪公四世文杲公自胡家村迁徐溪（今慈溪），是为慈溪胡氏之先祖。由此可知，慈溪村的历史已有800多年了。

慈溪村属移民后靠村。原慈溪村是梓桐源内大村庄，人才辈出。1959年新安江水库蓄水后，原慈溪村没入水中，村民部分移往遂昌，部分移往江西，部分后靠建立新慈溪村。

慈溪村曾是外桐公社、外桐乡政府的驻地，也是梓桐源外半源政治、经济和文化的中心。

2007年11月，慈溪与钱家、斗畈合并为一个行政村，定名慈溪村。

练溪村

练溪村，属移民后靠村，原址已没入千岛湖底。村民主姓胡、余。

练溪胡家，据《安定胡氏宗谱》载述，胡氏祖第五世惠之公迁此，以姓氏取名胡家村。

余姓起源见“石岭下村”介绍。

练溪村属移民后靠村。原练溪村是梓桐源大村庄，曾为练溪乡、外桐乡政府驻地。

1959年新安江水库蓄水后，原练溪村没入水中，部分村民移民遂昌及江西鹅湖镇，部分村民后靠建立新村庄，仍名练溪村。

练溪村作为行政村，包括胡家、余家和水碓埠自然村。

坑村

坑村，别名坑村坞，系丁家、方家、周家三个自然村之总称。1958年以坑村坞名建立坑村大队，1970年因移民外迁，人口减少，石畈和坑村两队合并，仍名坑村大队。坑村属库边村。村民主姓方、胡、丁。

坑村方姓，祖籍河南郡。其祖先由歙东曹湖迁至此。

胡姓起源见“杜井村”介绍。

丁姓起源有五说。1.出自丁侯的后裔。丁侯为殷商诸侯。武王伐纣时，丁侯不从，被周所灭，其子孙散居各地，部族仍以丁为姓。2.出自姜姓，为姜太公后裔。其始祖为姜伋，以谥号为姓氏。3.为孙姓所改，是周文王的后裔。《江表传》云：“孙权因孙匡烧损茅芒，以乏军用，别其族为丁氏。”4.出自子姓。春秋时宋国有大夫宋丁公，死后，其子孙以谥号为姓氏，称丁氏。5.历史上的西域（今新疆大部）人名中，最后一字为“丁”的很多，进入中原后改姓丁。

坑村丁姓，祖籍济阳郡。据载，明万历年间，仲珑公由仁和县北星关丁家洲迁外桐丁家（又名坑村）。

2007年11月，坑村与西湖村合并为一个行政村，定名西湖村。

西湖村

西湖村，曾名西基坪。位于米岭脚。新安江水库形成后，部分社员于1959年后靠建村。村前库水碧波如镜，有杭州西湖之比拟，故得此名。

西湖村作为行政村，现包括西湖、上坑坞、下坑坞三个自然村。村民主姓为毕、方、童。

据史书记载，毕姓的始祖，是周文王的第十五子毕公高。毕公高是《书经》上列名的人物，他的兄弟武王君临天下之后，把他封在毕国。周康王曾命他保卫东郊，因而作了《书经》上的那篇《毕命》。3000多年前的毕国，是长安、咸阳两县之北，即渭水南北岸之地。毕公高传到春秋毕万之时，当了晋献公的大夫，被封在魏，成了后世魏姓的始祖。所以，毕魏乃同脉也。

西湖村毕姓，祖籍河南郡。据村中老辈讲，大约在北宋时期，毕氏先祖由威坪迁梓桐西湖。民国时威坪有“毕家祠堂”，规模宏大，西湖毕姓在此“会过谱”。

童姓起源见“斗畈村”介绍。西湖童姓系民国初期，由梓桐源童家迁居石洲里（现已沦为水域），1960年后靠至西湖村。

2007年11月，西湖村、坑村合并为一个行政村，定名西湖村。

富石村

富石，别名富市、富峰、富丰，包括新屋里、前山脚、小富石、中央屋里和新岭脚5个自然村。1958年合建大队，为示丰收，美称“富丰”大队，1981年更名富石。村民主姓邵，祖籍东陵郡。

相传，邵姓出自姬姓，以邑名为氏。公元前11世纪，周文王之庶子奭受封于召邑（今陕西省岐山西南），世称召公，后又转封于蓟（今北京一带），成为燕国始祖，其后有召氏。至东周，周室衰落，秦国兴起，召国遂被吞并。子孙为纪念故国，就以“召”为姓。战国时，居河南的召氏人由于某些原因，在“召”姓的右边加了一个邑旁，变为“邵”姓。

富石新屋里，相传邵氏祖先迁此，生聚蕃衍，各庄分居。此地新房四起，故称新屋里村。

第四章 人物简介

咏　史

巍巍洋竹两峰尖，
代代斯源出俊贤。
史迹煌煌启后辈，
更多时彦谱新篇。

——黄瑞祥

一、志载名人

陈硕真（唐朝）

陈硕真（？— 653），唐代睦州雉山县梓桐源田庄里人。唐高宗永徽四年（653），陈硕真在田庄里聚众起义，参加者数以万计。她自称“文佳皇帝”，以其妹夫章叔胤为仆射，童文宝为大将。

叔胤引兵攻陷桐庐，陈硕真“撞钟焚香”，亲率二千精兵攻陷睦州（其时州治在贺城），然后攻克于潜，直逼歙州城下。她又派童文宝率四千人攻婺州（今金华市），声势日益浩大。

唐王朝闻讯，即派扬州刺史房仁裕带兵前往镇压，婺州刺史崔义玄亦赶紧征集兵力拒之。时有“硕真有神，犯其兵者必灭族”的传闻，故崔义玄部下“士众凶惧”，不肯向前。司功参军崔玄藉不信，敢为先锋，义玄自领州兵继之，与童文宝决战。由于义军缺乏实战经验，几经浴血奋战，死伤无数，全军覆没。崔义玄部得以长驱直入睦州境内。房仁裕率军赶到，与崔义玄部汇合。终因寡不敌众，陈硕真、章叔胤两位农民起义领袖不幸被捕，惨遭杀害。威震浙皖山区的唐代农民起义至此失败。

陈硕真所领导的农民起义，虽说在不到两个月的短暂时间内失败了，然而，她却在中国农民战争史上写下了光辉一页，著名历史学家翦伯赞称她为“中国历史上第一个称帝的农民起义女领袖”。她对后代特别是方腊领导的北宋农民起义，有着直接的影响。

1990年版《淳安县志·人物传》

皇甫湜　皇甫松（唐朝）

皇甫湜（约777—835），字持正，睦州新安（今淳安）人。唐代著名文学家，有《皇甫先生文集》传世。

皇甫湜出生在一个世代讲究道德修养的书香门第，从小就受到严格的儒家思想教育。十多岁时，漫游各地，投梁肃，谒杜佑；后又结交顾况，师从韩愈，还求见江西观察使李巽，作书献文，希图荐举，未成。唐德宗贞元十八年（802），湜在长安参加进士科考试，未中。与白居易、李翱、刘敦质等人交游。唐宪宗元和元年（806），湜中进士。元和三年（808），参加由皇帝亲自主持的“贤良方正直言极谏”科考试，与牛僧孺、李宗闵直陈时政得失，无所避忌，受考官赏识，得上第。同平章事李吉甫恶其言，在皇帝面前搬弄是非，宪宗贬考官职，皇甫湜被黜为陆浑（今河南嵩县）县尉。此案还连累湜的舅父翰林学士王涯，亦被贬为虢州司马。次年，湜调升为殿中侍御史内供奉职。此间，湜与韩愈、李贺等人过从甚密。元和八年（813），湜回睦州故里。

元和十二年（817）皇甫湜被山南东道节度使李愬征召为幕僚，赴襄阳任职，次年五月罢镇。此后直至元和十五年（820），他困顿在江陵府公安县。其间，韩愈被贬潮州，柳宗元贬死任所。师友的坎坷遭遇，使他一度彷徨、苦闷，感到悲哀和愤慨。唐穆宗长庆元年（821），湜被斥逐到吉州（今江西吉安），与主张改革的张弘靖、张偃、杨敬之甚相投机。唐敬宗宝历二年（826），湜应山南东道节度使李逢吉之召，为幕僚，至襄阳任职。直至唐文宗大和二年（828）十月罢镇，回到洛阳，常与白居易往来。大和六年至七年（832—833），湜任工部郎中。大和八年（834），因酒后失言，屡次触犯同事，求分司东都，至洛阳。因未升迁，官俸微薄，十分窘迫，入冬后竟到了“门前没车迹，烟囱不冒烟”的困境。东都留守裴度卑辞厚礼，召湜为留守府从事。次年，裴度重修福先寺，欲请白居易作碑文艺工作者。湜闻讯大怒，说："近舍湜而远取居易，请从此辞！"裴度谢请之。"湜即请斗酒，饮酣，援笔立就"，计3254个字，裴度重酬之。此后，湜写毕最后一篇文章《谕业》，总结文学创作的基本原理和经验，便归故里，死后葬县南三十里。

白居易《哭皇甫七郎中湜》云："多才非福禄，薄命是聪明。不得人间寿，还留身后名。"哀叹他连享年六十的"下寿"都没得到。湜生于公元777年，卒于公元835年，享年59岁，正合白居易之叹。

湜子名松，字子奇，自称檀栾子。与父文学并称，但屡试不第，未能出仕，后期隐居不出，死后得唐昭宗追赠为进士。皇甫松著作有诗词、小说等，词最为著称，在晚唐词史上占有重要地位且影响深远，收录在《花间集》中有十二首，其中有《梦江南》二首、《采莲子》二首等。

1990年版《淳安县志·人物传》

（注：皇甫湜，1984年版《淳安地名志》第533页载为梓桐源人。）

胡一之（宋朝）

胡一之，字贯道，双桂源（今梓桐慈溪）人。与姪南逢（字元用）同登绍兴十七年（1147）进士第。一之练达，事典官至德庆守。南逢不附权要，官至阆州守。淳熙所赐诰，宗孙拱辰宝藏犹存。

明《嘉靖淳安县志·宦绩》

胡应玑（宋朝）

胡应玑，字粹翁，居梓桐。明性理之学，隐居教授，不求仕进。著理髓三卷，后学宗之。

明《嘉靖淳安县志·儒林》

方元秀（宋朝）

方元秀，字德谦，梓桐乡崇良人。与弟元龟俱以春秋擅名。咸淳中，元秀擢阮登炳榜特名进士。元龟亦领荐，以兄逝，绝意仕进，因号友山。家饶于赀。时县裒民财治厅事，元龟慨然曰：小民疲惫，吾独当之。遂捐赀僦工，不匝月而就。令欲刻石，不果，乃揭号以旌其义。

明《嘉靖淳安县志・笃行》

方元龟（宋朝）

方元龟，梓桐崇良人。兄元秀，字德谦，咸淳间，特奏名进士。元龟亦领荐，以兄逝绝意仕进，因号友山。家饶於赀，时县裒民财治厅事。元龟慨然曰："小民疲惫，吾请当之。"遂捐资僦工。月而就，令旌其义。

清《续纂淳安县志・笃行》

胡拱辰（明朝）

胡拱辰（1416—1508），字共之，梓桐胡溪（今慈溪）人。明正统四年（1439）进士，授黟县知县，有政绩，升为监察御史，上疏陈述时弊八事。后因父去世而辞归守孝。景泰元年（1450）重新起用，所陈之事，多被采纳。历任贵州左参政，广西、四川布政使，南京左副都御史、操江提督、南京兵部侍郎，最后，以南京工部尚书辞归。任左参政时，上书陈述国家重视选将、保邦、修德、弭实的重要性，深得景帝的信任。任职间平定了宣慰使陇富的叛乱，又镇压了白水堡地方少数民族仡佬族头目沈时保的骚乱。在四川、广西都有平乱功绩。弘治中，巡按御史陈铨，曾向朝廷进言，说胡拱辰"退休十余年，生平清操如一日，乞加礼异，以励臣节"。朝廷月给米二石，每年给佚四人。正德三年（1508）卒于家，享年九十三。赠太子少傅，谥号“庄懿”。

1990年版《淳安县志・人物传》

胡尚綵（明朝）

胡尚綵，字景素，云川（今常宁村）人。由南监生考授句容薄，时需饷甚亟。尚綵委输有方，当事以为能，升凤阳留守。经历崇祯乙亥，献贼犯境。郡城坏不可守，人皆四窜。尚綵慨然誓众曰：此祖宗发祥地，臣子弃之若何！遂同留守朱国相大呼，奋而前，贼为退三舍。相持日久，卒无外援，朱公巷战殁。尚綵具朝衣冠，望阙哭谢，坐堂上骂贼不屈。死之时，子之琳侍侧，以身捍父，刀痕满颊，幸而免。后以举人任国朝新淦令。

清《续纂淳安县志・忠义》

黄 钟（明朝）

黄钟，字宗元，号勉斋，梓桐三峰（今黄村）人。由选贡知江西永宁县。蒲三载，廉谨著闻。卒于官，民若丧慈父母，哀号者载路。

清《续纂淳安县志・宦绩》

叶逢春（明朝）

叶逢春，字廷秀，号自斋，梓桐崇坡（今叶家庄）人。领弘治乙卯乡荐，授山东莒州学正。其教，先德行而后文艺，动止语默，率循苏湖遗矩，士习为之丕变。

清《续纂淳安县志・宦绩》

童 铨（明朝）

童铨，字士衡，梓桐人。以春秋擢进士。初任南陵丞，摄县事有声，授知县丁内外艰，民皆惜留之。擢礼部祠祭司郎中，升福建按察司副使。

明《嘉靖淳安县志·宦绩》

叶　广（明朝）

叶广，字克勤，号毅斋，梓桐崇坡（今叶家庄）人。由选贡授四川顺庆府推官。折狱明断，民无遁情。为之语曰：三峡之灵有川神，两浙之明有叶君。

明《嘉靖淳安县志·宦绩》

卢　观（明朝）

卢观，字雄表，号培斋，梓桐富溪（今卢家村）人。自少刻志于学，通春秋。屡举于乡，弗利。以贡授江西袁州万载县丞。清慎自持，惠爱及民。宁邸之变，观计划兵粮，以身先士，卒不避艰险境，士赖之。寻，以老疾乞归，卒于家。

明《嘉靖淳安县志·宦绩》

徐懋功（明朝）

徐懋功，字叔元，剑溪（今大富村）人。励志读书，与兄懋贤齐名。遂阳毛鹤舫诸老宿时时住来，以诗酒相娱乐。所著有《休园偶集》。

清《续纂淳安县志·文苑》

胡拱璧（明朝）

胡拱璧，字宝之，号更拙，梓桐乡双桂里（今梓桐慈溪）人。天性孝友，颖敏好学，经史诸子百家皆通。其大时恬澹闲雅，不以事物经心。兄庄懿公既贵显，韬晦丘园，足迹不履公庭。邑行乡饮，虽持加礼敬，终不能致。家居惟读书吟咏，或兰菊竹鱼为玩，六十年余不变。所守乡绪绅先生论其人品，咸以为可方之古逸民耳。所著有更拙稿、陶情稿、吟稿藏于家。

明《嘉靖淳安县志·隐逸》

徐　澄（明朝）

徐澄，字景禹，剑溪（今大富村）人。嘉靖乙丑进士，授直隶常熟知县。洁已奉公，谢绝请谒，势家忌之。擢湖广荆州通判，有劳绩，升南吏部郎中，转广州知府，未之任，卒。

清《淳安县志·循吏》

注：梓桐结蒙、大坞底，旧称“龙剑”或“龙溪”“剑溪”。（下同）

黄宗贵（明朝）

黄宗贵，梓桐（今黄村）人。成化十年（1474），仗义输米五百石。事闻，奉旨旌为承事郎，表其门。胡拱辰有记。

明《嘉靖淳安县志·义风》

胡　华（明朝）

胡华，字永华，云川（今常宁）人。弘治四年（1491）义助秋粮，奉勅授承事郎。其年华正七旬，族姪拱辰序赠之。

明《嘉靖淳安县志·义风》

童惟明（明朝）

童惟明，梓桐人，万历间输谷助赈，旌赐义官冠带。县令顾云程为制旌义楔。

明《嘉靖淳安县志·义风》

徐致广（明朝）

徐致广，字毅公，剑溪（今大富村）人。为文章，必傅经义，尝标“归根复命”四字提醒后学。以为人性本善，无容自拨本根，自绝命脉。与其春风沂水，效曾晳之狂，不若薄冰深渊，法曾子之鲁也。所著诗文，盖仅有存者。族子廷彦，字商俊，文章祝瓣杳於致广，雅有法度。邑令杨公深器之。领康熙甲午乡荐，尝为丽水令。万公作白燕诗数十章，骚坛纸贵焉。

清《续纂淳安县志·文苑》

胡　勲（明朝）

胡勲，字丹书，号竹溪，梓桐云川（今常宁村）人。邑诸生，笃志砥行以植杓来者。远近学人重趼，至则随材陶冶之，门以内教先率谨。胸无城府，有非意相干者，情恕理遣，卒亦皆感愧。先世屡遭家难，无儋石之储。而二兄又相继早逝，勲独力支拄，营两代窀穸事，并举本支乏嗣者附其旁，为置祭田。有女归友方沛霖子於玉，不幸婿女先后卒。因力赞沛霖娶妾以得子，而沛霖又卒。诸利其资者，耽耽虎视。勲百计左右之，且命子日章善抚藐孤，必翼之婚娶有成立焉。晚年益读五经性理书，诗文皆温柔敦厚，间亦弹琴自娱。易箦时督孙录西铭为殉。盖其於儒先宗旨，诚有心印云。

清《续纂淳安县志·文苑》

胡世冕（明朝）

胡世冕，字汝周，云川（今常宁村）人。言狂行狷，时多以迂廪生目之。家贫馆於歙。吴公天洪闻其名，倾盖订交，延教其子。天洪后成进士，谒选得淳令。至即遣隶迎先生，先生怪其不自来，将谢之。族人多方劝驾，乃勉从所请。一登舟，即诘汝主何不来迎。状隶饰辞以对，至县南门，值吴方鞫狱事毕始报。吴大惊，起责隶不早以闻，疾趋出迎，而舟已回矣。追请终不返，迄今里中犹以迂廪生目焉。

清《续纂淳安县志·介节》

徐应祺（清朝）

徐应祺，字子寿，剑溪（今大富村）人。由太学生任中都留守，断事守陵中官，廖钦倚大珰冯保威赫一方。应祺发其事论去之当道倚重，升南康判署，建昌篆司九江榷政皆以冰蘖著。

清《淳安县志·循吏》

徐　翯（清朝）

徐翯，字晋昭，剑溪（今大富村）人。父早丧，母卢氏苦节自矢，夜纺课读，遂饩于庠。康熙乙卯乡试，受知岷山徐果亭先生。为名孝廉，谒选得江西会昌令。时年七十矣，而精强，少年有不如。简驺从，禁私谒，平物价，除折耗。一以省事恤民为务。期月而讼庭虚无人。会昌科名久替，为重葺学宫，建塔以振文风。所拔前茅士多获隽去。一以为慈母，一以为良师。后乞休，邑人留之不获，为立碑建祀。年八十五，卒于家。

清《淳安县志·循吏》

胡之淋（清朝）

胡之淋，字介石，云川（今常宁村）人。领顺治丙戌乡荐，授江西新淦令。邑积逋十余万，之淋晓以大义，输纳者应声而集，襁负不绝路而漕粮多侵渔，琳严绝耗羡以资正额，又葺便民仓增馈学宫。治事之暇，诗画自娱，极为施愚山侍御咨赏所著有淦水吟、绩吟、念斋杂咏诸刻居官五载，卒于任。

清《淳安县志·循吏》

胡广明（清朝）

胡广明，字俊臣，云川（今常宁村）人。其季弟襄明夫妇既没，遗孤振祚年幼多病，广明委曲调护，教养惟谨。有异母兄，利藐孤之死而据其所有，日与阋墙勿计也。及振祚长，为之授室。既生子矣，乃会以筦钥家计。视弟在时益裕。振祚卒，能自立服丧三报焉。

清《续纂淳安县志·笃行》

胡士铠（清朝）

胡士铠，字叔武，云川（今常宁村）人。新淦令之淋第三子，随父之任。仓胥侵蚀漕粮，乘官之卒於任也，巧计以卸己罪。士铠年方舞象，叠籲上官。上官感其幼弱孝诚，鞫胥得实，卒抵之法。得扶父母及兄弟归。生平好行其德，事庶母、奉寡嫂、抚弱弟，人无闲言。子府庠生，沛字霖若。禀奉庭训，慷慨不凡。康熙庚子，县檄殷户捐常平仓谷，未有应者。沛独倡义应命。

清《续纂淳安县志·笃行》

方应梓（清朝）

方应梓，字宗才，梓桐阳坡（今洋峰村）人。家贫力田，父子宾为豪右所陵。搆讼经年，久羁郡邸，无以偿，居停不获，已以季子为质，始得归。应梓抚膺太息曰：“吾不能分父忧，顾独令小弱弟寄人庑下，其若手足何？”遂慨然以身易弟，卒偿所负而返。详见邑贡士程夔所作墓志。长子时光，字予明，善治生，好行其德，县举乡饮众宾。曾孙游郡庠。

清《续纂淳安县志·笃行》

方取檀（民国）

方取檀（1913—1985），原外桐乡慈溪村人。民国二十五年（1936）毕业于南京中央国医馆。擅长内科，医德高尚，故在淳、遂两县享有“再世扁鹊”的称誉。

1990年版《淳安县志》人物篇

童修林（当代）

童修林（1926— ），原淳安县梓桐源童家人。20世纪50年代初毕业于华东师范大学历史系、杭州大学中文系，任教嘉兴中学。1956年参加中国民主同盟，历任民盟嘉兴市委第一、二、三、四届主委，民盟浙江省委第四、五、六届委员，出席民盟第五、六次全国代表大会。曾连续担任嘉兴市政协一、二、三届副主席，并任民盟嘉兴市委名誉主委、嘉兴市秀水经济信息专修学院常务董事、顾问。主要著作有《高中历史教学法浅谈》《历史复习入门》《拾柴集》等。

2014年版《淳安县志》人物篇

童冠佩（当代）

童冠佩（1934— ），淳安县梓桐镇人。1958年杭州大学毕业，先后任教舟山师范学校、浙江师院舟山分校。1981年任舟山师范学校副校长，1983年后任舟山地区教育局局长，舟山市教育委员会党组书记、常委副主任，政协舟山市第一届委员会常委。1990年任舟山广播电视大学校长。工作期间，多次参与编写浙江省中等师范语文教材、浙江省高等师范中文专业现代文学教材，有教学论文数篇发表于省内外刊物，主编舟山市中小学乡土教材《可爱的舟山》等。

2014年版《淳安县志》人物篇

项文裴（当代）

项文裴（1935—　　），梓桐镇人。1951年参加中国人民解放军，先后在新兵大队、坦克第一训练基地、陆军第十七军、第三坦克学校、军委装甲兵司令部、装甲兵指挥学院任职。历任政治指导员、政治委员（团职）、政治处主任、师团干部轮训队政治委员（师职）、学员一大队政治委员。1988年授大校军衔。

2014年版《淳安县志》人物篇

童潮山（当代）

童潮山（1939—　　），原淳安县梓桐源童家村人。1958年移民桐庐县。1965年北京钢铁学院毕业，分配在上海钢铁研究所工作。主要科研成果有《真空双电极自耗设备及工艺研究》，获上海冶金局科技进步二等奖；参与编著的《核能材料军工史》第六分册，获冶金部成果奖；《CH3600合金精细薄壁管研制》获上海冶金局科技进步一等奖；《航天用CH-3A火箭用高温合金小口径薄壁管研制》，获上海市科技进步一等奖；《航天用CH3600合金精细薄壁管研制》，获冶金工业部科技进步二等奖、国家科技进步三等奖。2005年后晋升为教授级高级工程师、首席研究员，任上海宝钢股份有限公司特殊钢分公司技术中心顾问。为中国核工业协会专家组成员，上海投资咨询公司专家组成员，上海金属学会会员。享受国务院政府特殊津贴。

2014年版《淳安县志》人物篇

胡德纯（当代）

胡德纯（1945—　　），梓桐镇练村胡家人。1961年入伍南京军区军医学校。1965年12月加入中国共产党。毕业后分配在南京军区南京总医院疗养院从事临床影像医学工作，历任技术员、军医、主治军医、放射科副主任。1987年5月任放射科主任、副主任医师，技术五级，文职二级（少将军衔待遇）。撰写论文30余篇，其中《X线照片水洗质量控制》获全军优秀论文一等奖，《延时低温定时显影法》获军队医药卫生成果四等奖。其业绩分别编入《中国专家大辞典》《跨世纪中国专家学者名录》《中华魂中国百业领导英才大典》《浙江古今人物大辞典》等书。

2014年版《淳安县志》人物篇

徐道法（当代）

徐道法（1953— ），梓桐镇结蒙村人。1968年任里桐小学教师。1969年应征入伍，1979年1月调江苏省军区司令部，任军务参谋，军务处副处长，动员处副处长、处长。1999年2月任江苏省常州军分区参谋长，大校军衔（师级）。曾负责《江苏省军史志》《江苏省军区军史》的编纂，参与《战争动员学》《计算机网络攻防》等著作的编写。

2014年版《淳安县志》人物篇

黄健戈（当代）

黄健戈（1963— ），梓桐镇黄村人。1979年入浙江中医学院中医系中医专业学习。1984年8月分配在淳安县第二人民医院工作。1992年晋级为主治医师。1994年任院长。1997年10月加入中国共产党。同年晋级为副主任医师。1998年任院长、党支部书记。2001年参加浙江省委党校西北工大主办的管理科学与工程研究班学习。2004年任淳安县卫生监督所所长。2007年任淳安县第一人民医院院长、党总支书记。2010年晋升为主任中医师。

2014年版《淳安县志》人物篇

吴清旺（当代）

吴清旺（1965—　　），梓桐镇后洲村人。1995至2004年获西南政法大学民商法专业硕士、博士学位。任浙江星韵律师事务所主任，一级律师，并担任全国律师协会民委会不动产法论坛副主任，中国国际经济贸易仲裁委员会仲裁员，浙江省律师协会金融与保险专业委员会主任，杭州市律师协会常务理事，浙大光华学院、西南政法大学、浙江工商大学JM法律硕士生导师，杭州市委书记随行律师。在全国知名法律刊物发表论文20余篇，出版专著《房地产开发中的利益冲突与衡平——以民事权利保障为视角》。

2014年版《淳安县志》人物篇

胡立宏（当代）

胡立宏（1969—　　），梓桐镇并峰村人。1991年杭州大学化学系毕业，同年考入中国科学院上海药物研究所攻读硕士，1997年获药理学博士学位。同年9月赴新加坡国立大学进行博士后研究。1999年回国应聘于中国科学院上海药物研究所，先后任副研究员、研究员、博士生导师，并被聘为中国科学院上海分院研究生中心兼职教授。主持、参与国家及上海市多项重大科研项目的研究，在国内外知名刊物发表论文百余篇。作为主要完成人的“现代新药筛选体系和高通量筛选技术研究及应用”项目获上海市科技进步一等奖、国家科技进步二等奖。

2014年版《淳安县志》人物篇

方银霞（当代）

方银霞（1970—　　），女，梓桐镇慈溪村人。1988年考入浙江大学地球科学系。1992年大学毕业后入国家海洋局第二研究所工作，获硕士学位。1995年晋级为研究员。

2014年版《淳安县志》人物篇

二、政界人士

丁卫华 男，1974年9月出生，中共党员，工程师，梓桐坑村人。1992年7月毕业于南昌气象学校，后学历为浙江大学函授本科生。1992年8月至1998年9月在浙江仙居县气象局工作。1998年10月调入淳安县气象局，2007年任气象局副局长。2013年4月任建德市气象局局长。

丁贵祥 男，梓桐坑村人。1954年7月任练溪乡党支部书记。1956年4月任外桐乡党支部书记。1957年12月至1958年2月任外桐乡党总支部副书记。1962年精简下放。

方木桂 男，梓桐湖田村（今已没入千岛湖）人。1950年8月至1954年3月曾任童家乡乡长。1959年移民开化县篁岸乡高潮村，1962年转移至江西婺源县。

方仁春 （1928年1月—1996年4月）男，梓桐崇良村（今已没入千岛湖）人。1948年在浙江省保安四团当兵，1949年5月参加中国人民解放军，在华东野战军某部曾任副班长、班长、文书等职。1950年加入中国共产党。1955年转业至上海钢厂任副厂长。1957年调入西安市峡西钢厂，任供应科干部、工会主席。1988年2月离休，享受县处级待遇。

方立华 男，1981年5月出生，梓桐三联村人。2001年8月毕业于浙江省政法管理干部学院律师与公证专业，在职学历为中央广播电视大学法学专业（本科）。2001年8月至2006年1月，任姜家镇综治办科员、主任，姜家镇团委副书记、书记。2006年1月至2010年8月，任淳安县人口与计划生育局政法科科员、科长。2010年12月至2015年5月，任淳安县综合考评委员会办公室综合科科长、办公室主任。2015年4月，任姜家镇党委副书记、镇长。2017年3月任王阜乡党委书记。

方玉赐（1932年—1987年2月）男，梓桐慈溪村人。1972年5月至1982年11月曾任：南赋公社革委会副主任；里桐公社党委副书记、革委会副主任；九坑公社党委副书记、管委会副主任；中桐公社党委副书记，管委会副主任、主任；里桐公社党委副书记；中桐公社党委副书记。

方来太（1907年6月—1968年8月）男，梓桐三联村人。1950年8月至1951年3月曾任结蒙乡副乡长。

方江春（1929年4月—1973年7月）男，梓桐三联村人。1955年8月至1956年4月曾任结蒙乡代乡长。

方坐昌　男，1930年10月出生，梓桐崇良村（今已没入千岛湖）人。1954年3月至1956年4月曾任童家乡乡长。1959年移民时家庭后靠大石坪，1962年迁移到开化篁岸公社，1963年转移至江西婺源茶厂。

方寿昌（1928年3月—2007年2月）男，梓桐崇良村（今已没入千岛湖）人。1951年9月至1972年5月曾历任童家乡副乡长，临岐区委副书记，桥西区工委副书记兼山峡乡党总支书记，文昌公社书记、副书记，青溪区委委员，富文公社书记。1972年6月至1984年10月历任县一医院党支部书记，县农药厂党支部书记、厂长，县机械筛片厂党支部书记、厂长。

方朝晖 男，1970年9月出生，梓桐慈溪村人。大学本科，1992年学校毕业后在新安江开发公司罐头厂工作。1993年调淳安县人事局。2002年下派到千岛湖镇，先后任李家坞社区、新北社区党委书记。2004年任千岛湖镇党委委员。2013年10月任枫树岭镇人大主席。2015年4月任里商乡党委书记、人大主席。2016年9月任里商乡党委书记。

方德和 男，1933年出生，梓桐结蒙村人，初中文化。1951年在结蒙乡供销社任理事主任。1954年任梓桐供销社第二副主任。1954年任县委审干办公室办事员。1959年任青溪公社党委组织委员。1962年至1979年任里桐公社人武部部长、党委委员。1968年至1978年任里桐公社革委会副主任。1984年调中桐乡工作。1993年任主任科员。1994年5月退休。

王丽娟 女，1977年11月出生，原籍威坪，婚嫁梓桐。1994年9月毕业于浙江严州师范普师班，后学历为中共浙江省委党校研究生。1997年7月至1999年12月，在金峰乡中心小学任教。1999年12月至2001年9月，任威坪镇镇长助理。2001年9月至2006年8月，任唐村镇党委委员。2006年8月至2012年4月，任左口乡党委副书记。2012年4月至2015年4月，任文昌镇党委副书记。2015年4月起，任文昌镇党委副书记、镇长。

王湖北 （1932年10月—2007年12月）男，梓桐八都碓（今已没入千岛湖）人。1950年12月入伍，在部队服役。1952年7月至1955年5月在威坪粮管所、桥西银行工作。1955年6月至1964年3月，先后在唐村区委、县委组织部、县委宣传部任干事。1964年4月在县文教局任副局长。1965年2月在汾口公社任书记。1966年10月在淳安中学任支部书记。1967年6月任汾口公社党委书记。1969年3月在县政工组工作。1970年3月任县委党校支部书记。1977年10月在县委办公室任代主任、主任。1983年11月任县级机关党委书记。1993年退休。

卢水林（1929年—2003年）男，梓桐卢家村人。1954年7月至1956年4月任唐家乡党支部书记。1956年4月至1958年2月任里桐乡乡长。1958年2月至10月任外桐乡乡长。1959年精简下放后任村党支部书记。1978年迁移江西德兴县。1994年返迁梓桐卢家村。

卢连喜（1930年—2010年）男，梓桐卢家村人。1954年7月参加工作。曾历任唐家乡副乡长，临岐区委委员，瑶山乡副书记，临岐公社副书记，瑶山公社书记，里桐公社书记、革委会主任。1981年调任县财政税务局局长，1984年任县水利水电局局长，1985年12月调县农委工作，1990年退休。

卢衍德　男，1950年2月出生，梓桐卢家村人。1969年12月参军，1973年退伍回乡任生产队长、村支部委员。1978年4月招为里桐公社干部。1979年12月调中桐公社工作，先后任公社党委委员、副书记、书记。1992年调任姜家区委副书记、纪委书记。1992年5月任梓桐镇党委书记兼人大主席；1995年8月调县民政局任副局长、党组成员、局工会主席。2003年4月任正局级调研员。2004年8月任淳安县慈善总会秘书长、副会长。2010年2月退休。

1990年被评为杭州市优秀党员（享受市劳模待遇）；2001年被评为杭州市勘界工作先进个人；2003年荣获全国勘界工作一等功；2005年被省慈善总会评为“优秀慈善工作者”。

卢祝荣（1918年—1989年1月）男，梓桐富坡村人。1954年4月至1960年12月先后曾任中桐乡党支部书记，常宁乡党支部书记，中桐乡党总支部副书记，梓桐公社党委副书记、管委会副社长，里桐管委会主任等职。1962年精简下放务农。

卢剑辉　男，1955年4月出生，梓桐卢家村人，大专文化。1973年入伍，在海军部队历任战士、班长、连队司事长、军需股副连职助理员、副连长、司令部管理股正连职管理员、副股长、股长。1991年转业到地方，在淳安县机关事务局工作，先后任党组成员、接待科科长，副局长、局长。2003年5月调县政法委任社会治安综合治理办公室副主任。2007年任副局级调研员，2015年4月退休。

卢润才（1935年6月—2012年10月）男，1923年出生，梓桐后洲村人。1960年12月至1961年8月曾任里桐管理区管委会副主任。

叶　飞　男，1970年8月出生，梓桐镇叶家庄人。1991年7月毕业于绍兴师范专科学校中文专业，同年9月分配至梓桐中学任教。2006年调淳安县旅游委员会工作，历任办公室科员、策划部副主任、县乡村旅游管理中心主任。2015年4月任浪川乡政府副乡长。2017年3月任浪川乡党委副书记。

叶万年　（农历1924年8月—1991年8月）男，梓桐叶家庄人。

1951年至1953年，曾当选为淳安县第二届“各届人民代表会议”代表，参加过第二届第2—6次人民代表会议。1954年2月至1956年4月，任并峰乡党支部书记、副乡长。1956年11月至1958年10月任中桐乡人民委员会乡长、副乡长。1959年6月至1960年1月任中桐管理区管委会副主任。1962年精简下放后历任叶家村党支部书记、大队长等职。

叶万荀（1927年4月—2013年12月）男，梓桐程家源村人。1951年3月至1955年8月曾任结蒙乡副乡长。

叶少平 男，1968年9月出生，梓桐程家源村人。1990年毕业于杭州大学政治系，曾在淳安报社、淳安县人民政府办公室工作。2004年12月任县人大常委会办公室副主任。2010年4月任县水利水电局党委委员、副局长。2013年3月任县林业局党委委员、副局长。

叶早元 男，梓桐汪畈村（今已没入千岛湖）人。1950年8月至1951年9月曾任童家乡副乡长。1959年移民开化县池淮乡。1969年去世。

叶早合（1923年7月—1986年7月）男，梓桐程家源村人。1956年4月任里桐乡党总支部副书记。1958年10月任梓桐公社管委会副社长。1959年6月任里桐管理区管委会副主任。1961年8月任外桐公社管委会副社长。

叶百花（1929年—1997年）女，梓桐石板桥村（今已没入千岛湖）人。1954年7月至1956年4月任童家乡党支部副书记。1956年

4月至1958年10月任外桐乡党总支副书记。1958年受错误处分，开除回家（移桐庐）。1980年撤销错误处分，1986年改退休处理。

叶杏清 男，梓桐叶家庄人。1957年出席全国劳模代表大会，受到毛泽东主席接见。1958年任梓桐公社管委会副社长，当选为淳安县第三届人民代表大会代表，浙江省第二届人民代表大会代表（后被撤消）。20世纪80年代曾任中桐公社农科员。1992年病故。

叶利剑 男，1975年10月出生，梓桐杜井村人。梓桐中学毕业，后学历为浙江广播电视大学行政管理专业（本科）。1990年12月至2002年8月在部队服役，并参加中国人民解放军工程兵指挥学院经济管理专业函授专科班学习。2002年8月至2010年8月，先后任千岛湖镇社会事务办计生专职干部，社会事务办副主任、主任、计生办主任。2010年8月至2016年5月，任千岛湖镇党委委员。2016年5月起，任姜家镇党委副书记。

被评为2014年度杭州市“三改一拆”行动先进个人，2015年度杭州市“无违建创建”工作先进个人、“五水共治”工作先进个人。

叶建乐 男，1966年出生，梓桐杜井村人。中央党校函授本科毕业，高级会计师职称，注册会计师执业资格。1982年参加工作，在姜家财税所任财税专管员。2007年任淳安县财政局党委委员、副局长。2016年任县财政局党委副书记、副局长。

叶俊军 男，1969年出生，梓桐叶家庄人，大学本科文化。1989年分配到县检察院后下派到铜山乡人民政府锻炼两年，1991年回县人民检察院工作。先后曾任起诉科副科长、反贪局副局长等职。

2002年调任县国土资源局副局长。2010年12月，任经济开发区（青溪新城）管委会党工委副书记、副主任。2016年12月任瑶山乡党委副书记、乡长。

叶春晖　男，1966年11月出生，梓桐叶家庄人，毕业于浙江农业大学附属杭州高等专科学校，后学历为中央党校函授学院行政管理专业（本科）。1986年8月至1998年8月在淳安县农业局工作。1998年9月至2001年8月任安阳乡政府副乡长、副书记。2001年9月至2004年12月任枫树岭镇镇长、党委副书记。2005年至2007年4月任枫树岭镇党委书记。2007年4月任淳安县统计局党组书记、局长。2008年12月，任县对外经济贸易局党组书记、局长。2012年3月，任县委组织部常务副部长。2017年2月10日，淳安县十六届人民代表大会第一次会议当选县人大常委会副主任。

叶爱舜　男，1945年出生，梓桐叶家庄人。1970年参加工作，曾为淳安县“革命委员会”成员，中桐公社、横双煤矿、毛竹源码头等单位革命委员会副主任。1980年调入淳安印刷厂工作直至退休。

叶普青　男，1949年11月出生，梓桐叶家庄人。1977年参军，曾任战士、副班长、班长。1977年退伍，1978年7月至1980年3月在梓桐中学任教。1980年4月任里桐公社人武部干事。1982年任龙泉公社党委委员，人武部副部长、部长。1982年4月任东亭乡党委书记。1986年4月任双源乡党委委员。1989年4月任里桐乡党委委员、副乡长。1992年5月任梓桐镇党委委员、副镇长，副乡级调研员。2002年4月退养。

江状生（1916年—1986年）男，梓桐板桥村人。1952年至

1954年任常宁乡副乡长。1953年加入中国共产党，1955年到桥西炼铜铁，1958年后调淳安酒厂任副厂长、厂长。1976年退休。

吕元友 男，1958年8月出生，梓桐桐岭脚村（原籍界首金山村）人。1978年参军，退伍后任中桐公社人武部干事、人武部部长。1986年2月调任浪川乡党委副书记、乡长、党委书记。1992年5月调姜家镇任党委副书记、镇长、党委书记。1997年任姜家片工委主任。1998年被选为中共淳安县第十届委员会委员。1998年9月调移民局（投资公司）任副局长、副经理。现退居二线。

严徐姣 女，1981年3月出生，梓桐联心村（十八殿坞）人。1986年9月至1994年7月在梓桐中心小学、梓桐初中读书， 1994年9月至1995年7月在千岛湖中心小学初中部读书，1995年9月至1998年7月在淳安中学读书。1998年9月至2000年7月，在中国政法大学外语系学习（本科），2004年9月至2007年7月，在中国传媒大学国际传播学院学习（硕士研究生）。

2007年9月至2008年3月在外交部新干班学习，2008年4月至2010年7月，在中国驻新西兰大使馆工作。2010年8月至2016年5月，在外交部新闻司综合处、外交部发言人办公室工作。2016年6月起，在中国驻塞舌尔大使馆工作。

邵长庚（1927年—2011年）男，梓桐富石村人。1946年在衢州高中读书时任学生会干部，曾参加反对国民党绥靖公署迫害师生的示威游行。

1947年9月参加工作，在淳安县初级中学任教。1948年9月考入上海复旦大学法律系，任学生会理事。1949年6月参加华东军区服务团，随军南下，改名江枫，分配至福建省漳州市军管会公安部工作。1949年12月至1951年初任派出所所长。1952年调任市政府文教科科长。1955年任市委文教部副部长。1959年任市委办公室主任。1969年下放城郊公社任党委书记。1980年调回漳州市委任副书记、人大常委会主任。1984年创办漳州职业大学，任党委书记，直至1987年9月离休。离休后与老同志一起筹集资金420万元，创办漳州市中华重阳职业学校，任董事长8年，1996年获福建省职业教育先进工作者称号。

邵文涛　男，1969年1月出生，梓桐富石村人。大学本科文化，1988年8月参加工作。曾任淳安县价格事务所副所长，价格检查所副所长、所长等职。2007年任淳安县发展改革局副局长。2010年8月，任县政协提案委员会主任。2015年4月，任县统计局局长。2017年2月9日，政协第九届淳安县委员会第一次会议当选政协副主席。

邵全胜　男，1969年生，梓桐富石村人。大学本科文化，1988年参加工作。曾任县司法局临岐司法所所长；基层管理科、律师管理科副科长、科长。1999年8月调县府办公室，任法制办副主任，法制局副局长。2003年任县府办党组成员、副主任。2010年5月，任县考评办主任。2012年4月，任千岛湖旅游度假区管委会副书记、常务副主任。2015年4月，任卫生局书记，同年8月，任卫计局党委书记、局长。2016年12月30日，中国共产党淳安县第十四次代表大会第一次会议当选县委委员。

邵京华　男，1972年出生，梓桐富石村人。大学本科，农学学士。1993年参加工作，在县农业局蔬菜技术推广站任技术员。

1998年任县农业技术推广站站长。2003年任县农业局党委委员、副局长、高级农艺师。2009年6月，调杭州市农业局任农作处处长。

邵和昌（1931年9月—2010年1月）男，梓桐富石村人。1952年至1963年在淳安县公安局任干警。1964年至1978年在中桐公社任副社长。1978年至1991年先后在鸠坑公社，厚屏乡、威坪镇政府工作。1991年12月退休。

邵雄飞　男，1963年11月出生，梓桐富石村人。大学文化。1983年10月入伍，先后在浙江舟山群岛、江西上饶服役，历任战士、副班长、班长、排长、副连助理员、副科、正科、副处助理员。2007年转业地方工作。2008年任县档案局副局长。

邵景腾　男，1971年出生，梓桐富石村人。研究生学历，1991年参加工作。历任浙江省高级人民法院司法警察队长、机关团委书记、机关党办主任、组织人事处副处长。2012年3月起任杭州市中级人民法院副院长。

邵群英　女，1968年3月生，原藉王阜乡郑中村，婚嫁梓桐镇常宁村。1989年11月参加工作至2015年1月，先后任：叶家乡妇女干部，严家乡妇联副主任、主任，宋村乡妇联主任、妇联主席，汪宅乡妇联主席、纪委委员，叶家乡党委委员、妇联主席，威坪镇党委委员、妇联主席，富文乡副乡长、党委委员、党委副书记。2015年1月至12月，任淳安县广播电视台党组成员、纪检组长。2015年12月至2017年1月，任县纪委派驻第三纪检组副组长。2017年1月起，任中共淳安县委第三巡察组组长。

余运德　男，1967年3月出生，梓桐石岭下村人。大学文化，1988年8月参加工作。曾在淳安县监察局、县纪委和大墅镇人民政府工作，担任过秘书、科长、副主任、镇党委副书记、镇长。2003年4月调县人民检察院任党组成员、纪检组长、机关党委书记。2010年4月，任县劳动和社会保障局副局长、机关党委书记。2012年3月，任县人力资源和社会保障局党组副书记、副局长。2015年4月，任县直机关工委书记。2016年10月当选为杭州市第十二次党代会代表。

余有全　男，梓桐练溪村余家人。1950年8月至1951年9月曾任练溪乡副乡长。后移民遂昌，病故。

余早元　男，梓桐练溪村余家人。1956年4月至1958年10月任外桐乡副乡长。1960年12月至1961年8月任中桐管理区管委会副主任。后移民遂昌。

余茂景　男，1934年4月出生，梓桐练溪村余家人。1951年入伍，历任战士、司事长、排长、副连长、副营长、营长。1980年转业地方，历任淳安县建设局设计室主任，建设局副局长、局长，正局级调研员。1994年6月退休。

张建华　男，1964年出生，梓桐联爱村人。大专文化，1982年参加工作。曾任原横双公社团委书记、姜家区团委书记、东亭乡党委副书记、中桐乡党委副书记、梓桐镇党委副书记、淡竹乡党委书记、文昌镇党委副书记、县委党史研究室副主任等职。2007年4月，任淳安县供销合作总社党委副书记、纪委书记。2015年7月退二线，享受正局级待遇。

汪云飞　男，原名汪粉喜，1968年9月出生，梓桐三联村人。1987年10月入伍（东海舰队），历任副艇长、指导员、教导员、政委等职，2006年12月转业至淳安县，现任淳安县科学技术协会党组成员、副主席。其书法作品（硬笔书法）多次获得县级和部队学院特等奖、一等奖。

汪永生　男，1948年12月出生，梓桐西湖村人。1968年3月入伍，历任战士、副班长、班长、排长、正连职、正营职（县人武部政工科科长）。1986年7月至1990年7月任淳安县人武部党委委员。1992年3月至1994年8月任土地管理局党组成员、副局长。1998年4月退休。

汪韩和　男，梓桐浯溪村（今已没入千岛湖）人。1962年7月至1965年9月曾任中桐公社管理委员会副社长。后移民江西婺源。

汪鹏飞　男，1978年出生，梓桐西湖村人。毕业于浙江省交通学校。1998年9月参加工作，在龙源乡人民政府任乡团委副书记、公安员。2001年在横沿乡政府工作，任团委书记、社会事务办公室主任，司法员。2005年1月起在梓桐镇政府工作，任副镇长。2011年9月，任计生局党组成员、副局长。2015年7月，任信访局副局长。2016年12月任金峰乡人大主席。2017年3月任金峰乡党委副书记、乡长。

郑深和（1930年—2004年）　男，梓桐郑家村人。1958年2月至1981年5月曾历任里桐乡副乡长，里桐公社党委副书记，外桐公社党委副书记，桐子坞公社党委副书记、管委会主任，宋村公社管委会主任。1982年调县林业局工作，任威坪林业站站长。1984年退休。

郑烈顺 男，1954年出生，梓桐郑家村人。大专文化，1974年参加工作，在里桐初级中学任教师。1977年调入淳安县委工作组工作。1978年后曾任里桐公社团委书记、党委副书记、管委会主任、党委书记，浪川乡党委副书记、乡长、书记，界川乡党委书记，龙川乡党委书记，汾口区公所副区长，汾口镇党委副书记、镇长、党委书记等职。1997年调任淳安县水利局，任副书记、副局长。1998年调任淳安县计划生育委员会主任、党委书记。2003年调任淳安县发展和改革局党委书记。2007年4月任正局级调研员。2014年4月退休。

郑智忠 男，1979年5月出生，梓桐郑家村人。2002年8月参加工作，在职大学学历，工商管理硕士学位。曾任淳安县光昌乡团委副书记、团委书记、综合办主任。后调任县政府办公室综合科副科长。2010年12月，任县政府办公室综合调研科科长。2015年11月，任县政府办公室副主任。

郑樟柱 男，梓桐郑家村人。1950年8月至1951年4月曾任唐家乡副乡长。

周殿里 男，梓桐童家村（今已没入千岛湖）人。1952年11月至1954年3月曾任童家乡副乡长。1969年移民桐庐县毕浦。

胡长文 男，1969年出生，梓桐常宁村人。大学文化，1991年参加工作，在淳安县财税局青溪财税所任专管员。2007年任淳安县财政局党委委员。此间，曾任淳安县财务公司办事员、办公室主任，淳安县财税局预算科科员、办公室秘书，淳安县财政局（地税局）办公室主任，淳安县地税局稽查局副局长、局长等职。

胡云忠（1935年11月—2010年5月）男，梓桐练溪胡家人。1952年5月在遂安县税务局工作，8月调遂安县供销合作总社。1958年12月至1979年3月，在横沿、鸠坑、桐子坞等公社工作。1979年3月任里桐公社管委会副主任。1983年至1989年，先后任中桐公社党委委员，中桐乡副乡长、副书记、乡长等职。1989年任姜家区工办主任。1992年在梓桐镇任副乡级调研员。1994年退休。

胡有杰　男，1950年7月出生，梓桐富坡村人。1969年11月参加工作。1978年任南赋公社人武部干事。1979年至1983年在里桐公社任党委委员、人武部部长。1983年7月任里桐乡人武部部长、副乡长。1989年12月至1995年9月任东亭乡党委委员、副乡长。1995年9月起任梓桐镇主任科员。2010年7月退休。

胡凤生　男，梓桐练溪村人。1951年9月至1954年4月任练溪乡副乡长，1954年5月至1955年12月任乡长。后移民遂昌。

胡水清（1917年—2000年）男，梓桐常宁村人。1955年10月至1956年4月曾任常宁乡党总支副书记。

胡永全　男，1962年9月出生，梓桐石岭下村人。大学文化，1986年7月参加工作。先后在县人民检察院批捕科、财税检察室、经济检察科、法纪检察科和反贪局工作，历任副科长、科长、副局长、局长等职，2007年4月高配副局级。2013年10月，任县政法委员会委员、维稳办公室副主任。

胡永阳（1921年—2003年）男，梓桐常宁村人。1950年7月至

1962年5月先后曾任常宁乡乡长、中桐乡副乡长、中桐管理区管委会主任、鸠坑管理区党总支副书记、中桐公社管委会副社长。1962年精简下放，1966年至1979年任常宁村党支部书记。

胡本元（1916年—1984年）男，梓桐墩头村人。1949年至1951年在黄江潭教书。1952年至1954年任常宁乡副乡长。1953年加入中国共产党。1955年调威坪区任干事。1957年调杭州物资局工作。1976年在杭州退休。

胡玉全（1929年—2003年）男，常宁村人。1952年11月至1954年4月任常宁乡乡长。1960年至1983年任常宁大队大队长。

胡发明　男，1947年8月出生，常宁村人。1968年12月参加工作。1980年10月任桐子坞公社管委会主任、党委副书记。1984年3月任桐子坞乡党委书记。1986年12月任金峰乡党委书记。1989年12月任浪川乡党委副书记、乡长。1992年3月任里桐乡党委书记。1992年6月任东亭乡党委书记。1995年10月任梓桐镇人大主席。1999年1月至2006年8月任正乡级调研员。2007年8月退休。

被评为1982年度“杭州市先进工作者”。

胡加祥（1934年—2000年）男，常宁村人。1969年7月至1971年9月曾任中桐公社革委会副主任。后迁移至江西。

胡世焕　原名胡世芳，男，1943年11月出生，梓桐慈溪村人，上海华东政法学院毕业。曾任淳安县公安局治安科副科长、科长和治安科党支部书记等职。1986年6月调淳安县司法局任副局长、局党组成员，并兼任局机关党委支部书记、局监察室主任等职。1998年6月任调研员直至退休。

工作期间，曾被评为县、市公安战线先进工作者，县机关党工委优秀党务工作者。主编《淳安县司法行政》一书。

胡江汉（1927年—1998年）男，梓桐练溪村人。1950年8月参加工作，历任练溪乡乡长，茶园区委委员，城镇委员会书记，青溪公社党委副书记、管委会社长，青溪区委委员，青溪公社党委副书记、书记，桐子坞公社党委副书记、代书记，南赋公社党委副书记等职。

胡红宝　男，1969年4月出生，常宁村人。大学文化，1987年参加工作。先后在县林业局汾口林业站、威坪林业站、富溪林场、青溪林业站、林业局林业技术推广站任场长、站长等职。2006年8月调任姜家镇任党委组织委员。2012年4月，任大墅镇党委副书记、镇长。2015年4月，任大墅镇党委书记。2016年12月30日，中国共产党淳安县第十四次代表大会第一次会议当选县委委员。

胡红品　男，1975年11月出生，梓桐舒村人。1998年8月毕业于浙江舟山商业学校金融专业。同年9月分配在南赋乡政府任文书、团委书记、党政办副主任。2001年7月至2005年9月，任严家乡政府团委书记、党政办副主任。2005年3月至2012年4月，任淳安县经济贸易局办公室工作人员、办公室负责人、办公室主任。2012年4月至2013年10月，任县工业和信息化局办公室主任。2013年10月，任文昌镇党委委员、纪委书记。2017年1月，任中共淳安县委第四巡察组副组长。

胡作全 男，1950年4月13日出生，梓桐并峰村人，1962年抱养于石门塘村，大专文化。1969年1月参军，1975年退伍，1978年1月担任梓桐区人武部干事，团委副书记，区委秘书。1981年调任淳安县委办秘书。1987年任中共沈畈乡党委书记。1991年调淳安县人民法院任助理审判员。1993年调任县委政法委办公室主任、县社会治安综合治理委员会办公室副主任。2010年4月退休。

胡作华 男，1975年出生，梓桐练溪村人，新华社主任记者。1993年以原唐村中学第一名的成绩考入原杭州大学中文系，在校期间创办了杭州大学爱心协会和杭州大学《青年志愿者报》。1997年大学毕业被新华社录用，先后在湖南分社、浙江分社工作，现担任新华社浙江分社党务纪检监察室副主任（主持工作）。

胡志权 男，1963年9月出生，并峰村人。大学本科（法学学士），高级审计师，中国注册会计师。

1984年7月毕业于浙江财政学校财政专业。1984年8月至1994年10月，在浙江省审计厅财政处工作（其间：1988年下派萧山财政局锻炼，任总会计；1992年下派三门县审计局，任副局长）。1994年10月至2006年8月，先后任省审计厅财政处副处长、社保处处长、财政处处长。2006年8月至2007年1月任省体育局党组成员（省纪委派驻体育局纪检组长，省监察厅驻体育局监察专员）。2007年1月至2012年4月，任中共舟山市委常委、市纪委书记。2012年4月至2012年6月，任浙江省纪检委派驻省人民政府直属机关纪检组组长、监察专员。2012年6月至2013年8月，任省纪委常委、省直机关工委副书记、纪工委书记。2013年8月到2014年6月，任省纪委常委、省委巡视工作办公室主任。2015年12月，任浙江省纪委副书记。

胡来祥 男，1951年8月出生，梓桐杏坡村人，高中文化。1969年11月至1982年在南京装甲部队服役，历任班长、排长、连长。1982年至1984年1月任淳安县大墅区委纪检干部。1984年2月至1993年10月在姜家区委任宣传委员、副区长。1993年11月至1999年7月任县级机关党委委员、纪委副书记。1999年8月调县农业局任党组成员、副局级调研员。2011年8月退休。

胡学贵 男，梓桐包店村（今已没入千岛湖）人。先后靠西湖村，再移迁江西婺源。1961年8月至1976年2月先后任中桐公社管委会社长、中桐公社革委会副主任、中桐公社党委副书记。

胡财荣 男，1936年1月出生，梓桐坑村人。1954年12月参加工作，1996年退休。其间曾任中桐公社管委会副主任，南赋公社党委组织委员，鸠坑公社党委副书记、管委会主任，姜家区委组织员，副乡级调研员等职。

1959年被评为中国科学院先进工作者。1977年被评为杭州市先进工作者。

胡国锋 男，1969年12月出生，梓桐墩头村人。1990年9月至2006年8月，先后在中桐乡墩头小学、梓桐镇墩头小学、梓桐镇常宁完小任教。其间，2001年7月，于浙江广播电视大学汉语言文学专业大专毕业；2006年1月，于中央广播电视大学小学教育专业本科毕业。2006年8月至2014年4月，先后任梓桐镇成人文化技术学校校长、梓桐镇党政综合办副主任、梓桐镇经济发展办公室（经济发展服务中心）主任。2014年4月起，任梓桐镇经济发展服务中心主任、成人文化技术学校校长。2016年12月任梓桐镇副镇长。

胡省藩 （1929年—2005年）男，别名勇强，梓桐并峰村人。1949年就读于浙江严州师范（淳城东庙），5月赴四川军政大学学习。1951年入朝参战，奉命率100名伤病员转后方医院，途中受敌毒弹袭击，眼睛受重伤。1952年回国治疗。1954年驻军金华（第二十军）。1955年7月参加南京速成政治学院学习，1956年毕业后分配在大连市俄文专科学校任教。1959年下连队任指导员。1964年调河南驻马店军分区政治处任宣传科科长。“文革”期间至河南新蔡县人武部工作。离休后任大连军队离休干部春柳休养所社区管委会主任。

胡秋美 女，1954年10月出生，梓桐杜井村人。1978年4月参加工作，任中桐乡妇联主任。1980年3月任中桐公社管委会副主任。1985年12月任姜家区公所妇联主任。1992年4月任县民政局社会救济科干部。1998年7月任社会事务科副科长。2003年1月任社会事务科科长、主任科员。2004年7月任慈善总会办公室主任。2009年10月退休。

胡柏木 男，1949年9月出生，汉族，高中学历，梓桐常宁村人。1969年1月入伍，1970年2月入党。历任解放军某部司令部作训股见习参谋、副连职参谋、连长、副营职参谋、参谋长，团党委委员、常委，淳安县人武部副部长、部长、党委副书记，杭州军分区党委委员，县委委员、常委。2001年1月、2003年3月，分别当选为县第十二届、第十三届人大常委会副主任。2007年2月，任正县级巡视员。2010年7月退休。

1988年经省委、省军区批准，荣立三等功一次。1987年至2011年，为中共淳安县第七、十、十一、十二届党代会代表，淳安县第九、十、十一、十二、十三、十四届人代会代表，杭州市第

七、八届人代会代表及政协淳安县第二、三届委员会委员。

胡炳元 男，梓桐包店村（今已没入千岛湖）人。1956年4月至1958年2月任外桐乡乡长。1958年10月至1959年6月任梓桐公社管委会副社长。后移民开化县五里余。

胡信生 男，梓桐浯溪村（今已没入千岛湖）人。1952年11月至1955年12月曾任练溪乡乡长、副乡长。后移民遂昌。

胡树标（1931年—1974年）男，梓桐常宁村人。1965年9月至1968年2月任里桐公社管委会副社长。1968年后任梓桐区委委员、区人武部部长。

胡顺联 男，1957年12月出生，梓桐墩头村人。毕业于梓桐中学。1980年6月参加工作。1984年2月至1985年5月在东亭乡任副乡长。1985年6月至1987年10月在姜家区任人武部副部长。1987年11月至1989年10月在龙泉乡任乡长。1989年11月至1992年5月任里桐乡乡长。“撤扩并”后在梓桐镇工作。2000年调郭村乡工作。2006年8月起在姜家镇工作。

胡家春 男，1953年3月出生，梓桐常宁村人。1984年至1986年12月任中桐乡乡长。1986年12月至1992年5月任外桐乡党委书记兼乡人大主席。1992年5月至1995年8月任茶园镇党委副书记、镇长。

胡海珍（1931年—2004年）男，梓桐杜井村人。淳安中学肄业。1951年4月至1955年12月在唐家乡任乡长。1956年1月至1962年在威坪粮管所工作。1975年至1979年在中桐公社农场工作。1980年至1983年在中桐公社粮油厂工作。1984年至1990年在中桐乡工业办公室任出纳、主任。1990年退休。

胡爱平 男，梓桐结蒙村人。1959年4月出生，中央党校函授学院法律专业本科毕业。1978年12月至1982年11月在舟山海军部队服役。1982年12月在淳安县供销总社工作。1995年9月任汾口镇副镇长。1998年10月任茶园镇党委副书记、纪委书记。2000年12月任茶园镇党委副书记、镇长。2001年8月任石林镇党委副书记、镇长。2003年4月任淳安县科技局党组成员、副局长。2012年4月退居二线。

胡建志 男，1967年出生，梓桐并峰村人，大学文化。1989年毕业于安徽财经大学，同年参加工作。曾任淳安县物资局（物资总公司）办公室副主任、主任，文昌镇镇长助理，淳安县行政审批服务中心副主任、党工委委员，淳安县机关服务效能投诉中心副主任等职。2015年7月，任千岛湖旅游度假区管委会党工委委员、综合部部长。

胡莲香 女，梓桐练溪村人。1981年5月至1982年10月任九坑乡管委会副主任。1982年10月至1985年5月任唐村公社党委副书记。

胡捷政 （1938年10月—1990年10月）男，梓桐舒村人。1964年参加工作。1973年12月至1980年3月任中桐公社党委副书记。1980年3月至1983年2月任南赋乡党委副书记、书记。1983年2月至1985年6月任姜家镇党委副书记、镇长。1985年6月至1986年12月任里桐公社党委副书记。1986年12月至1990年10月任外桐乡党委副书记。

胡遇新（1924年5月—2006年5月）男，梓桐洋峰村人。1950年8月至1951年4月曾任唐家乡乡长。

胡雪香　女，梓桐常宁村人。1981年5月至1984年7月任南赋乡管委会副主任。后随夫调余杭工作。

胡朝军　男，1979年出生，梓桐杜井村人。1998年入空军第十三飞行学院学习，毕业后曾任飞行员、中队长、电子对抗室主任、副大队长、副参谋长。现任东部战区空军某部一级飞行员、四机机长、飞行教员兼飞行指挥员，上校军衔（正团级）。

2006年在福州军区荣立三等功一次，2008年和2015年分别荣立安全飞行三等功、二等功各一次。

胡谱奎（1933年—2011年）男，梓桐常宁村人。1954年4月至1962年5月曾任常宁乡副乡长、中桐管理区管委会副主任、外桐公社管委会副社长。1962年精简下放后曾任村党支部副书记、副大队长。

姜义元　男，1939年3月出生，梓桐石门塘村人。1960年毕业于金华师范学院数学系数理科后，分配到金华市第一中学任政治教师。此前，曾在威坪区中心小学任教。1958年8月加入中国共产党。

在金华一中工作10年后，于1971年10月调入金华县教育局。1979年任金华县招生办公室副主任。1984年初，任局党组成员。同年10月，调任金华县文化局局长、党组书记。1985年5月任金东区副区长。1990年3月任金华县人大主任。1999年8月退休。

姜来祥　男，1972年10月出生，梓桐石门塘村人。1996年毕业于浙江法律学校，2000年获浙大自考法律大专文凭，2003年中央党校函授学院行管本科毕业。1996年8月参加工作后先后曾任郭村乡司法员，姜家片工委秘书，姜家司法所科员兼副所长，中共淳安县委办公室综合科干事、副科长、科长。2008年调任杭州市综合考评委员会办公室评选处副主任科员。

姜的动　男，1957年6月出生，梓桐石门塘村人。毕业于淳安县工农兵学校。 1979年9月在里桐公社任财务会计辅导员。1985年7月至1996年6月，先后任中桐乡农经员、中桐乡政府纪委委员、梓桐镇副镇长兼农经员。2000年12月在浪川乡政府工作，任农经员。2006年9月在梓桐镇人民政府工作，任农经员。

获1995年度杭州市农村经济经营管理成果奖三等奖。

姜菊莲　女，1958年6月出生，梓桐板桥村人，毕业于梓桐中学。1977年至1978年1月，在县“路线教育工作组”驻浪川乡芹川村工作。1978年4月至1979年11月在东亭公社任妇女干事。1979年12月至1992年5月任里桐乡妇联主席。1992年5月任梓桐镇副镇长兼妇联主席。1994年任梓桐镇副镇长。2003年3月任梓桐镇人大副主席。2006年起在梓桐镇任副乡级调研员。2013年6月退休。

2005年被评为杭州市老龄工作先进工作者，2007年被评为浙江省“老年电大”办学先进工作者。

姚玄壮　男，1949年1月出生，梓桐杜井村人，毕业于淳安中学。1965年12月在梓桐区供销社工作，任统计员。1977年9月任东亭公社副书记。1984年4月任中桐乡党委副书记。1989年2月任里桐乡党委副书记。1992年5月任梓桐镇纪委书记。1998年12月任副乡级调研员。2002年4月退养。

1995年评为杭州市优秀纪检监察干部。1994年评为杭州市“忠诚卫士”、浙江省优秀纪检监察干部。

姚宏福 男，1957年10月出生，梓桐河山村人，毕业于梓中，1978年4月参加工作。 1980年任里桐公社管委会副主任。1982年10月在中桐公社工作。1984年4月任外桐乡乡长。1987年11月调郭村乡任乡长。1992年7月调姜家镇工作，任党委副书记。1994年1月调梓桐镇工作，任党委副书记、镇长。1998年7月调姜家片工委，任副主任。2001年11月调姜家镇，任副书记、纪委书记。2006年10月起退二线干部至今。

1983年被评为杭州市“计划生育”先进个人。

姚步云（1931年—2008年2月）男，梓桐河山村人。1951年3月至1952年11月曾任结蒙乡乡长。后调邮电局工作。

徐元贵 男，1940年12月出生，梓桐结蒙村人。1969年3月至1976年10月曾任里桐公社革委会副主任。1984年任里桐乡工业办公室主任。建镇后任梓桐镇工业办公室成员。1997年退休。

徐百福 男，1964年出生，梓桐结蒙村人。大学文化，1983年参加工作。历任中桐乡政府文书，梓桐镇党委委员，郭村乡党委委员、副书记、乡长，里商乡党委副书记、乡长，鸠坑乡党委副书记、乡长。2010年3月起，任县农办党组成员、副书记。

徐旭建 男，1966年 1月出生，梓桐唐家村人。大学文化，

1984年参加工作。曾在外桐乡、东亭乡、桐子坞乡、宋村乡工作，担任过副乡长、党委委员、副书记、乡长。1995年8月任石林镇党委书记、人大主席。2010年3月，任千岛湖旅游度假区管委会党工委副书记。2012年4月，任经济开发区（青溪新城）管委会党工委副书记。

徐志新 男，1977年出生，梓桐大富村人。大学文化，1998年参加工作，在淳安县审计局任科员、副科长、主任等职。2007年调淳安县委办公室工作，任淳安县委政研室副主任、县委台湾办公室副主任。2008年10月调入中共杭州市委政策研究室，任综合研究处副处长，2015年8月任改革协调处处长。

徐南京 男，梓桐结蒙村人。1950年8月至1951年3月曾任结蒙乡乡长。1965年至1980年任村党支部副书记。现已病故。

徐和娣 女，1933年出生，梓桐结蒙村人。1954年7月至1956年4月曾任结蒙乡党支部书记。1957年左右随夫调东阳县千祈乡工作。

徐树荣 （1921年—1987年7月）男，梓桐大富村人。1954年4月至1956年4月任结蒙乡乡长。1956年4月至1958年2月任里桐乡副乡长。1958年2月至1958年10月任外桐乡副乡长。1961年8月至1968年2月任里桐公社管委会副社长。1978年5月至1979年11月任里桐公社管委会副主任。

徐道森 男，1933年12月出生，梓桐安山程家村人（原籍威坪汪川）。1951年3月参加工作，在淳安县独立营任战士。1951年12月参加抗美援朝。先后曾任班长、副排长、排长、副指导员。1962年

11月调新疆军区，1963年5月分配到吉木沙尔镇中队代指导员工作。1964年11月转业到地方。1969年1月分配至梓桐区任区委委员、人武部部长。1968年8月任梓桐区革命领导小组副组长、区委委员、人武部部长。1969年7月任淳安县武装基干民兵营营长。1971年5月至1973年7月，在杭州市“七〇四”工地任武装基干民兵营营长。1993年12月退休。在朝鲜立三等功2次，获师、团奖励5次。

徐思聪（徐汉才）（1930年3月—2012年6月） 男，1930年3月出生，梓桐结蒙村人。1949年10月参加工作，1949年10月至1950年6月在唐村区始新乡工作。1950年6月至1958年7月任淳安县公安局文书。1958年8月至1961年7月任县计委统计员。1961年8月至1965年4月任里桐管理区文书。1965年5月至1973年7月任中桐公社革委会成员。1973年至1983年7月任九坑公社管委会副主任。1983年10月退休。

徐朝生　男，1954年4月出生，梓桐慈溪村人。毕业于梓桐中学。1972年12月至1977年4月在部队服役。1977年4月在家务农。1978年4月在中桐公社任团委书记。1985年3月在姜家区委任纪检员。1985年11月任东亭乡党委副书记。1989年10月任龙泉乡党委委员、副乡长。1992年6月任姜家镇纪委副书记。1998年11月起在梓桐镇政府工作。2014年4月退休。

徐的南　男，1960年1月出生，梓桐结蒙村人。毕业于梓桐中学，1981年7月参加工作。1981年任外桐乡人武部干事。1985年任中桐乡副乡长、人武部部长。1992年5月任梓桐镇人武部部长。1998年9月任富文乡人武部部长。2006年9月任富文乡人大副主席。2015年8月退二线。曾被评为杭州市“农经”先进工作者。

徐毅鹏 男，1978年2月出生，梓桐慈溪村人。1996年12月至1999年10月在武警浙江总队一支队服役。1999年10月至2000年12月在武警江苏总队常州市支队服役。2001年1月至9月，在常州支队军人服务社工作。2001年9月至2004年7月，在浙江工商大学人民武装学院读书。2004年7月至2005年1月，在淳安县人民武装部实习。2005年2月至2010年5月，先后任威坪镇人武部干事、副部长，综合办主任、综治办主任。2010年5月至2015年8月，先后任威坪镇党委委员、人武部部长、组织委员。2015年8月，任宋村乡党委副书记。

钱业山 男，1944年7月出生，梓桐钱家村人。1964年8月参加工作。曾任中桐公社团委书记、管委会副主任。1984年5月任东亭乡副乡长。1984年9月任姜家区公所工业办公室主任。1985年9月任姜家镇副书记、镇长。1989年11月任东亭乡党委书记。1992年4月任梓桐镇人大主席、党委副书记。1995年3月任正乡级调研员。2004年10月退休。

1990年被评为全国第四次人口普查国家级先进个人。

钱竹林 男，1965年2月出生，梓桐钱家村人。1984年参军，1986年入沈阳炮兵学院学习，1989年7月毕业。1989年8月至2004年5月历任83361部队排长、副连长、指导员、副教导员、教导员等职。2004年6月至2007年2月任舟山警备区定海离职干部休养所政委。2007年转业地方，任淳安县行政审批服务中心党工委委员。2015年8月起，任县工商联副局级组织员。

钱金松（1917年—2015年） 男，梓桐洋峰村（原籍富阳）人。1950年7月参加工作，1979年退休。工作期间先后曾任茶园乡乡长、党总支部书记、党委书记，威坪区委副书记，唐村区委书记，梓桐公社副社长兼里桐公社党总支书记，九坑公社党委副书记，梓桐区委委员兼农技站站长，梓桐粮管所所长等职。1956年被选为中共淳安县第一届委员会候补委员。1959年淳、遂两县合并后被选为中共淳安县第一届委员会候补委员。

唐为民 男，1965年7月出生，梓桐唐家村人，大学文化，中学高级教师。1985年参加工作，历任淳安二中教师、教育局教研室教研员、教育局教研室主任、教育局副局长、县科协主席等职。现任县纪律检查委员会派驻第二纪检组组长，县政府办党组成员。

唐　高 男，1970年9月出生，梓桐唐家村人。1992年7月毕业于杭州市法律学校，1992年8月至1993年12月在淳安县机油泵厂工作。1993年12月至2003年1月，先后在汾口人民法庭、临岐人民法庭工作。2003年1月至2004年2月，在淳安县人民法院立案庭工作。2004年2月至2012年4月，在县法院民事审判庭工作，先后任民一庭副庭长、庭长。2012年4月起，任县人民法院临岐人民法庭庭长（副科）。

唐文梅（1921年12月—2008年8月）男，梓桐唐家村人。1951年4月至1954年3月任唐家乡副乡长。1956年4月至1958年2月任里桐乡党支部书记、副书记。1959年9月至1960年12月任里桐管理区管委会副主任。1962年精简下放后，长期在村里担任党支部书记职务。

唐华余 男，1955年10月出生，梓桐唐家村人。毕业于里桐高中。1974年9月至1985年3月，先后任里桐公社电影放映员、农机管理员、里桐乡保卫干部。1985年6月至1988年12月在姜家镇工作。1988年

12月任外桐乡党委委员。1992年3月任界首乡党委委员、常务副乡长、人大副主席。2007年8月起任梓桐镇副乡级调研员。2015年10月退休。

淳安县第八届、第九届人民代表大会代表。1996年被评为杭州市计生分管领导先进个人、浙江省“百佳协会”会长。

唐建潮（1956年6月—1985年8月）男，梓桐唐家村人。中国人民解放军南京外国语学院肄业。1974年11月至1981年10月在部队服役。1982年3月至1984年3月在东亭公社任人武干部。1984年3月至1986年4月在东亭乡任副书记、乡长。

黄长春 （1923年—2002年）男，梓桐黄村人。1951年9月至1954年2月任并峰乡副乡长。1957年至1960年在梓桐邮电所工作。1960年至1969年任黄村大队党支部书记和革命领导小组组长。1969年至1983年任中桐公社农场书记。

黄月清 男，1957年出生，梓桐黄村人，大专文化。1976年8月毕业于嘉兴农业技术学校植保专业，同年分配到淳安县农业局。1983年12月任淳安县农业局副局长。1987年1月任淳安县大市区公所副区长兼大市区农业技术推广站站长。1990年5月任淳安县农业局副局长、党总支委员。1998年6月至2010年3月任淳安县科学技术局副局长、党组成员。2010年4月退居二线。

曾获浙江省、杭州市科技进步奖15项，多次被浙江省、杭州市评为科技工作先进个人，在国家省、市级专业刊物发表论文12篇。

黄立新 男，1966年10月出生，梓桐大富村人。1986年8月参加工作，在职大学学历。先后在淳安县茶叶公司、淳安县农业局工作。1995年3月调淳安县检察院工作，历任犯罪预防科副科长、科长，反贪污贿赂局副局长。2013年10月任反贪污贿赂局教导员。2015年7月任检察院党组成员、反贪污贿赂局局长。2017年1月任淳安县监察委员会委员。

黄存菊 女，1965年11月出生于黄村。1984年参加工作后至2006年，先后曾任郭村乡妇联主席，郭村乡副乡长，梓桐镇行政工作组副组长，浪川乡党委委员，郭村乡党委副书记、乡长，郭村乡党委书记、人大主席，县纪律检察委员会常委、副书记等职（其间1992年9月至1994年8月在中国妇女管理干部学院学习）。2007年调任淳安县文化广电新闻出版局党组书记、局长。2015年4月退居二线。

黄连兴（1924年10月—1966年12月）男，梓桐黄村人。1948年毕业于遂安简易师范。1949年至1951年，在洋坡小学、黄村小学任教。1955年2月至1956年9月任威坪区并峰乡乡长。1956年10月至1958年8月在中桐乡、中桐公社任副乡长、文书。1960年回家务农。

黄足才（1929年—2006年）男，梓桐安山村人。1947年当兵，1949年11月起义参加解放军。1950年毕业于西南军政大学川西分校。1953年在四川空军某部任见习参谋。1961年起在云南边防部队工作。1963年转业至云南浪沧县人武部工作，副团级。1964年后任浪沧县商业局党委书记、县人大常委会委员。

黄茶娣 （1932年9月—1995年10月） 女，梓桐杜井村人。1956年2月任中桐乡党支部副书记。1958年4月任中桐乡乡长。

1958年9月任东风人民公社副社长。1961年2月任梓桐人民公社妇联主任。1962年5月任中桐公社副社长兼妇联主任。1964年8月任梓桐区委委员兼妇女主任。1981年任姜家区妇女主任。1984年退休。

黄晓玲 女，1967年4月生，梓桐黄村人。1992年毕业于杭州师范学院。曾任杭州上泗中学教师，杭州九溪中学党支部书记、校长，西湖区教育局办公室副主任等职。2009年11月，任西湖区区委办信息科科长。2010年9月任西湖区区委办副主任。2016年7月，任西湖区区直机关党工委书记、区考评办主任（正处级）。

黄裕成 男，1960年6月出生，梓桐黄村人。1978年参军，在部队任驾驶教练、文书。1985年退伍至新安江罐头厂工作。1986年起，任里桐乡人武部干事、副部长、部长。外桐乡、叶家乡人武部部长、党委委员。1995年在县人武部政工科任干事。1996年任里商乡副乡长、党委委员、人武部部长。2006年任鸠坑乡人大副主席。2011年8月任宋村乡人大副主席。2015年8月退居二线。

爱好书法艺术，其作品曾多次参加县、市、省和全国比赛并获奖。现为中国硬笔书法协会会员、杭州市书法协会会员、淳安县书法协会副主席。

程红来 男，1973年2月出生，梓桐程家源村人。1990年9月参加工作，2007年入党。1990年9月至2006年2月在里桐三联小学、里桐完小任教。2006年2月任梓桐镇成人教育干部。2009年2月至2011年11月，先后任梓桐镇综治办副主任、司法所所长，梓桐镇社会事务办公室副主任。2011年11月至2016年9月，先后任宋村乡科协秘书长、党政综合办公室主任、组织员、纪委副书记。2016年12月任王阜乡人大副主席。

程志平 男，1968年12月出生，梓桐程家源村人。1989年毕业于杭州师范大学政治系政治专业，同年分配在梓桐中学任教。先后任校团总支部书记、教导处副主任，荣获杭州市教坛新秀、淳安县第三届春蚕奖、优秀团干部等近20项荣誉奖项，并被评为第二届先进教师之家。1997年参加县公开招考秘书被录用。1998年调县委办公室工作，曾任信息督察科副科长。2003年5月参加县级部门中层正职公选入选，调县教育局任人事科科长。2007年4月调县委宣传部任部委会议成员。2012年4月，任教育局党委委员、副局长。2015年8月，任中共淳安县委党校委员会委员、副校长。

程胜红 男，1974年7月出生，梓桐程家源村人。1995年毕业于杭州市人民警察学校治安管理专业，后进入大学研读法律专业。1995年8月至2000年6月，先后任大墅派出所民警，威坪派出所民警、刑侦大队民警。2000年6月至2003年6月，任公安局刑侦大队城区中队副中队长。2003年6月至2005年4月，任石林镇派出所副政治指导员、政治指导员。2005年4月至2012年4月，任淳安县安全生产监督管理局矿山安全监察科负责人、科长。2012年4月起，任梓桐镇党委委员、副镇长。2016年9月，任浪川乡党委委员、副乡长。

程建华 男，1956年5月出生，梓桐安山程家人。毕业于杭州大学中文系，1979年8月参加工作。1982年至1984年12月在县供销联社基层指导股工作。1985年1月至1986年1月任供销社贸易中心办公室副主任、工会主席。1986年1月至1988年3月在县供销总社任教育股副股长。1988年3月至1990年3月任外桐乡副乡长、机关支部书记。

1990年3月任县供销总社办公室副主任。1998年任县供销总社业务科科长。

程荷连 男，1929年3月出生，梓桐安山程家人。1951年8月参加工作，任梓桐供销社主任。1958年在县委组织部工作。1959年在文昌公社任组织委员。1961年在青溪区委任组织委员。1963年在县委组织部任干事。1964年在萧山海盐社教团任干事。1967年任县委组织部干事。1968年在百亩畈“五七”干校劳动。1976年10月至1979年5月任屏门乡党委书记。1979年5月至1981年5月任里桐公社书记。1981年至1983年9月在姜家区委任纪检委员。

童小威 男，1962年9月出生，梓桐童家村（今已没入千岛湖）人。1983年8月参加工作，1985年12月加入中国共产党，大学农学学士。1983年8月至1990年4月，先后在县委调研组、县农经委办公室工作。1990年4月，任大墅区副区长。1992年11月，任县农经委副主任、党组成员。1993年8月，任县政府办公室副主任。1995年8月至1998年4月，任水利水电局党组书记、局长，同时兼任县水利水电总公司、华港、云港、凤林港澳等实业公司副董事长、董事长、经理等职。1998年4月，任千岛湖镇党委书记，兼工业园区投资公司董事长、县城市管理委员会副主任。2003年3月任淳安县副县长、党组成员。2006年12月，任中共淳安县委常委、副县长、县政府党组成员。2012年2月，县第十五届人民代表大会第一次会议当选为淳安县人大常委会副主任。

童　庭 （1930年—2011年）男，梓桐并峰村人。1954年在浙江省教育厅工作。1957年7月调金华里浦区任区长。1977年11月调淳安青溪区任区委副书记。1979年3月至1983年6月任威坪区区委副书记、区长。1983年6月至1986年1月任姜家区区委书记。1986年1月至1987年12月任县供销总社党委书记。1992年退休。

童建新 男，1966年7月生，梓桐西湖村人。1988年毕业于杭州市法律学校，分配至淳安县检察院工作。历任检察院审查批捕科副科长、办公室副主任、侦查监督科科长，2010年任县检察院专职检察委员会委员。因工作成绩突出，多次受省、市检察院表彰奖励，荣获个人二等功一次、三等功两次。曾参与“3·31”特大抢劫杀人案、“阳光水岸”系列案的办理工作。

童夏升 男，息航村（今已没入千岛湖）人。1954年3月至1956年4月曾任童家乡副乡长。1969年移民富阳县新登。

三、教育行政

卢秋贵 男，1948年3月出生，梓桐卢家村人。1968年4月参军，1974年1月退伍。1974年9月至1994年7月先后在卢家、桐坑、三联、后洲小学任教，小学高级教师。1994年8月任梓桐镇中心小学副校长兼里桐完小校长。1999年8月任梓桐镇成人文化技术学校副校长。2006年2月在镇中心小学任教。2008年4月退休。

卢建华 男，1956年8月出生，梓桐常宁村人。小学高级教师。1976年2月至1980年8月，在中桐常宁小学任教。1980年9月至1982年7月，在严州师范读书。1982年8月至1983年8月，在中桐中心小学任教。1983年9月至1986年8月，任常宁完小负责人。1986年9月至1990年8月，在中桐中心小学任教。1990年9月至1992年8月，任外桐中心小学校长。1992年9月至1994年8月，任梓桐镇中心小学副校长兼里桐完小校长。1994年9月至2005年9月，任姜家镇中心小学副校长兼龙泉完小校长。2005年9月至今，任教于姜家镇中心小学。

叶玄青（1938年5月—2014年10月） 男，梓桐叶家庄人。1959年8月毕业于建德师范，同年参加工作。1998年7月退休。其间曾任梓桐区小副校长，厚屏小学、厚屏中学校长，梓桐初中党支部副书记，里桐初中党支部书记、校长，外桐初中负责人等职。1961年5月至1964年5月，先后参加浙江教育学院、金华行政干校、杭州师范学校培训学习。

叶和仁（1937年2月—2016年3月）男，梓桐叶家庄人。1959年

8月毕业于建德师范，同年参加工作，至1997年2月退休。其间曾任：郭村中小、浪川中小、双溪完小、汾口区小、梓桐初中副校长；金峰农中、里桐初中、中桐初中党支部书记、校长。1989年后在姜家区教办工作直至退休。

江永才　男，1957年2月出生，梓桐板桥村人。1975年参加工作，任民办教师。1980年7月毕业于建德师范，后学历为杭州教育学院函授本科毕业。1984年至1999年先后任梓桐中学副校长、校长。1999年至2003年任郭村中学校长。2003年9月调淳安县高级职业中学（现名千岛湖中等职业学校）任教至今。

毕长庚　男，1928年4月出生，梓桐西湖村（原笑山脚，今已没入千岛湖）人。1951年3月参加工作。1951年2月至1956年8月，先后在宋村下仙山小学、南村源横坑坦小学、东溪完小、黄金完小、唐村区小任教师。1956年9月至1978年10月，先后在茶园第四小学任校长、县文教局搞整风肃反工作、淳安中学任教、县文教局工作、“五七”干校劳动、县文教局工作。1978年10月至1980年5月，在工业局技术学校（县技工学校）任副校长。1988年退休。

毕旭东　男，1945年11月出生，梓桐常宁（大路源）村人。小学高级教师。1968年7月毕业于建德师范。1968年7月至1984年8月，先后曾在常宁完小、龙川片小学初中部、常宁小学初中部、慈溪小学任教。1984年8月至1992年8月，先后任外桐乡中心小学校长、里桐乡中心小学校长。1992年至2005年8月，任梓桐镇“成教”干部，成人学校校长、副校长。2005年1月退休。喜爱绘画，擅长动物工笔和写意。

李水河（1930年—2006年）男，梓桐黄村（李家）人，副教授职称。毕业于严州师范，1951年参加工作。1951年至1965年先后任山东省昆俞县团县委宣传干事、秘书；昆俞县委宣传部、文登县委宣传部理论教育干事。1965年至1984年先后任文登县委党校副校长，烟台地委党校教研室副主任、主任、副校长。1984年至1990年任中共烟台市委党校副书记、副校长。

余有华 男，1960年8月出生，梓桐石岭下村人。小学高级教师。1981年8月参加工作。1984年7月至1992年8月任中桐乡中心小学校长。1992年8月至2004年18月任梓桐镇中心小学校长。2004年9月调千岛湖镇第一小学任教至今。

余献山 男，1949年1月出生，梓桐石岭下村人。1968年8月至1970年9月在石岭小学任教。1970年10月至1973年5月，先后在县教师进修学校、杭州师范学校学习。1973年5月至1974年1月，在县睦剧团剧作组工作。1974年2月至1979年7月，在宋村中学任教并兼任宋村乡团委副书记。1979年9月至1984年7月，在梓桐中学任教。1984年9月至1996年8月，任里桐初中党支部书记、校长。1996年9月在梓桐中学任教。2009年1月退休。

余善缘 男，1940年5月出生，梓桐桐坑村人。1962年9月至1968年12月，在中桐公社富峰小学任教。1968年12月至1984年8月，先后在里桐桐坑小学、卢家初中班、里桐公社初中、联爱小学、里桐公社中心小学、唐家小学任教并兼任负责人。1984年9月至1990年8月，先后任里桐乡中心小学、外桐乡中心小学校长。1992年9月至2000年7月，先后在梓桐镇三联完小、里桐完小任教。2000年5月退休。

汪泽生 男，1928年11月出生，杨村畈人。1951年1月参加工作，1980年11月退休。其间曾任里桐石郑小学、文昌西阳小学教师，宋村中小教导主任，淡竹中小负责人，里桐初中领导小组副组长，东亭初中副校长，梓桐区教办教研员等职。爱好诗词写作，其作品在多种刊物发表并获奖。

胡财元 男，1940年11月出生，梓桐坑村人。1964年2月至1984年7月，先后在秋源公社年川小学、中桐公社墩头小学、梓桐中学、并峰小学、中桐中心小学任教。1984年9月至1992年7月，在姜家区教育办公室任教研员。1992年9月至1996年7月，任梓桐镇外桐中心完小校长。1996年9月至2000年11月，在外桐中心完小任教。2000年11月退休。爱好书法艺术。

胡金贵 男，1948年12月出生，梓桐常宁村人。小学高级教师。1968年9月至1982年7月先后在中桐初中、常宁初中、常宁完小任教。1982年9月至1984年7月在严州师范读书。1984年8月至1992年7月在常宁完小、江家完小任教。1992年8月任外桐完小教导主任。1996年8月任梓桐镇中心小学副校长兼外桐完小校长。2002年8月任梓桐镇“成教”干部。2006年2月起在镇中心小学任教。2008年12月退休。

胡剑楼 男，1928年9月出生，梓桐杜井村人。1948年11月参加工作，1983年8月退休。曾任：里桐中心小学教师，里桐土改工作队成员，唐村区叶家完小校长，教育局教研室教研员，唐村区小、鸠坑初中、杜井小学、梓桐中学、里桐中学教师。1978年起任县教育局语文教研员直至退休。爱好诗词写作，作品在多种刊物发表。其中有15首诗收入中国文联出版社《当代百家绝句佳作选》一书。

胡荣正 男，1976年10月出生，梓桐常宁村人。2000年7月毕业于杭州师范学院，同年8月任教于淳安中学。2008年任校团委书记，2008年至2010年任校总务主任。2010年至2012年任校办公室主任。2012年起任淳安中学副校长。

胡宽仁 男，1936年5月出生，梓桐慈溪村人。小学高级教师。1952年12月参加工作至1996年5月退休。其间曾任淳安中学团委书记，桥西区中心小学校长、区文教书记，县农业高中校长兼临歧区文教书记，临歧中学党支部书记，县委宣传部负责人，青溪区文教干部，县委宣传部干事，青溪区干事，光昌乡中心小学教师，县农技校教师，县教委招待所所长，县教委仪器管理站管理员等职。

胡新芳 男，1963年1月出生，梓桐练溪村人。1983年8月参加工作。曾任：淳安中学教师、数学教研组长、副教导主任，县教委教研室主任。现任淳安中学副校长。

胡新贵 男，1937年11月出生，梓桐并峰村人。1958年8月至1960年1月，先后曾任南赋、宋村中心小学教师。1960年1月至1961年1月，在金华师院培训学习。1961年2月至1962年2月因病在家休养。1962年2月至1979年8月，先后在宋村中学、宋村中心小学任总务主任、副校长。1979年9月至1981年8月，任梓桐中学慈溪教学点负责人。1981年9月至1992年6月，在中桐初级中学任党支部副书记。1992年6月病退。

胡锡文 男，1963年3月出生，梓桐常宁村人。1981年7月毕业于严州师范，小学“中教高级”职称。1981年8月至1987年7月在唐家完小、里桐中心小学任教。1987年8月至1992年7月在中桐乡中心小学任教。1992年8月至1999年7月任梓桐镇中心小学教导主任、副校长。2004年8月起任梓桐镇中心小学校长。2012年9月调千岛湖镇第一小学任副校长。

1996至1998年，连续荣获“浙江省中小学优秀教师”“杭州市十佳爱生标兵”“浙江省师德楷模”荣誉称号。

胡德升　男，1946年10月出生，梓桐舒村人。1968年9月毕业于建德师范，同年参加工作，2007年10月退休。期间曾任：中桐乡中心小学校长，姜家区教办主任，大市区教办主任。1992年后在千岛湖职业高中工作，2007年10月退休。

胡耀祖（1927年7月—2011年7月）男，梓桐并峰村人。1950年2月参加工作，1982年12月退休。1950年2月至1958年8月期间曾任外桐小学教员，威坪区第四中心小学校长，威坪区小政治辅导员、校长，港口区小校长等职。1958年9月至1979年7月先后在桥西区小、瑶山中学、临歧区小、梓桐区小、并峰小学、梓桐中学、中桐黄村小学、梓桐初中慈溪班、梓中高中部任教。1981年9月至1982年12月，任梓桐区教办、姜家区教办语文教研员。擅长书法，其作品入选杭州市书法作品展出及《淳安百家书法集》，在梓桐源甚有名气，并培养了一批书法爱好者。诗文亦有较深功力。

徐树木　男，1930年1月出生，梓桐大富村人。1950年2月参加工作，1990年2月退休。其间先后在杜井村小、卢家村小、并峰村小、河山村小、威坪蛟池小学、港口唐家小学、大市上坊联小、姜家镇鲍家分校、姜家镇初中任教师；在常宁完小、南赋中心小学、金峰中心小学、许源初级中学任校长；在龙泉中心小学任副校长；在里桐“五七”学校任负责人。

唐　兆（1929年2月—1986年12月）男，梓桐唐家村人。1949年2月参加工作，1981年12月退休。其间曾在郑家小学、唐家小学、上埠小学、林兴小学、南赋中心小学任教师。1956年至1981年，先后任松岸中心小学代校长，外桐乡中心小学、鸠坑乡中心小学、外桐完小教导主任，中桐农中、里桐公社小学负责人，里桐中学教导主任，南赋中心小学校长等职。

唐文焕（1934年9月—1989年12月）男，梓桐唐家村人。1959年8月毕业于建德师范。1959年8月至1969年5月先后在郑家乡宋祁完小、百亩畈乡中心小学任教师。1969年6月任里桐中学副校长。1979年9月任东亭中心小学校长。1984年9月任中桐中心小学党支部书记。1988年9月在里桐初中工作。1989年12月病故。

唐少华　男，1964年12月出生，梓桐唐家村人。1986年毕业于浙江师范大学历史专业。1986年8月至1993年7月，在淳安中学任教。1993年8月至1999年7月，在富阳中学任教。1999年8月任富阳永兴中学教师、副校长。2009年调杭州上城区惠兴中学任校长。2015年8月调杭州上城区教育学院任院长。2005年被评为浙江省特级教师。

唐国永　男，1966年6月出生，梓桐唐家村人。曾任浪川乡中心小学校长、千岛湖镇第一小学副校长。

唐革进　男，1967年10月出生，梓桐唐家村人。1992年毕业于杭州师范学院。曾任汾口中学教师，淳安二中副校长。现任淳安县千岛湖中等职业学校校长。

唐章强　男，1966年8月出生，梓桐唐家村人。现任界首乡中心小学校长。

唐章燕　男，1939年12月出生，梓桐唐家村人。中学高级教师。1961年8月参加工作，1999年10月退休。其间曾任：唐村中学、梓桐中学、县工农兵学校、淳安中学数学教师。1979年3月至9月，在浙江省教育学院数学系进修。1982年2月起先后任淳安中学副教导主任、副校长兼教导主任，党支部副书记、书记等职务。

黄有训　男，1935年11月出生，梓桐黄村人。中专讲师职称。1953年毕业于严州师范。1953年8月至1969年8月，先后在东阳吴宁镇第一小学、第三小学任教。其间曾有多篇有关语文教学方面的论文在省市教育刊物上发表。曾为东阳县小学语文教研大组成员、组长。1956年被评为优秀教师。1969年9月至1978年8月先后在黄村小学、梓桐中学任教。1978年9月至1995年10月在县教师进修学校任副教导主任。1986年被评为县级先进工作者，1992年评为“先进教师之家”。1995年11月退休。

黄雨兴　男，1936年10月出生，梓桐黄村人。中专高级讲师。1957年8月毕业于浙江师范学院。1957年至1969年先后在萧山第六中学、萧山县文教局教研室、萧山第二中学、萧山第七中学、萧山水稻技校、萧山义桥初中工作（任教）。1970年1月调淳安，先后任县工农兵学校教师，排岭镇中学教师兼工会主席，淳安中学教导主任、副校长、党支部书记，县教师进修学校党支部书记，县电视大学党支部书记、副站长。1979年当选为县委候补委员，1984年当选为县委委员，1983年当选为中共杭州市第五次党代会代表。1996年退休。

黄康静 男，1964年12月出生，梓桐黄村人。中学高级教师。1989年8月参加工作。曾任：淳安县第二中学物理教师、淳安中学副校长。现任淳安县第二中学校长。

程运木 男，1958年8月出生，梓桐安山村人。1981年7月毕业于浙江财政学校，分配在杭州市财政局工作。1991年取得江西财政大学本科学历，经济学学士学位。2015年取得浙江大学工商行政管理硕士学位。

1981年参加工作后主要从事会计专业教学及管理工作，为浙江省财政厅、浙江地方税务局干部培训师资库成员。1998年6月取得中国注册税务师资格，2002年12月取得高级会计师职称，2008年取得高级讲师职称。1984年起任杭州财税会计学校教务处副主任，1991年起任副校长，1995年11月起任校长、党委书记。

系杭州市财政会计学会理事、浙江省财政学会理事、全国财政职业教育教学指导委员会委员。主编出版过《企业财务会计》《成本会计》《会计核算实务》等专著，其中《企业财务会计》为财政部中职规划教材和教育部中职国家规划教材。2002年被评为浙江省优秀教师。

四、翰墨留香

王富强 男，1957年2月出生，梓桐三联村人（出生于鸠坑刘家村）。解放军信息工程大学毕业，现就职于郑州市文联。系中国书法家协会会员，河南炎黄书画院秘书长，中国书画家协会副主席。书法作品入选国内外一系列重要展览，书法创作获悉尼国际文化交流奖，刊石于韩国碑林园并被韩国前总统金泳三收藏，曾作为河南省书法家代表团成员应邀出访法国、卢森堡、比利时、荷兰、德国、意大利、梵蒂冈等国进行多种艺术和学术交流活动。

方春兵 男，1947年4月出生，梓桐西湖村石畈人。小学高级教师。2007年4月退休。系富春书画研究会会员，中国国际书画艺术协会会员。多幅国画作品被香港、北京、山东、广东和上海等地的书画爱好者收藏或在相关刊物发表。其中《碧水青山》《迎春图》两幅作品获创作金奖并入编中国书画研究院编撰出版的大型画册《翰墨中国》。传略已入编《二十一世纪人才库》《中国艺术家名人录》《翰墨中国》和《中国世纪专家》等辞书。

卢红星 又名晏如，男，1969年9月出生，梓桐卢家村人。1989年3月入伍，1994年毕业于武警合肥指挥学校。历任战士、排长、宣传干事，省武警总队第四支队某部指导员。转业后在安徽省人事厅“军转干”工作。弱冠即习书，曾悉心研习米芾。现为中国书法家协会会员、安徽省书法家协会会员、安徽省青年书法家协会理事、南薰社副社长。其作品曾在“第三届全军书法篆刻展”“武警部队首届书法艺术展”“首届全国人力资源和社会保障系统书法展”和“全国第十届书法篆刻展”展出并获奖。

卢凤祥 男，1946年4月出生，梓桐卢家村人。1965年参军，退伍后分配在长兴煤矿工作，后调至国营东方机械厂工作。早岁家贫，少年辍学，但性耽诗书，潜心国学，心无旁顾，几十年如一日，坚持不懈。在诗文联诸方面均有较深造诣，尤其善作对联，其自撰对联曾在《钱江晚报》刊登。著有《凡鸟斋联草》，影响颇广。并酷爱书法，师法古代名家，细心揣摩，乐此不疲，造诣颇深。

卢金聚 男，1945年2月出生，卢家村人。1964年毕业于浙江省金华农业学校，中专学历。1965年6月参加工作，供职于淳安县农业局。2005年2月退休。自小喜爱习字，退休后参加施家塘社区、县老干部局书法协会。2009年其作品曾获县农业局举办的“廉政文化”书法比赛一等奖。

卢贵发 男，1952年4月出生，梓桐杜井村叶村人，工人。自小喜爱书法，参加工作后刻苦练习。1984年其作品荣获淳安县二轻工业总公司举办的书画大赛一等奖，1996年荣获姜家镇首届书法大赛二等奖。

卢新胜 男，笔名卢丹，1968年出生，梓桐卢家村人，农民。12岁时喜欢上毛笔字，开始临帖习练楷书柳体，17岁时学行书，后来楷书柳体、行书赵孟頫兼而学之。 1985年荣获淳安县青少年书法大赛少年组一等奖、杭州市中小学生书法比赛少年组一等奖、省“新苗杯”现场书法大赛二等奖。1986年荣获杭州市教育局举办的中小学学生书法大赛一等奖。1988年其作品收录入《中国优秀书法作品集》。

叶志和（1938年—2011年）男，梓桐叶家庄人。先后毕业于建德师范和中国书画函授大学中国画专业。书画作品曾多次参加全国、省、市展览并获奖。作品入编《中国名家书画集》，并获“国际书画艺术名人证书”。1999年荣获“海峡两岸德艺双馨艺术家”称号。2000年被授予“新世纪百名书圣画圣艺术家”称号。为中国画家协会会员，杭州市美术家协会会员、中原书画研究院高级书画师、中国艺术研究院创作员、日本大阪书道会荣誉理事。个人传略已收入《世界华人文学艺术界名人录》。

余　跃　男，1980年6月出生，梓桐镇三联村人。1999年毕业于严州师范学校，大专文化，小学高级教师。现任教于姜家镇中心小学，曾在梓桐镇中心小学从事美术教学。曾任梓桐镇小学自编书法教育读本《墨韵》（A卷）的责任编辑。

汪长贵　男，1954年10月出生，梓桐镇西湖村坑村人。中专学历，小学高级教师。1973年参加教育工作，喜爱绘画，从事小学美术教育多年。1998年和1999年指导小学生参加淳安县中小学科幻画大赛，分别获得小学组二、三等奖。2014年10月退休。

汪永明　男，1965年10出生，梓桐尹山村人。中级职称。参加工作后分别在里桐乡、梓桐镇、姜家镇、唐村镇文化站工作。现在姜家镇产业区块管委会工作。现为杭州市书法家协会会员，淳安县书法协会理事。同时，爱好文学、摄影、美术等，其作品多次获奖。2008年主编《风情小镇——姜家》一书。

汪高明 男，1978年出生，梓桐西湖村人。1997年杭州师范学院美术系毕业，中学一级教师。曾任教于梓桐初级中学，现在千岛湖初级中学从事美术教学。其剪纸艺术高超，堪称梓桐一绝。作品《风景画碟》在2011年“中国·桐庐国际剪纸艺术展暨第四届‘神州风韵’全国剪纸大赛”中获优秀奖。

邵采生 男，1937年10月出生，梓桐镇富石村人。遂安中学毕业，在梓桐源小学任教30多年，1996年退休。从小喜爱书法，擅长软笔小楷。

洪富中 男，字乃金，1957年3月出生，梓桐石门塘人。中专学历，现任教于梓桐镇中心小学。作品曾在1989年淳安县教育工会举办的书画大赛中获优秀奖。2007年作品在纪念中国人民解放军建军八十周年全国书法大赛中获金奖，被授予“爱军爱国优秀艺术家”称号。作品入编于《当代优秀书画艺术博览》一书。

胡小篆 男，1967年出生，梓桐镇杜井村叶村人。农民，初中文化。受父亲影响，从小喜爱琴棋书画，酷爱书法，软硬笔俱佳，行书为最。1983年，选送的作品曾在市级书画大赛上获奖。

胡凤梅 女，1977年2月出生，梓桐镇练溪村人。1996年6月毕业于县教师进修学校普师班，同年8月参加工作。后学历为大学本科，职称为小学高级教师。从小喜爱书画和音乐，勤于习练硬笔书法。注重培养学生的书画兴趣，悉心指导学生练习。

胡乐芳　男，1933年生，梓桐慈溪村人。1951年从教后直至1993年退休。爱好书法、诗词，其作品在2003年、2004年分别被唐山市书画展组委会、韶山市政府收藏。2007年，其诗作《千岛湖颂》及书法作品载入《中华老人诗文书画作品集》中。著有《草根翰墨情》书法诗词集。

胡则周　男，1934年6月出生，梓桐常宁村人。毕业于建德师范，系淳中教师。书画作品屡见于各地报刊，曾在全国性及国际性书画大赛中多次获奖。作品和传略入编《中国书画家大辞典》《世界书画名人录》等辞书。系省、市诗词楹联学会会员，东方文艺社与中国艺术研究院创研员，世界书画协会永久会员与理事，等等。著有《浣尘斋吟稿》《百梅诗意图》。

胡作人（1942年—2005年），笔名胡涂，号罗岭墨农。1942年出生于梓桐洋峰村，1975年迁居江西南丰紫宵镇西溪罗岭村。1985年毕业于无锡书法艺专首届函授班。书法、诗词知名赣南，其作品多次参加县、市、省及全国性、国际性比赛，分别荣获过一、二、三等奖，优秀奖，佳作奖，等等，并入选江苏盐城新四军纪念馆、国家大型书画艺术专集等。诗作载入《华夏诗存》一书，楹联曾在《青少年书法报》迎香港回归全国征联活动中荣获优秀奖。生前曾为江西省抚州地区书法协会会员、南丰县书法协会理事。

胡作华　男，1946年出生，梓桐镇杜井村（叶村）人。小学文化，农民。从小喜爱琴棋书画，酷爱篆刻、乐器、戏曲等艺术，不求名利，自娱自乐。

胡国柱　男，1952年出生，梓桐洋峰村人。1970年开始担任小学民办教师，后进入建德师范学习，1977年7月毕业后一直从教至2012年退休。从小爱好书法艺术，20世纪70、80年代，村民新房墙壁上经常可看见他的字迹。20世纪90年代以来，每年义务为村民书写春联数百幅。2008年1月参加杭州市“自选春联”书法比赛荣获软笔书法二等奖，并在《钱江晚报》刊登。

胡剑勋（1906年—2003年）男，又名汉书，字青萍，梓桐杜井村人。汉书先生早年教过书，行过医，后务农为生。他熟读四书五经，古文功底深厚，且酷爱诗词歌赋，尤其擅长作对联。著有《百花药用诗草》《尹山庵风物诗》《长寿诗稿》等诗词作品存世。

胡春丽　女，1979年3月出生，梓桐镇常宁村人。1998年县教师进修学校普师班毕业，后学历为大学本科，职称为小学高级教师。任教于梓桐镇中心小学。从小喜爱硬笔书法，曾在镇办硬笔书法比赛中荣获二等奖。

胡爱亮　男，字轩，号水乌浪子，1963年9月出生，梓桐并峰村人。1979年高中毕业，1981年进淳安县工艺美术厂，学习徽派雕刻。1988年考取助理工艺美术师。1993年调县旅游局工艺厂，任厂长。2000年后在张家港、北京等地从事装潢设计工作。历时10年后回淳安开办个体广告公司。

自幼喜画，作品曾多次参加省、市、县展览并获奖。工笔画作品《天伦之乐》获杭州市七县第二届风情画二等奖。《芙蓉鳜鱼图》获杭州市画展一等奖。

胡盛斌 男，1929年出生，梓桐常宁村人。严州师范普师科毕业，浙师院函授结业。历任中学语文、生物、书法美术科教师。

书法清秀流畅，跌宕多姿，在海内外重大展赛中多次获金、银、铜大奖并获一级书法师、国际一级书法师的职称证书。作品入编《国际硬笔书法家大辞典》《中国书法选集》《中华人民共和国书画名家作品集》。传略被录入《中国当代名人录》《世界名人录》《中国专家大辞典》。曾为中国硬笔书法协会会员、香港东方文化中心书画研究部研究员。

胡雪晴 男，1968年出生，梓桐常宁村人。1997年毕业于杭州师范大学。2010年就读于中国美术学院油画系。2013年获硕士学位。2004年，素描风景作品入选《当代风景写生精品》。2010年，作品《静物》获第五届“世纪之星”中国美院油画自选作品佳作奖。此后，诸多油画作品入选中国美院和省级展会并获奖，其中《对闲书畔》在全国油画作品展获奖。

胡锦帆 男，1945年出生，梓桐杜井村人。政协淳安第五届委员。酷爱绘画艺术，作品参加全国书画艺术大奖赛，多次获等级奖、优秀作品奖和最佳作品奖。《野山情趣》《江上烟波》赴日本参展，受到日中友好文化协会高度赞扬，会长福田一郎为之写条幅相赠。其作品和简历入编《中国书画家大辞典》《中国文化艺术博览》《世界当代书画篆刻家大辞典》《海峡两岸书画名家大辞典》等。现为县政协书画院画家、杭州美术协会会员、中国艺术研究院文化市场中心画家。

胡新华 男，1953年出生，梓桐杜井村人。浙江建德师范毕业，现为淳安县美术协会会员。自幼喜爱书画，曾得寿崇德、胡耀祖等老师的指点，加上自身的努力，逐渐形成自己的艺术风格。曾任教于梓桐中小学，1984年调入县城任教，从事语文及美术教学。工作之余笔耕不止，为人淡定，创作的书画作品很少外流，多为自赏。2013年退休。

姜军祥　男，1977年11月出生，梓桐姜宅人。1997年浙江严州师范毕业，8月参加小学教育工作，后学历为大学本科，职称为小学高级教师，现任教于梓桐镇中心小学。1994年读师范时开始学习书法，初学柳体，后涉欧体，并潜心硬笔书法研究。曾在1997年获得杭州市“迎香港回归书法比赛”青年组优秀奖。2001年获得淳安县“国土杯”书法大赛硬笔三等奖。2010年荣获淳安县中小学教职工硬笔书法大赛一等奖。

姜法圣　男，1969年2月出生，梓桐石门塘人。大专学历，小学高级教师。1988年9月至1992年7月，在左口乡桐木岭小学任教。1992年8月至2004年7月先后在联心、三联、里桐完小任教。2004年8月起在梓桐镇中心小学任教。2005年获县级优秀教师，2007年获县“优秀科技辅导员”称号。酷爱书法艺术，其作品曾多次参加市、县书法比赛和展览，并获奖。2006年至2008年连续荣获县青少年书法赛优秀辅导教师。2008年荣获“双龙杯”全国少儿书画大赛组织园丁奖。

姜继法　男，字乃金，1957年3月出生，梓桐石门塘人，中专学历，现任教于梓桐镇中心小学。书法作品曾在1989年淳安县教育工会举办的书画大赛中荣获优秀奖。2007年在“纪念中国人民解放军建军八十周年全国书法大赛”中，选送的作品荣获金奖并授予“爱军爱国优秀艺术家”称号，作品入编《当代优秀书画家艺术博览》一书。

徐引和（1932年5月—2003年6月）男，梓桐大富村（大坞底）人。1949年4月参加中国人民解放军，曾参加解放上海的战斗。1950年10月参加抗美援朝，1958年3月撤回祖国。1963年3月转业到淳安供销总社工作，1986年6月离休。书画作品两次参加杭州市老干部书画展。

黄有法　男，1946年5月出生，梓桐黄村人。1964年参军，1969年退伍。1971年至1991年，先后在浙江长兴煤矿、衢州化工厂、淳安东方机械厂工作。1992年随厂迁往浙江嘉善县。从小爱好绘画，擅长工笔、油画，牡丹花画得尤其逼真。

黄有善　男，1938年4月出生，梓桐黄村人。1960年7月毕业于浙江建德师范学校，小学高级教师。1960年参加工作，先后在金华孝顺中学、梓桐并峰小学、梓桐中学、中桐乡中心小学任教。1985年至1992年任中桐乡中心小学教导主任。爱好书画，擅长语文教学。1993年退休。

黄富贵（1933年8月—2014年4月）男，梓桐黄村人。1952年2月参加教师队伍，至1983年退休。其间曾在梓桐黄村小学、富峰小学、港口中坑乡洲上小学、威坪区中心小学、三合小学、石川小学、中桐梅峰小学、常宁完小、梓桐中学任教。爱好根雕艺术，其作品和简历入编《21世纪园艺精品怀历》一书，并在淳安县电视台播出。

章玉梅　女，1976年11月出生，原籍界首乡岙山村，现为梓桐镇慈溪村人。1996年毕业于县教师进修学校普师班，后学历为大学本科，现任梓桐镇中心小学美术专职教师。2009年被评为杭州市第12届美术学科教坛新秀。2010年指导学生参加“艺术之星”全国少年儿童美术书法摄影大赛（有3名学生获特等奖，3名学生获一等奖，2名学生获二等奖）荣获优秀辅导奖。

童冠达　男，1942年出生，梓桐口息航村人。1959年移民富阳新登镇，1962年严州中学毕业。1963年参加教师队伍，曾任：小学高级教师，浙江省特级教师，杭州市美术家协会会员，富阳市第三、四届政协常委，富阳市第五届政协委员，富阳市美术家协会顾问，富阳画院画师。1998年退休。

其作品和传略入编《中国当代书画篆刻家辞典》《中国当代艺术界名人录》《全国名人名家书画近作暨民间珍藏书画集萃》等辞书和画册。

五、杏林传芳

方克昌 男，主治中医师、预防保健主管医师。1941年8月出生，原梓桐崇良村（现已没入千岛湖）人。1962年淳安中学高中部毕业后分配至梓桐区中桐卫生院，师从名中医方取檀先生。1971年至1985年，历任南赋乡卫生院、里桐乡卫生院、金峰乡卫生院院长。1988年5月晋升为主治中医师。同年5月，调淳安县地方病防治办公室（县卫生防疫站内），主管“碘缺乏病”的防治、调查、检测工作。1995年1月晋升为预防保健主管医师。2001年退休。

江宏斌 男，1973年3月出生，梓桐板桥村人。淳安县第一人民医院（浙江省人民医院淳安分院）副院长、副主任技师。1993年7月毕业于杭州卫生学校，同年分配至淳安县第一人民医院放射科工作。2007年7月任设备科科长，2011年8月任医院搬迁办公室主任，2012年7月任县一医院院长助理，2013年7月任县一医院（省人民医院淳安分院）院长助理，2014年4月起任副院长。

吴月福 男，1961年5月出生，梓桐河山村人。外科主治医师，1981年毕业于浙江医科大学杭州分校。1982年至1983年在梓桐区医院工作；1983年至今在淳安县第二人民医院工作，现任外科主任。

胡　静 男，1971年3月出生，练溪村胡家人。县中医院肛肠外科学科带头人、副主任医师。1990年7月毕业于浙江大学医学院。从事外科临床工作20余年，曾先后在杭州市一医院、浙医一院进修。

擅长各类痔疮、复杂肛瘘及肛裂手术，能熟练开展胃癌、结直肠肿瘤手术，结肠镜检查和治疗技术。

胡飞跃 男，1959年9月出生，梓桐杜井村人。县一医院内科医疗组长，主治医师。1982年毕业于浙江医科大学杭州分校医疗系，从事内科工作20余年，有较丰富的工作经验，擅长呼吸系统疾病及内科疑难病症的诊断与治疗。

胡荣全 男，1975年4月出生，梓桐常宁村人。县妇保院儿科主任，副主任医师。1999年毕业于杭州医学高等专科学校，本科学历。从事儿科十余年，曾在杭州市第一医院、邵逸夫医院、浙江省妇产科医院进修学习。擅长儿童反复呼吸道感染、哮喘、肺炎等呼吸道疾病，腹泻、便秘等消化道疾病的诊治；对新生儿窒息抢救、新生儿肺炎、黄疸疾病的治疗方面有丰富的经验。

胡建妙（1956年7月—2011年7月）男，梓桐并峰村人。县一医院放射科副主任医师。1980年毕业于浙江省卫生学校。参加工作后一直在淳安县第一人民医院从事临床影像医学工作，曾多次被评为县、局、本院先进工作者。完成科研课题研究1项，参与编写医学专著2部，在国家、省级医学刊物上发表论文30余篇。

徐 兵（徐早桂）男，1936年2月出生，梓桐洋峰村人。1958年12月参加工作，1996年3月退休。其间曾任杭州市中心门诊部医生、杭州市第四人民医院医生、肖山大桥战备医院医生、淳安县第一人民医院医生、梓桐卫生院医生，淳安县第二人民医院党支部书记，淳安县第一人民医院院长、党支部书记，淳安县卫生局局长，正局级调研员等职。

徐金木 男，1954年2月生，梓桐结蒙村人。1974年毕业于杭州卫生学校，分配在淳安县一医院从事外科临床工作。1984年赴杭州市第一人民医院进修泌尿外科，开展泌尿系统、男性生殖系统疾病的诊疗与研究。1992年至1994年入浙江医科大学医疗系学习。1994年被聘为杭州市医药卫生学科带头人。先后发表医学论文31篇，出版外科专著1部，获县级科技进步奖5项，获省、市、县优秀论文6篇。擅长泌尿外科、普通外科专业和临床解剖学术研究。1994年晋升为外科副主任医师。1998年1月调杭州市第三人民医院。

徐树春 （1916年11月—2001年12月）男，曾用名徐济民，梓桐大富村人。1951年9月参加工作，1979年10月退休。1948年11月至1951年8月在里桐乡私人行医。1951年9月至1979年10月先后在淳安中学、梓桐中学、县工农兵学校、淳安中学任“校医”。有较高的医疗水平，在县内医学界享有较高知名度。

唐俊德 男，1948年11月生，梓桐唐家村人。1973年毕业于浙江医科大学医学系，1989年赴浙一医院进修肛肠外科。从事普外科工作20余年，具有丰富的临床经验。擅长外科疑难病症及大肠癌的诊治。1994年10月晋升为外科副主任医师。

黄郁祥 男，梓桐黄村人，1929年5月出生。高级工程师。1950年12月严州中学师范部毕业，并参加中国人民解放军，1955年沈阳药科大学本科毕业。曾任：江苏南通医学院药理学助教、讲师，江苏省蛇伤防治研究协作组组长，中国药学会浙江分会秘书长，《浙江药学》《现代应用药学》杂志副主编兼编辑部主任，浙江省中药函授学院副院长兼教务长。从事高等医学教育和蛇伤防治研究20多年，撰写论文10余篇，研制成功江苏蛇药新处方（部分资料收入《中国专家名人辞典》中）。

黄恩铭　男，1969年6月出生，梓桐镇黄村人。骨科副主任医师。 1990年8月毕业于浙江医科大学杭州分校。1990年至1998年在淳安县第二人民医院工作，其间1996年到杭州市第一人民医院进修1年。1998年8月至今在淳安县第一人民医院、浙江省人民医院淳安分院工作。其间2003年到温州医学院进行手外科、显微血管外科的短期培训。自1991年以来一直从事骨科工作，有丰富的临床经验，擅长骨与关节复杂性损伤和胸腰椎骨折的诊断与治疗，对于腰颈肩痛及其他骨科疾病亦有独到见解。

六、科技·艺人

方兰亭 男，1939年6月出生，梓桐崇良村（今已没入千岛湖）人。1965年1月毕业于新疆塔里木农业大学，分配在新疆生产建设兵团农三师41团工作，历任技术员、工程师、厂长、公司总经理、总工程师、副团长等技术职称和行政职务，1995年晋升为高级工程师。1997年退休，居上海。

卢 华（1935年—2001年）男，原名新喜，梓桐卢家村人。1954年参军，先后担任雷达标图员、操纵员、副班长、班长、代参谋等职。1957年加入中国共产党。

1959年2月，分配至航空部沈阳飞机制造公司工作，先后任试飞站雷达工、党总支干事、保卫部秘书等职。1965年1月调至沈阳新阳机器制造公司工作，先后任党委办公室主任、组织部长、纪委书记、机关党委书记等职。高级政工师，国防系统神剑文学艺术学会辽宁分会会员。

余荣峰 男，1963年出生，梓桐石岭下村人。大学文化，高级农艺师。1983年8月参加工作。1983年8月至1995年9月先后在威坪、大市区农技站，县蚕桑技术推广站工作。1955年10月任县蚕桑技术推广站站长。2003年9月调任县蚕丝绸总公司副经理。2001年度被选拔为杭州市新世纪“131”优秀中青年人才第二层次培养人选。现任淳安县农业局副局级组织员。

淳安县蚕桑学会第三届理事、第四届副理事长、第五届理事长。

胡　多　女，1967年7月出生，梓桐慈溪村人。高级农艺师职称。1987年毕业于杭农校茶叶专业，后取得大学学历。1987年参加工作，1996年起先后任淳安县农业局茶叶技术推广站副站长、站长至今。其间，淳安县推广茶树新品种21个，发展无性系良种茶园8.5万亩，实施无公害茶厂改造260家。千岛玉叶荣获浙江省十大名茶和国家地理标志证明商标等荣誉。淳安县被认定为中国名茶之乡，全国无公害茶叶生产示范基地县，浙江省农业特色优势产业茶叶强县，浙江省茶文化休闲观光基地，等等。胡多本人撰写20余篇论文和调研报告在《中国茶叶》《茶叶》等国家级刊物上发表。先后获得杭州市农业优秀科技工作者、淳安县拔尖科技人才、淳安县茶叶岗位首席农技推广专家等荣誉称号。历任政协淳安县第五、六、七届委员会常委，第八届委员。

胡德友　男，1941年出生，梓桐舒村人。1965年毕业于浙江农业大学农学系，是年8月分配至福建省亚热带植物科学研究所工作，曾任研究所副所长。2001年退休。

徐爱凤　女，1965年11月出生，梓桐大富村（大坞底）人。高级农艺师职称。1986年8月毕业于杭农校茶叶专业，后学历为省委党校大专。1986年至2002年，历任淳安县茶叶公司技术干部、县农业局茶叶技术推广站干部、县农业局科教站干部。2002年至2012年任县农业局信息科科长。2012年至2013年任农业局办公室干部，并主持妇委会工作。2013年起任县农业局妇委会主任。

任职技术干部期间，曾发表论文和调查报告16篇，其中4篇获省农业厅和省、市自然科学论文一、二、三等奖。论文“重视科技推广提高低产田改造效益”入编《浙江省种植业结构优化和效益农业研究》一书；调研报告“淳安县发展生态效益农业现状与对策分析”入编《探寻浙江效益农业之路》一书。并参与《浙江绿色农业丛书》《无公害药材——栀子》的编写工作。

黄双翠　女，1964年5月出生于黄村。1985年毕业于金华粮食学校，分配至淳安县汾口粮管所工作。1989年10月起在北京“浙江驻京办事处”工作。1993年起调人民日报社《市场报》工作，任《市场报》中心办主任。

黄新法　男，梓桐黄村人，1938年10月出生。高级农艺师。1955年参加工作，1962年下放。1964年至1997年，先后在淳安县林业局、农业局和茧丝绸总公司工作，曾任县农业局蚕桑技术推广站副站长。1996年获高级农艺师职称。1997年退职休养。曾任淳安县蚕桑学会第一、第二届副理事长，第三届秘书长，第四届理事长。

退休后学习作画，作品曾获省级入选奖，市级优秀奖，县级二等奖。2006年被评为杭州市文化示范户。

黄跃东　男，1961年2月出生，梓桐黄村人。职称高级工程师，职务副总工程师。1981年7月毕业于南京铁路运输学校，后学历为西南交通大学本科。1981年至2000年在金华铁路段建筑设计室工作，曾任设计室主任。2000年8月调杭州，历任杭州铁路段设计院建筑设计所副所长、所长。2015年退居二线。

黄盛祥　男，1939年3月出生，梓桐黄村人。茶学农艺师，1959年毕业于临安农校茶叶专业。1959年至1970年在省农业厅余杭茶叶试验场任技术员。1968年至1969年受省厅委派参加援助马里共和国茶厂设计组，承担玛桑达茶厂初制车间设计任务。1970年调淳安县农业局任技术员。1981年调新安江开发公司十八坞渔林场开辟新茶园基地，1983年起任场长。1991年任十八坞林场场长兼党支部书记。1999年退休。

潘飞云 女，1980年11月出生，原籍临岐，婚嫁梓桐卢家村。高级农艺师。1999年毕业于杭州农业学校农学专业，后学历为浙江大学本科。1999年9月参加工作，先后在淳安县农业局威坪农业技术推广站、局办公室、产业信息科、蔬菜（食用菌）站工作。2008年任县农业局团委书记，2012年9月至今任蔬菜（食用菌）站站长。先后发表专业论文和调研文章15篇，荣获杭州市三八红旗手、杭州市优秀共青团干部等荣誉称号。

叶尧林 男，1940年出生，梓桐八都碓（今已没入千岛湖）人。1958年入淳安县睦剧团，拜老艺人郑百庭为师，专工老生。曾在《秦香莲》《胭脂》《麟骨床》《红灯记》《智取威虎山》《方百花》等诸部睦剧大戏中饰演主角。因其唱腔粗犷洪亮，唱做并重，很受观众欢迎。系淳安县戏曲协会会员、杭州市戏剧家协会会员。在浙江省第八届戏曲小品邀请赛上，他与王建英、鲁万来等合作演出的《赤膊女婿》获表演一等奖。

徐清水 男，梓桐结蒙坑人。是解放前参加睦剧（三脚戏）演出的老艺人。工小生，当时演艺界称徐君银、邵清明、徐清水为“两把半白纸扇”即两个半小生，徐清水为半个。1951年淳安成立民办公助半职业剧团——淳安县睦剧实验剧团时，邀请徐清水为剧团招收的第一代睦剧青年演员传授各种唱腔，为淳安睦剧后来的发展，起到了传帮带作用。

胡炳清（1928年—1995年）男，梓桐结蒙村人，资深艺人。10多岁即参加“三脚戏”班子演出，1951年加入遂安胜利越剧团。1959年淳安、遂安两县合并后为淳安县越剧二团演员、导演兼服装制作。1962年下放农村，1979年落实政策后回归剧团工作，越剧团一级演员职称。

胡佐竹　男，1943年8月出生，梓桐杜井村人。1972年入党，1956年11月参加淳安县睦剧团工作，任乐队指挥（鼓板），是淳安县睦剧团资深成员之一。1985年10月调县新华书店工作，直至退休。

程艺芳　女，1948年出生。年少时寄居在梓桐黄村叔叔（方志春）家读书。1962年招入淳安县睦剧团，主工青衣，兼演武旦、花旦、老旦。扮相秀丽，唱做兼备，善武功，唱腔明晰，别具甜美韵味。曾在《杨八姐》《秦香莲》《胭脂》《朝阳沟》《九斤姑娘》《龙江颂》《红云岗》等多部睦剧大戏中饰演主角。

七、英模学者

（一）革命烈士英名录

余坤灶　男，1922年6月生，里桐结蒙村人。1948年入伍，系解放军东北军区45军133师397团1营1连战士。1951年1月牺牲于广西。

1990年版《淳安县志》758页

胡云木　男，1930年6月生，练溪村人。1949年入伍，系志愿军15军45师133团9连战士。1951年4月30日牺牲于朝鲜。

1990年版《淳安县志》759页

唐青龙　男，1926年2月生，里桐唐家村人。1949年入伍，系解放军4野55军149师445团3营7连战士。1951年8月牺牲于湖南。

1990年版《淳安县志》761页

（二）国家级先进人物

叶杏清　男，中桐公社叶家村（今梓桐镇叶家庄）人，1957年被评为“全国劳动模范”。

2014年版《淳安县志》1998页

方森祥　男，梓桐石山脚村（今已没入千岛湖）人。1955年在港口利新油厂工作时，被全国工业“五一”劳动模范大会授予“全国工业劳动模范”称号。

2014年版《淳安县志》1998页

唐春英　女，里桐唐家大队（今梓桐镇唐家村）人，其家庭1983年被评为“全国五好家庭”。

2014年版《淳安县志》1999页

叶发林　男，里桐乡程家村（今梓桐镇程家源村）人，1984年被评为“全国青少年绿化祖国突击手”。

2014年版《淳安县志》1999页

（三）浙江省劳动模范

黄秋法　男，中桐乡黄村（今梓桐镇黄村）人，1985年因养兔成绩突出，被评为“浙江省劳动模范”。

注：县志漏载

叶发林　男，里桐乡程家村（今梓桐镇程家源村）人，1990年因经营家庭林场成绩突出，被评为“浙江省劳动模范”。

2014年版《淳安县志》2001页

（四）杭州市劳动模范

黄杭州　男，中桐乡黄村（今梓桐镇黄村）人。任职淳安县中桐联办丝厂厂长期间，成绩突出，1989年被评为“杭州市劳动模范”。

2014年版《淳安县志》2001页

黄春发　男，中桐乡黄村（今梓桐镇黄村）人。在淳安县中桐联办丝绸厂工作期间，成绩突出，1991年被评为“杭州市劳动模范”。

2014年版《淳安县志》2001页

（五）博士生学历人员

卢剑波　男，1963年生，梓桐镇卢家村人，毕业于菲律宾国际水稻研究所，任职于浙江大学，党支部书记。

2014年版《淳安县志》1991页

胡飞芳　男，1964年生，梓桐镇练溪村人，教授，任职于美国华盛顿大学。

2014年版《淳安县志》1992页

胡华忠　男，1968年生，梓桐镇桐岭脚村人，毕业于复旦大学，任职于复旦大学哲学学院，院党委书记。

2014年版《淳安县志》1992页

卢旺忠　男，1974年生，梓桐镇安山村人。毕业于浙江大学，任职于共青团浙江省委，办公室主任。

2014年版《淳安县志》1993页

吴清旺（略）

胡立宏（略）

余妙宏　男，1976年生，梓桐镇练村人。毕业于浙江万里学院，任职于浙江万里学院，法律系主任。

2014年版《淳安县志》1994页

黄　琳　男，1979年生，梓桐镇安上村人。毕业于哈尔滨工业大学，就职于航天部（航天东方红卫星公司），任系统工程师。

2014年版《淳安县志》1994页

徐晓红　女，1979年生，梓桐镇结蒙村人。毕业于美国纽约州立罗切斯特大学，就职于罗切斯特大学。

2014年版《淳安县志》1994页

第五章 民间轶闻

文佳岭怀古

郁郁苍松隐野烟，文佳风采想当年。
将台已是沉渊底，剑气犹能贯九天。
昔日朝庭诬草寇，今朝黎庶赞英贤。
无情历史凭公论，地下雄魂应慰安。

——胡则周

在梓桐源，流传着许多民间故事，但以陈硕真和胡拱辰的为最多。这两位，一位是农民起义女领袖，时间虽短，但影响深远。故乡的后人，为她披上了传奇的色彩。另一位活了九十多岁，官至南京工部尚书，政绩斐然且清廉自守。家乡的后人因尊敬他而赋予他更多的好评，使他成了智慧和优秀的化身。梓桐源因与安徽歙县毗邻，皖南一带的民间传说在梓桐源也广为流传，并且与当地的一些事件相结合，成为“改版”了的故事。民间故事在某地流传，自然有流传的道理。这里选辑部分，以飨读者。

一、硕真传奇

唐代睦州雉山县，曾在永徽四年（653）爆发了一场声势浩大的农民起义，参加者数以万计。为首者是一位农家女子，名叫陈硕真，今梓桐镇（外桐坑下上面，土名田下里，居户已移民江西）人。她自称“文佳皇帝”，以其妹夫章叔胤为仆射，童文宝为大将，演绎了一段“女子起义”的悲壮故事。虽说这次起义，在不到两个月的短暂时间失败了，然而，她却为中国农民战争史写下了光辉的一页，著名历史学家翦伯赞称她为“中国历史上第一个称帝的农民起义女领袖”。她对后代特别是方腊领导的北宋农民起义，有着直接的影响。

这里节选的一则有关陈硕真“化为男身”的传奇故事，是根据移民江西的原田下里陈姓老农口述，并稍加整理而成。亦可视作对志载“妄言仙去，自天还化为男子，能役使鬼物，转相荧惑，举兵反”的诠释。

相传庚戌年冬至，刚开日头的天空，又下起毛毛细雨。田下里陈老大一家三口，因为上不了山，只好呆在茅棚里望天哀叹。妈妈说，这庚戌年本来就是个灾年，这日子没法过；爸爸因为知书识理，所以在他看来，多半是当今皇帝老爷作的孽；只有大女儿硕真顾自纳草鞋袜，坐在茅檐下一言不发，但她心中有数，爸爸的话是对的，很多读书人也都这么认为。

正当二老你一言我一语，争得不可开交的时候，那个出嫁在胡溪的二闺女兴冲冲地跑进门来，神秘兮兮地举起手中的一个笋壳包，说是哪个猜着了就赏哪个吃牛包袱！硕真眼疾手快，一把夺过妹妹手中的笋壳包，狠狠地瞪了妹妹一眼：“你这死丫头，谜底当谜面，牛包袱就牛包袱嘛，何必去猜它。”妹妹不由得涨红了脸，后悔自已说漏了嘴，于是将丈夫帮人宰牛，赚得两三斤牛杂碎，前来孝敬父母的经过和盘托出。之后，朝两老打了个招呼，拉住大姐就走。姐妹俩的过从，二老一向不予过问，何况去女婿家，更用不着去空担心思。

到了胡溪妹夫家，一进屋，就瞅见妹夫叔胤在和童家文宝两兄弟聊天，硕真搬条半高凳，倚靠板壁一声不吭地坐着。她妹妹随后端起一盆破衣烂衫，说是去坑边洗洗，出门后又反锁了大门。屋里的三男一女，这才放胆地交谈起来。

说起硕真的妹妹，虽说没读过书，却很机灵。她知道姐姐、丈夫和童家两兄弟经常相聚，总觉着有什么不便公开的事情在瞒着她。可她从不打听，因为她深信他们不会“偷鸡摸狗”，更不会伤天害理，做出见不得人的蠢事。所以，每次聚会，她都会悄悄地避开，主动为他们观风掠阵，以提防“野狗”进屋咬人。

常言道：“敌中有我，我中有敌。”硕真等人的秘密聚会，早已让人给盯了梢。因为每次童家两兄弟登门，章叔胤就会打发老婆去田下里唤陈硕真聚会，所以，当陈硕真姐妹俩摸黑进胡溪的当口儿，早已有人去向里正胡长子报了信。

这个报信人就是村中有名的“二流子”黄二狗。此人好吃懒做，偏偏又爱拈花惹草，不想被陈硕真给碰上了，“一趟手”就被撂进了朝天东司，沾了一身恶臭，从那回起就再也不敢寻衅滋事了。硕真心肠软，看他孑然一身，日子维艰，有时也接济他一二。村里习武跳狮子，顺便吸收他参加，逢年出村拜年也好让他赚点外快，久而久之，他便成了习武之人。谁知他秉性难移，经不起里正胡长子的铜钿银子和酒肉饭菜的诱惑，恩将仇报，竟成了吃里爬外的坐探，屁大点事也要去向胡长子唠叨唠叨。

也是合该有事。前几天长岭上发生一件命案，赶来缉捕凶犯的捕快早不来迟不来，偏偏这天晚上路过胡溪，又凑巧在里正胡长子家揩油吃皮饭。胡长子于是就将硕真他们秘密聚会，妄图“犯上作乱”的动机，添油加醋地禀报给领班，领班偏听偏信，立即率领一班捕快，火速奔向章叔胤家捕人。当这伙人杀气腾腾地冲上坑边的石板桥时，突然传来一声尖叫，不等捕快反应过来，又传来气急败坏的叫骂声：“千刀万剐的短命鬼，吓得老娘丢魂落魄。”黄二狗猫身一瞅，赶紧退往一边，并附在捕快耳边说：“她就是章家的女客家。”吓慌了神的领班，连忙扑了上去，一把揪住章叔胤妻子的胳膊：“走，到屋里去说话。”一行人赶到章家屋前，里面虽然亮着灯，可房门却反锁着。领班不由一怔，转过身来找出气筒子出气，不料黄二狗早已溜之大吉。章叔胤妻子也不是省油的灯，她可不肯就此了断，反身扭住领班，无论如何也要把今晚的事说说清楚。她一边开门，一边嚷嚷："我家到底偷了谁，还是抢了谁，凭什么明火执仗来欺侮一个女流之辈？"正当双方不可开交的当口儿，章叔胤背着一张鹿吊，嗵嗵嗵地从坑对面横路上蹿了过来，不问来由，就把老婆骂了一通，然后满脸堆笑地向领班拱了拱手："各位公差想必是迷了路，以致发生误会，请多包涵。"事已至此，领班也只得自认晦气，带着一班捕快快快离去。

一场虚惊过后，章叔胤把妻子拽进歇间，问她为何"王婆骂街"？硕真的妹妹一边搓揉红肿的膝盖，一边咬着嘴唇，过了好一阵才顶了一句："还不是为了给你们通风报信。不想假戏真做，碰痛了腿脚。"当她问起硕真和童家两兄弟时，章叔胤笑笑："你一叫，我们就从屋后蹿上了后山。你姐姐可能要上西天目投师学艺，反正有童氏兄弟陪着，你尽可放心。不过，你娘家又要靠你操心啰。"

硕真出走后，一晃就是三年。人们只听说陈老大家大闺女失踪，可并不了解她失踪的原因。不过，童家兄弟，虽说不常来，但逢年过节总要来胡溪章叔胤家尽尽礼数，有时也去田下里陈家看望两位老人。至于那个狮子班，一年比一年红火，人数也越聚越多，由本村发展到外村，由梓桐发展到紫峰，甚至扩展到桐庐、于潜等周边地域。

又是传统庙会"三月三"。可今年的庙会不同寻常，邻近的狮子班，凡是能赶来的，几乎都在头晚上赶到胡溪相聚，再加上做买卖、赶热闹的四方亲朋好友，少说也有上万之众。

约摸在卯时刚过、辰时即至的瞬间，胡溪上空飘来团团五彩云幕，久久围绕住村后那座山头不散，并且映衬出层峦、丘壑、迭瀑流泉和如幻如真的琼楼玉阁，人们为之欢呼雀跃："开天门啰，赶快跪拜祈福吧！"就在万众低头跪拜之际，猛听得后山传来阵阵炸雷般的轰鸣，人们循声举目，奇迹出现了，薄薄的晨雾中徐徐降落一尊衣着金灿灿的活菩萨，人们像潮水般地涌动起来，只听半空中有人高喊一声：“硕真自天而还，特来看望父老乡亲！”人们定睛注目，果真是化为男身的陈家大闺女。

陈硕真化为男子的消息不翼而飞。再加上陈硕真“会仙术”能除百病，又有“刀枪不入”和“腾云驾雾”的神功，恶人怕她，善人敬她，不到半年工夫的风闻以传，当年的农家女子因此而成了万众崇拜的大慈大悲的活菩萨。人们从此认定，只要跟着陈硕真，什么牛头马脸、妖魔鬼怪，全都能擒拿降伏……

选自《千岛湖民间故事精选》

二、人心树

梓桐源头“仙人背”山上，有一棵六人合抱的银杏树。传说，这棵大树是唐永徽年间种的，叫“人心树”。

古时候，仙人背上有一座庵堂，陈硕真在庵里当尼姑，念经习武非常用心，常常天刚鱼肚白就上山顶，挥刀舞剑，精习武艺。一日凌晨，忽见一位银须白发仙翁，手持龙头拐杖站在她练功的石崖上，对硕真说：“你功已练成，须受神化，得到役使鬼神的本领，才能除恶济民。”陈硕真听后，跪地一拜：“多谢师父！”老仙翁从葫芦中取出一粒仙丹，随手一抛，刚好落进硕真口中。硕真“咕噜”一声吞下，觉得周身一阵舒动，便变为男子。仙翁又把龙头拐杖轻轻地往地上一插，便变成了一棵碗口粗的树，树根旁还有一个洞，流出一股清泉。仙翁笑道：“此洞名为试心洞，心诚者连呼三声，要米流米，要油流油；心不正者不得其用。此树名唤人心树，长得斗粗时，可摘叶为盾，折枝成矛。切记，切记！”说完便腾云驾雾而去。

打这以后，庵堂里就不再缺油少米了。山下穷苦百姓纷纷上山投奔陈硕真，只三年工夫，就聚集了两万人。后来，这事被朝廷知道了，永徽四年十月初，唐高宗派刺史房仁裕发兵到梓桐“征剿”。十月初六夜，陈硕真头戴冲天冠，身穿铠甲，英姿焕发地在“人心树”下聚众誓师。她望着“人心树”，举起雌雄宝剑一挥，顿时树枝成矛，树叶成盾。硕真调兵遣将冲下山去，经过一个多月的征战，打下睦、歙、婺等州县。

当年那棵“人心树”，如今已长成十六丈高，腰围三丈二的擎天柱，像当年飒爽英姿的陈硕真站立在“仙人背”上。

选自1990年版《淳安县志》

三、九里湾章叔胤除害

梓桐溪下游九里湾，两山夹一水，悬崖峭壁，上下十里没人烟。过往船只进九里湾，人人都胆战心惊。很早以前，九里湾有佛安庵、明正庵、道仁堂三座庵堂。庵堂里有一伙强盗和尚，武艺高强，杀人打劫，无恶不作。抢去的金银财宝和被杀害的人不计其数。有一回，万年镇有个姓章的客商坐船到杭州，路过这里，货物、银子被抢，人也遭杀害。

客商有个儿子叫叔胤，他一面安葬亡父，一面暗暗发誓："一定要为父报仇！"就到雁荡山飞泉寺拜师练功学法。

叔胤来到飞泉寺，叩见子云法师，求他收为徒弟。子云法师同情他的遭遇，称赞他有志气，就收下了他。

一开始，叫他天天捡松蒲蛋，每天捡一大篮。今天捡，明天捡，很快树下的捡光了。子云法师又叫他用小石子把树上的松蒲蛋一个一个打落下来。这谈何容易！一开始，他一天只能打落三四个，五六个，但他不灰心，坚持每天打。终于出手百发百中，一天能打一大篮。这时，子云法师才开始教他真本事。他学了三年，才拜辞师父，下山为父亲报仇。他向亲戚朋友借了些银子，装扮成商人，坐船来到九里湾。一进湾口，只听得"嗖"的一声响，船桅杆顶上就出现了一个秃和尚。叔胤眼快，随手掸出一个铜钱，只听"甏"的一声，铜钱打中了和尚太阳穴，"扑通"一声，和尚就掉进了百丈深潭。接着又听得"嗖"的一声响，桅杆顶上又出现一个贼和尚，他照样把和尚打入深潭。一连打了七七四十九个。

"斩草不除根，来年贼又生。"他立即上岸冲进三个庵堂，杀尽了庵堂里的贼和尚，还在庵堂里搜出了几十个被囚禁的女香客。他将一部分金银财物分给她们带回家去，一部分救济当地的穷哥儿们，自己仍然在万年镇上卖艺为生。

后来，陈硕真起义，他奋勇当义军先锋，一直打到婺州城。

选自1990年版《淳安县志》

四、铜桥渡兵

“铜桥、铁井、小金山”，是淳安县三处有名的古迹。

这里单说铜桥。这铜桥实际上并不是架设铜梁的桥，也不是铜板铺桥，甚至桥上连铜钉铜铆也没有一个。桥上没有一点铜，又为啥称铜桥呢？这有一番来历：唐朝永徽年间，梓桐源出了个女皇帝，名叫陈硕真。她带领穷苦百姓，杀官府，除恶霸，开仓分粮，救活了乡亲，也吓坏了皇帝。朝廷急传圣旨，调兵遣将，日夜兼程，赶来淳安，宣称要“剿清睦州，踏平梓桐，杀绝反贼，活剐女妖”。可是那些朝廷命官，上马要人扶，下马要人抬，打仗冲不了阵，坐帐用不出计，个个都是贪生怕死的酒囊饭袋，与陈硕真的起义军一战就败，一败就逃。那些残兵败将，只好夺路抢船沿新安江溃逃。凑巧，那几天正是雨后水涨，官军船行如箭，逃脱了。陈硕真追到木瓜岭，眼看难以赶上，当即命令义军，翻山抄近路追击。追到云蒙山脚，即将追上，又因前面横着一条云蒙溪，溪水又深又急，木桥早被冲坍，又无船可渡，真是“隔水千里”，急得陈硕真望溪长叹。

那些残兵败将，见陈硕真被水阻挡在对岸，便怪声怪气地狂叫：“骚娘们！有本事飞过来，爷的脑袋给你们当马桶使。”气得义军牙齿咬得咯咯响。男义军们要泅水过去同官军拼杀。陈硕真摆摆手，冷静地说：“兄弟姐妹们！我们打仗，既要有勇又要有谋。眼下水这么深，浪这么急，不能冒险。你们先歇一歇，待我想想办法。”说完，就跃上战马，沿溪岸向上而去。她边行边想，走了三箭之地，忽见有棵四五人合抱粗的大桐树，耸立在溪岸边。她望着桐树，又看看恶浪滚滚的溪水，低头沉思起来。啊，想起来了，下山之时，师父曾给了她一块白绫，嘱咐她在急难之时抽出白绫，连叫三声师父，自有排难解险之法。于是，她连忙抽出怀里的白绫，叫了三声师父，白绫上即显出四句话：

桐树参天天有情，桥无浪恶莫灰心。
行施通天神功法，兵马过河业自成。

陈硕真一连读了三遍，不解其意，又横读一遍，才悟出是“桐桥行兵”四个字，高兴得笑了起来：“哈哈，天助我也！多谢师父指教。”便作法施展神功。只听得“哗啦啦”一声响，那棵大桐树便弯曲下来，树梢刚刚搭过云蒙溪对岸。众义军看了，都狂呼起来：“真是天助桐桥！天助桐桥！”硕真马上命刀斧手劈平桥面，就成一座天然的活桐桥。

陈硕真指挥义军杀过溪岸，活捉唐朝督阵将官，砍下脑袋祭帅旗。又命人拿来笔墨，在桐树上写了“桐桥”两个大字。天长日久，千传万传，传到后来就把“桐桥”传成“铜桥”啦。

选自1990年版《淳安县志》

五、陈硕真血战桐岭

从淳安县城乘船西行二十公里，便到梓桐源口。这里是唐代女英雄陈硕真领导浙江农民起义的地方。

那是唐高宗永徽四年（653）。有一天，梓桐源的山岙里，传出一个振奋乡民的消息：神女下凡，营救穷人。夜晚，在田庄里村头的神女庙里，一片祷告声。在祷告声中，帘中神女，腾空飞走了。过了一会儿，神女才从“天上”回来，仍端坐莲台，一时间欢声雷动。夜深了，乡民们已陆续散去，只有一位姑娘还留在庙中。她见四顾无人，喊了声“姐姐”，就扑到神女怀中。这位“神女”就是农民起义女英雄陈硕真，那个姑娘就是她的妹妹陈小珍。

这年又碰上大旱，田地里颗粒无收，县吏衙役下乡逼税，农民们都拥到神女庙来向“神女”求救。陈硕真和她的妹夫章叔胤一商议，认为机不可失，就在田庄里组织饥民举旗起义。义军所到之处，打恶济贫，平分土地。不到十天，部队就增加到一万多人，攻下了睦州（今淳安）、桐庐、於潜（今临安）等县，并分兵攻打婺州，直向歙州进逼。唐王朝闻报，即派扬州刺史房仁裕、婺州刺史崔义玄率兵镇压，因兵力悬殊，起义军又缺乏实战经验，连连打了败仗。

农历十一月十一日，北风凛冽，天寒地冻，新安江上一支船队从睦州南门码头出发，溯江而上。中间大船上，陈硕真按剑而立，遥望长天。她率领义军主力千余人，保护老弱和伤兵，准备退守梓桐源。

船队快到梓桐口时，歙州方向来了大批官军船队，睦州方向追兵也已不远。陈硕真果断地命令义军弃舟上岸，从陆路翻桐岭到梓桐源聚集。

章叔胤劝陈硕真先走，陈硕真斩钉截铁地说：“不，两军对垒，无主帅先撤之理！”

章叔胤夫妇含泪先走了。陈硕真骑上她的红鬃烈马，手挥闪闪发光的青铜宝剑，指挥部队坚守滩头阵地。

血战几个时辰，红马被官军乱箭射死了。陈硕真飞身而下，剑光霍霍，所向披靡。官军越来越多，倒下一批，又涌上一批。义军连日征战，早已疲累，陈硕真义旗一挥，将残余部队撤到桐岭上，自己仗剑守在山口小路，官军挤在一起，无法通过。

残阳如血，照着横尸遍野的战场。陈硕真身上已带了十几处刀伤和箭伤，仍然奋勇杀敌。她知道，自己多守一刻，义军的力量就可以多保留一分。山口险要，一人当关，万夫莫开。婺州刺史崔义玄急了，调集了上百名优秀的弓箭手，对准陈硕真一人。几支箭射中了她的前胸，她倒下了，鲜血洒红了家乡的土地。撤到岭上的义军，见陈硕真倒下，又返身冲向官军，全部战死，无一被俘。

为了纪念陈硕真这位农民起义女英雄，百姓把她倒下的这座山岭唤作文佳岭。从千岛湖去黄山途中，船过龙山岛不久，就遥遥可见文佳岭上的苍松翠柏。

历时两个月的陈硕真领导的农民起义虽然失败了，却在中国农民革命史上写下了光辉的一页，并对其后历代特别是方腊领导的北宋农民起义产生了很大的影响。

注“桐岭”即今文佳岭。

选自《千岛湖民间故事精选》

六、雉凤山陈硕真出世

雉凤山坐落在梓桐源舒村村后，形如一只展翅欲飞的凤凰。

相传，以前梓桐源人很富庶，田里地里庄稼旱不死涝不坏，日子过得松松闲闲，自自在在。是什么原因呢？原来舒村村后深山密林里藏着两只仙雉凤，一雌一雄。雉凤的仙气带富了舒村和梓桐源。但谁也不知道仙雉凤藏在哪里。可这个秘密，被一位巫师识破了，一天夜里，巫师进了深山密林去捉仙雉凤。这两只仙雉凤已经修炼了九千九百九十九年，只差一年就将练成仙了。巫师刚掀开石洞盖，只听“呼哧呼哧”射出万道红光，雄凤飞了出来，五彩斑斓，扇动翅膀，地动山摇。巫师惊惶失措，丢下石盖，结果后面飞出的雌凤被卡住脖子。忽然间天昏地暗，雌凤变成了一座山，把巫师压死在山底。雄雉凤在空中见到此景，落下串串眼泪，然后向北飞去，也变成一座山，这就是唐村的凤凰山。

雌雉凤变成山，肚底下正孵着两只小凤。大凤修炼不成，一千年后，肚中的小凤要出世变人的。

一千年刚满，雉凤山突然断裂。而后赤橙黄绿青蓝紫七色霞光喷出，喷了七天七夜，山腰缝合。两只小雉凤投胎降临人间。一只雄雉凤随父亲到了唐村凤凰山下，另一只雌雉凤就出世在雉凤山下，就是女子陈硕真。陈硕真长大后，为民除害，杀富济贫。唐朝永徽年间，聚众起义，做了“文佳皇帝”。那只雄雉凤呢，就是宋朝农民起义首领，威震东南半壁江山的“圣公”方腊。

陈硕真传说采风队搜集　王召里、胡剑魁　整理

七、杜井的来历

杜井是梓桐源的中心，原先不叫杜井，因全村只有一口井，故叫“独井”。

陈硕真从小就给独井村的财主做佣人。十二岁那年，老天不睁眼，一连八个月没有下雨，溪里的石头都晒焦了。村子里那口独井真是古怪，下暴雨不满，天大旱不干。可是那口井是财主家的，全村人吃水都得向他买。财主的心比墨鱼还黑，他日里派人把守井口卖水，夜里在井台盖上上锁，不知捞了多少穷人的血汗钱。

一天，陈硕真偷偷送了一竹筒井水给人家，被财主知道了，遭到一顿毒打后被赶出了大门。陈硕真摸黑来到井台旁，靠着井台大哭起来。哭着哭着就在井边睡着了。睡梦里，只觉得来了一位白发仙翁，小声对陈硕真说：“硕真硕真听灵清，杜鹃树下石板青。撬开石板甘泉涌，独井干枯杜井成。”陈硕真醒来后，牢牢记住仙翁的话，带着众乡亲来到村边的杜鹃树下，挖开草皮，果然有块青石板。撬开青石板，一股清清的泉水“突突突”地冒了上来。大家十分高兴，一齐动手，不一会儿就挖了一口又大又深的井。

说也奇怪，新井挖成后，财主家的独井里一点水也没有了。从此以后，独井村就改名为杜井村了。

陈硕真传说采风队搜集　洪运生、汪解放 整理

八、汤瓶山

现在梓桐源里半源的尹山脚下，有一座山峰，人们都叫它汤瓶山。它活像一只巨大的汤瓶扑在那里，一边还有个汤瓶柄哩！说起汤瓶山，还与女皇帝陈硕真起义有关。

传说，汤瓶山脚原是一个大村庄，千灶万丁十分兴旺。陈硕真起义时，村里的男男女女都参加了起义队伍。尹山庵汪公老佛当了她的军师，经常在这里操兵演阵，堆积粮草，这里成了起义军的一个营寨。

陈硕真起义失败后，汪公老佛隐姓埋名，假装成一个云游化缘的穷和尚住在尹山庵里，一面照看这里的粮草后备，一面召募义军以便有朝一日东山再起。因尹山四周都是高山峻岭，只有一条羊肠小道可走。在这里官兵不易发觉，发觉了也不敢贸然进去。

哪知起义军中出了一个叛徒，去告了密。唐朝官兵得知里面有大量粮草及金银财宝，只有少数义军把守，于是在一个朦胧的早晨偷偷地摸了进去，杀死了守兵，大掳大抢金银财宝，还杀猪宰羊，吆五喝六，大吃大喝。

这时汪公老佛正在山顶庵内火塘炖野菜蕨芨干吃，听到这个消息后，火冒三丈，随手拎起炖在火塘里的汤瓶（一种陶土炖灌），大喝一声："我叫你们这班狗杂种永世不得翻身！"便将滚烫的汤瓶扑了下去，罩在那班官兵头上，烫得他们呼天呛地、叫爹喊娘。汪公老佛又作起仙法，只见那汤瓶越来越大，不一会儿就成了一座汤瓶山，将那些官兵连同那个叛徒统统压在底下，永生永世不得翻身。

汪公老佛呢，他也骑马登上尹山顶化作石头登仙而去，口里还叫着：“五百年后我再来！”到了宋朝方腊农民起义时，汪公老佛果真回来当了方腊的师父，前后刚刚五百年。

现在尹山顶上的仙人岩，据说就是汪公老佛的舍身，它活像一个仙人站在山巅，面对汤瓶山，身后还有一匹神马哩！

因汤瓶山是汪公老佛炖蕨芨干的汤瓶变的，所以现在汤瓶山上的蕨芨特别粗壮鲜嫩。初春时节去采摘的人特别多，采来后用开水一涮，晒干后即成淳安的土特产——蕨芨干。这种蕨芨干炖起猪肉来，味道特别鲜美。淳安有首民谣：“蕨芨干，炖猪肉，吃了还想吃。”

严樟春等讲述　胡逸搜集整理

九、梓桐“三干”

梓桐源的土产最出名的要算：蕃芋干（方言“莳干”）、豆腐干、石斑鱼干。说起这“三干”的来历，已经是一千多年前的事了。

陈硕真带领梓桐源百姓抗粮，杀公差，坑陷官兵以后，已造成“官逼民反”之势。不造反也无别路可走。于是，就在梓桐源与叔胤、阿虎及一批练武青年筹划，准备在十月初动手，先出奇兵，智取雉山县，然后在雉山公开举旗号召天下。

平民百姓一听说陈硕真要领头打官府，开仓放粮，无不高兴。因为陈硕真为人好，又学得了一身武艺，和穷人一条心，他们信得过她。年轻力壮的男人和闲不住的姑娘都在暗地里准备武器，年纪大一些的也在忙着准备干粮。

要去打县城，总要设法带点又好吃又好装的食物。可是，大家都穷，能带些什么呢？

农历九月，寒露已过，正是秋收季节。虽然年岁不好，但地里蕃芋总是有的收的。他们就从挖来的蕃芋中挑选个头差不多大小的，先去皮、蒸熟、晒干，再蒸、再晒，如此反复三次。这样的蕃芋干，又软又甜。有的将削去皮的蕃芋煮烂、捣碎、拌入芝麻，做成条后晒干，再和在沙石里下锅炒过，筛净沙石，这样吃起来又酥又甜又香。

豆腐，是梓桐源常年的主要菜蔬。因为山坡地适宜种黄豆。黄豆除打油、做酱，另外就是做豆腐当菜。但豆腐怎么好当干粮呢？于是他们就做成豆腐干，这样既好带又好吃。就是在豆腐点卤后，放进咸盐、红辣椒、桔壳，再撒点黑芝麻。豆腐榨干以后，烘一烘。这样豆腐干吃起来是香、辣、鲜味都有，既可当饭又可当菜，放几天也不会坏掉。

细心人还想得周到，认为光是素食不行，要让这些“出征”的人带点荤腥调调口味。他们想到梓桐溪，源长六十里，石斑鱼很多，抓点鱼晒干，不一样是很好的干粮吗？于是抓的抓，摸的摸；将鱼刮洗干净，肚里稍抹点盐再放到锅里用文火烤干，这种石斑鱼干吃起来味道鲜美，连鱼骨头都是酥松的，并有一种特别的香味。

陈硕真义军有这“三干”，从此出征打仗就方便了。义军们吃了香喷喷的家乡干粮干菜，打起仗来更加英勇，一个多月就占领唐朝八百里的江山。因“三干”是从陈硕真起义时传下来的，到现在，梓桐人出门做工或经商，还总是喜欢带些“三干”作干粮哩。

胡妙荣口述　木鱼整理

十、文佳岭尸山坪

千岛湖梓桐源口有两座小山头，一高一低，一大一小，人们都称大的叫“文佳岭”，小的叫“尸山坪”。

话说唐朝永徽四年（653），睦州（淳安县）梓桐源有个女英雄陈硕真，领导农民起义，一举攻下六个郡县，自称“文佳皇帝”。

消息传到京城，唐朝高宗皇帝惊恐万分。立即下令扬州刺史房仁裕、婺州刺史崔义玄领官兵十万，实行南北夹攻，两面合击，围剿起义军。

陈硕真起义军只有几万人，起义时间又短，刀枪也不全，在下淮戍与唐官兵决战，因寡不敌众，退回梓桐源。硕真为了保存兵力，命义军先行退入源里，自己带领一队女兵扼守隘口。

唐将房仁裕、崔义玄合兵赶到梓桐源口，见硕真亲自带领女兵垒石为城，守在隘口山岭上，就令兵士强攻。硕真命令女兵滚石、放箭，居高临下，唐军来一批，死一批；来一阵，亡一阵。箭用完了，就削周围山上的小竹当箭射；石头滚完了，就砍周围山上的松树当擂木滚。整整战了七天七夜，杀得唐军血流成河，积尸成山。

这时，崔义玄心生一毒计，命令唐军所有的弓箭手都朝陈硕真一个人射。硕真面对如飞蟥般的毒箭，毫不畏惧，飞舞宝剑。只见刀光不见人，拨得箭镞纷纷落地，堆起半人高。崔义玄见此，又心生一毒计，叫弓箭手一齐放火箭。那些带着火的箭，虽被硕真宝剑拨落在地上，却在她的周围燃烧成一片火海。最后硕真被烧死了，还站着不倒，显示了英雄本色。

后来，人们为了纪念她，就把这座山岭取名文佳岭，并把陈硕真起义军杀死的唐军尸体堆成的小山包叫尸山坪。现在梓桐源口一带，山上还长满筷子粗的小竹子。那是陈硕真用来削箭的，所以人们都叫它 “箭竹”。

陈贵炎讲述　王召里搜集整理

十一、胡拱辰戏弄严州知府

胡拱辰任礼部尚书后，做官公正。一天，他微服来到严州府，打听到知府是个鱼肉百姓的贪官，便有心找机会整治他一下。也巧，这日恰逢知府要到一富户家去吃酒。胡拱辰提前来到这户人家，一到就在上横头坐定。知府来了，见他坐在上横，心里很不高兴，但嘴里又不好明说，便装出笑面招呼道："老先生请了。"胡拱辰还他一礼："请了，请了！"

"下官有副对子，至今没有下联，望老先生赐教。"

"好吧，请说出上联。"

知府念道："鲥鱼四腮，独居富春一府。"

胡拱辰暗想，这畜牲狂妄到极点，今天我要当众让他出出丑。便随口对道："螃蟹八足，横行青溪念（严）州。"知府及其他来客听了这尖刻的对句，都吃惊吐舌："这老头口气好大！"可不知他什么来头，只得耐下性子陪他吃酒。

酒至半酣，胡拱辰问知府："你知道新任的浙江巡抚是谁吗？"

知府道："是本府恩师。"

胡拱辰道："是我的学生。"

知府一听这话，不禁一惊，原来眼前这位布衣是礼部尚书！吓得双膝跪地："不知大人驾到，万望恕罪！"胡拱辰教训道："闻得你在严州如螃蟹那样横行霸道，是不是？今后可要小心一二了！""是，是，是！"知府吓得满面青一块，白一块，羞得无地自容。

选自1990年版《淳安县志》

十二、胡拱辰戏轿夫

胡拱辰十四岁考中进士那一天，正值农历八月初五。他和几个小伙伴，光着身子在村头溪坑里抓鱼。将近午时，只见一队吹鼓手敲锣喝道地打自己身边走过，后面还跟着四个轿夫。这几个轿夫边走边说：“听说胡拱辰是个小毛孩，四五十斤重的小东西，我们四个人抬着快活死啦！”胡拱辰听了这话，并不搭腔，只是赶忙披上衣服，提着裤子往小巷飞跑到家，换上官衣官帽，准备迎客。

不多时，一班人马进了门，全家人都忙开了。酒席摆过，来人说，要接胡老爷进京去。胡拱辰就把用布包好的二十块青砖装成两箱，叫家人把箱子放进轿里，然后自己坐上轿，让四个轿夫抬着进京。

四个轿夫抬着胡老爷，万万没想到这小毛孩有这么重，暗暗诅咒胡拱辰是个“死尸”。轿子越抬越重，压得四个轿夫汗流浃背，上气不接下气。胡拱辰却装着没事一样，一路上嘻嘻哈哈地问这问那。到了梓桐口，只见两边山地里是一片桐子园，树上的桐子红中透亮。胡拱辰佯作不知道，故意问轿夫：“请问那树上一个个的是什么水果？”轿夫没好气地回答：“是苹果。”胡拱辰一听，肚里一笑，说：“苹果？好！那就有劳你们多摘些放进轿里来，带上京去。”老爷开口，小人怎敢不依？轿夫们只好遵命，七手八脚地摘了许多放进轿里。俗话说，远路无轻担，何况远路抬重轿呢！轿子越抬越重，可轿夫却敢怒而不敢言，只好咬紧牙关，使上吃奶的力气，总算熬到了京里。胡拱辰下了轿，便对轿夫说：“你们辛苦了，这些苹果赏给你们吃吧。”轿夫自知理亏，只好接受。胡拱辰要他们每人当面吃了两个，可刚下肚，五脏六腑全吐光了。

此后，京城里再无人敢小看胡拱辰这个孩儿官了。十八岁那年，他还当上了工部尚书。

选自《千岛湖民间故事精选》

十三、红皮蛋的故事

有一年，睦州一带遇上百年未有的大旱。玉米放不出天花，水稻抽不出穗，唯独地里的红皮蕃芋虽然比不上往年的个大，但大的像鸡蛋，小的如花生米，总算还有一点收成。靠这么点红皮蕃芋度日，实在难以活命，很多人都外出谋生了。

有个人想进京城找个小差使，带了十几筐家乡特产红皮蕃芋进京见胡拱辰。胡拱辰在大厅里接见了他。他送上了两筐，说明了来意。胡拱辰问他有何专长，他说："捏锄柄，拎草刀，这是我的专长。"问他有何爱好，他说："自古以来，大人爱抓权，小人爱抓钱。"胡拱辰捋着胡须，看着那如鸡蛋大小的红皮蕃芋，心想：这东西既可消消宿怨，又可帮同乡发点财。就高兴地点头说："好吧，我帮你抓点钱。"并吩咐他把睦州红皮蕃芋拿到御花园前去设摊，并如此这般地教他一番。

三月初上是清明节。这一天，天气晴朗，御花园湖畔坐着两个钓鱼的人，你道是谁？是胡拱辰和皇帝。

钓到半午前，皇帝觉得肚中饥饿，吩咐太监送茶点。这时，胡拱辰随手从衣袋里掏出一个圆鼓鼓的红皮蕃芋来，双手呈献给皇帝。皇帝吃后，觉得又甜又香又爽口，味道美极了。他还想吃第二个，但胡拱辰却推说没有了。皇帝问道："爱卿，这叫什么？何处出产？"

胡拱辰站起来欠了欠身子："皇上，这叫红皮蛋，公鸡下的蛋。它对身体最滋补，是臣家乡睦州的特产。昨天，一个同乡只送了一个，臣不敢吃，特意献给万岁。"

“京城可有买处？”皇帝又问。

“听说御花园前有人设摊，专卖这种红皮蛋。不过价钱想是很贵的。”皇帝听了“啊”了一声。胡拱辰就趁热打铁，献策说：“陛下，听说吏部王御史家买了很多红皮蛋，何不叫他选送些进贡陛下？”

皇帝一听，甚为高兴。立即下圣旨，叫太监前去对王御史讲，叫他火速选送红皮蛋进贡。

王御史奉旨，来到御花园，果然看见花园前有一个乡下人摆着红皮蛋叫卖。王御史上前随手拿起一个，问道：“卖红皮蛋的，多少钱一个？”

“一百两银子。”

“一百两？太贵了。少一点可以吗？”

“这是举世无双的公鸡蛋，你嫌贵，我还不愿卖呢！”

王御史没法，只好转道回府。半路上迎面碰上胡拱辰，问明情由，胡拱辰故意说：“你二十几年前就想选送睦州鸡蛋进贡皇上受用，如今公鸡蛋送上京城叫卖，你又计较价格高低了。你若不买，惹起万岁恼怒，可就闯祸了！”

王御史没法，又转身来到御花园前，走到卖红皮蛋人身边。谁知卖红皮蛋的人连连摆手道：“这些公鸡蛋要卖两百两银子一个了。”

王御史看看这个，掂掂那个，想买，又嫌太贵，左右为难：“刚才不是说一百两一个吗？为什么转身又涨价了？”

“你无钱买就别啰唆了”。卖红皮蛋的人一把夺过王御史手中的红皮蛋，说：“我这红皮蛋已有人全买了，每个二百两，分文不少。”

“谁全买了？”

“尚书胡拱辰老爷。”

啊！此刻如不忍痛买下这些公鸡蛋，自己就无法交差了。王御史牙一咬，连忙说：“二百两银子一个就二百两银子一个，我全买下了。”“可是我已答应卖给胡尚书了……”“胡尚书处由我去说情，不碍你的事。”王御史边说边吩咐家人拿出几千两银子，买下这些红皮蛋献给皇帝。

那个王御史心里也明白这是胡拱辰故意暗算他，但皇帝圣旨又不敢违抗，所以只落得个火烧乌龟心里痛，白白花了几千两银子。那个睦州人呢，带着几千两银子，高高兴兴地回到了家乡，逢人便说胡拱辰教他卖“红皮蛋”的事。

选自《千岛湖民间故事精选》

十四、胡拱辰智破一棺双尸案

淳安县梓桐人氏胡拱辰，在黟县任职时，一日听众人议论：郊外山崖摔死一醉汉，名叫陈阿牛，此人嗜赌成癖，家中薄产尽皆输光，仅有一间破败茅舍和一四岁男孩。两年前为还赌债，还将妻子李氏典租给本地黄善财生子。黄家夫妻俩，年过不惑尚无子嗣，典得李氏一年后即得一子，刚满周岁。李氏两地生子，心挂两头。这一日，穷困潦倒的陈阿牛以贺黄家幼子周岁为名，想来黄家弄点银钱，黄善财总想把李妻多典几年以育幼子，虽然对陈厌恶至极，但又怕他无赖，只得备酒肉让他狂饮暴食一顿，给了些银两打发他走，忽闻陈阿牛途中山崖摔死，黄自窃喜，这样一来纳李氏为妾就名正言顺了。李氏毕竟是丧了结发夫君，嚎啕大哭，黄购买棺木，将他草草安葬。李氏思前子孤苦，哭哭啼啼回自家茅舍料理去了。

再说当夜，因李氏离去，黄家幼子啼哭不止，大妻只得抱去街坊家寻讨奶水。黄善财独自在家，忽听敲门，以为是大妻返回，遂去开门，未及反应，突然被一蒙脸大汉一斧劈死，蒙脸盗贼进得内室翻箱倒柜卷走金银细软，还将黄善财尸体装入布袋，而后背着布袋仓皇逃匿。

待黄妻抱着小孩返家，才发现财物被盗，即到县衙报官。胡拱辰连夜勘察现场，发现门边留有血迹，速令衙役四处查寻黄善财，经多方查找，黄却生不见人，死不见尸。

翌日，胡拱辰传李氏到衙内大堂问案，李氏携稚儿泣诉：“头天我结发丈夫来黄家要银两，在厨房夫妻见面时，因我思前子心切，私给他一把长命富贵宝锁，再三嘱其作为孩子念物，如果敢将锁卖掉赌博，誓不再入陈家，夫应许。昨日我夫入殓，我又不敢声张，因为这是黄善财私下送我以表其爱心的，千万不能让大妻知晓，而黄昨日只掏出我夫囊中银两，未见锁。民妇怀疑我夫是被谋财害命，望大人明察。”胡知县又传黄妻，黄妻抱着幼子，见颈佩一把硕大的银锁，且有“长命富贵”四字，胡知县问道：“此锁有几把？”黄妻哭诉：“夫妻特制两把，怨我不育子，一直珍藏，此锁据夫君讲每把都有他的名字的一个字化作花纹藏在其中，他人难识。”胡知县近前辨认，果然有一篆体“财”字。

胡拱辰带衙役仵作去开棺验尸，因草率新葬，不一会就打开棺木，一看大为惊骇。原来棺内竟有两具尸体，上一具是善财，头颈险些被砍断。陈阿牛虽血肉模糊，跌得遍体鳞伤，但颈部条状深伤，明显是刀斧砍劈所致。遍寻死者衣囊和周围石缝、柴草丛处，均未发现银锁。胡知县断定陈阿牛决非摔死，而是被砍劈推下悬崖。

胡拱辰忽得一计。一日，县城张贴告示：“太平盛世，赖以人才，本县遴选神童，需细观其貌相，邑民凡有幼婴至10岁稚童，着新装佩银饰，由父母抱携前往县衙门口，由本县观之。凡入选者即荣宗耀祖、享尽富贵云云……”果然众人鱼贯而来，胡知县一一观看，突然将一个三岁孩童抱过，见一硕大银锁花纹有篆体“善”字，即喝令衙役将其父拿下。

县衙随即升堂，经审，凶手李士贵一一招供：那日在郊外山中砍柴，见陈阿牛醉卧崖石上，袋中有一银锁露出，遂起歹意，不想陈惊呼并反抗，李就势向颈部砍一刀，后将陈阿牛推下悬崖，心想一条人命得一把银锁太不值得，陈阿牛妻典给黄善财，尽人皆知。黄善财也算是小财主，当夜就到他家中行窃并杀人移尸，哪知这银锁内藏有“善”字，该死！

此案一破，胡拱辰名声大震。

选自《千岛湖民间故事精选》

十五、双合印

明朝时候，奸臣严嵩有个干儿子，名叫刘应龙，家住梓桐源慈溪村。他倚着严嵩的权势横行霸道，无恶不作。

一次，有户人家娶亲，花轿从刘应龙家门前经过，刘应龙这个恶鬼听说新娘生得“客气”（漂亮），便拦路抢劫，强迫住歇三夜，才放回婆家。哪知这户人家也有点权势，一气之下，告到了朝廷。朝廷先派下一员文监官来私查。哪晓得这个监官刚刚查到他家，就被刘应龙绑了起来打进了水牢。

过了半个月，朝廷得不到信息，又派了一员武监官前来追查。查到梓桐口，村民纷纷哭诉刘应龙仗势欺人、作恶多端的劣迹。武监官就装成穷人去刘家打短工，暗中查访。不几天，被刘应龙看出破绽，又被打进水牢。

亏得刘家有位厚道的丫头，见武监官受罪，很同情他，每日留着一点饭菜，偷偷地送进水牢。一次，丫头送饭进牢，见武监官滑进水牢中间，只有头露出水面。她急中生计，解下身上的裙带，搭救了武监官起来。武监官很感谢她，便把自己的身份和被投进水牢的原委告诉这丫头，还说：“方才滑进水牢中间，亏得踩在一具死尸身上，要不早就见阎王了。”丫头听得这些，心想：“牢底死尸，莫不是半个月以前被打进水牢的监官？”就对他说：“以前，官府派下来查访刘应龙的官也关在这个水牢里，想必是他的尸首。原先，我还以为是放出牢了呢。”武监官听了，又叫丫头放下裙带，沉入牢底去摸，一摸摸到了死尸腰间有颗官印。取出后，与自己的官印一对照，一模一样。丫头见到这些，就用计深夜放出武监官，叫他早日派官兵来平定这个鬼窝。

武监官临走时，把牢中打捞的官印送给丫头，说：“有朝一日，官兵抄进刘贼家里，你身边藏着这颗官印，官兵会救你进京。你把这裙带留给我吧，后会有期。”说毕，连夜进京去了。

武监官到了京城，奏明皇帝，皇帝就派了十七名武将赶到慈溪村，刘应龙手下的一批恶棍哪里抵挡得住，不到一会儿就被杀得尸首横七竖八，满门灭族。武将见一丫头手捧官印，才想到武监官的叮嘱，便带着丫头回京，与武监官结为夫妻。如今，慈溪村只有胡姓，没有刘姓；只剩下七口水牢的残迹。

后来，有人根据这件事编成了戏曲《双合印》，广泛流传开来。

选自《千岛湖民间故事精选》

十六、石人岭的传说

梓桐尹山与鸠坑塘坪山交界处有一座岭，叫石人岭。岭上屹立着两尊石像，站在前面的石人的头，被雷公打进了肚里；立在后面不远处的石人，是一个头发往上卷梳着，背上背着一个小孩，身穿长裙，亭亭玉立在山花丛中的女子，据传，这女子不是别人，就是天上的七仙女。

相传，七仙女是天上仙女当中最漂亮、最聪明、最受王母娘娘疼爱的仙女。一天，七仙女单独一人在天河边游玩，遇上了一位石公子。两人情投意合，就偷偷相爱。不久，七仙女与石公子私定终身，经常在天河边幽会。一年后，七仙女生下一子，这事气坏了王母娘娘，就要按天规把七仙女和石公子处死。在众姐妹的苦苦请求下，七仙女才免于一死，但被天兵天将重打了四十大板后，又被驱逐出天宫，下到人间。

按理说，石公子应该与七仙女恩恩爱爱过日子，但这个石公子下到人间后却不争气，他过不惯人间男耕女织的清贫生活，好吃懒做，并染上了吃喝嫖赌的恶习。七仙女怎样劝他，他也不听，并想抛弃七仙女母子，到远处另找新欢。

一天，他骗七仙女要上山去砍柴，就想从塘坪山翻山到梓桐，然后远走高飞。七仙女见他出门后就把柴刀、扁担扔到路边的草里，心里想：不对，这个忘恩负义的负心汉一定是想丢下我们母子俩，自己一人远走他乡了。于是，七仙女就背上孩子，一边哭，一边追到岭顶。雷公爷听到七仙女的哭声，赶来一看，只见石公子在前面逃，七仙女背着孩子在后面追，心里想：好一个石公子，你在天宫害了七妹，现在又抛弃七妹，天理不容。雷公大发脾气，顿时，塘坪山上空雷电大作，把石公子的头一下子就打进了肚里，石公子失去了头，在雷电中变成一尊石人。七仙女背着孩子，站在那里，看着自己的心上人变成了石人，向前走也不是，往后退也不好，就在那里站着，站了三天三夜，然后也变成了石人。

以后，这岭就被人们称为石人岭。

选自《鸠坑乡志》

十七、生尾巴祭祖

梓桐源在地理上与安徽歙县是山水相连的邻邦，因此，安徽歙县一带流传的民间故事，许多在梓桐源也照样流传。下面一则“生尾巴祭祖”的故事就是如此。

话说浙江籍人士王荥金榜题名后，带着家眷乘船溯江而上就任徽州知府。当船到歙南防里老龙矶时，王夫人头上的金钗被一阵怪风刮进江中。知府让船夫下水打捞，船夫捞了半天也不曾捞着。王知府就亲自潜入江中，不一会就捞起了金钗替夫人插上。王知府到任后，不理政事，大肆搜刮钱财。王夫人见以前勤政爱民的老爷变得如此贪财，并且在同房时感觉老爷全身冰凉冰凉的，不晓得究竟是怎么一回事。

一天，在问政山（安徽歙县）修炼了千年的许真人进城卖柴，遇见了王夫人。见王夫人脸有异色，便追问原因。王夫人把自己心中的疑团告诉了真人。许真人掐指一算，便点化王夫人说：“你的丈夫在下水捞金钗时已被乌龙精吃掉，现在的老爷是乌龙精变的，它要借你的玉体生育小龙，以便永久盘踞徽州府。”王夫人听了，又惊又怕，请求许真人出手相救。许真人悄悄告诉她，让她在端午节那天，把家中所有的水全部弄光，不留点滴。

到了端午节这一天，许真人身披法衣，手持七星宝剑，破门而入。乌龙精一见，赶忙逃向后花园。不料后花园中的九只水缸空空如也。又急急忙忙奔向灶下（厨房），灶下也是滴水不存。转身又奔向书房，见砚台里还有一点水，就从砚池中逃脱了。

乌龙精逃到九江，又累又饿，见江边有一位老妇人在卖面条，就要了一碗。谁知面条刚下肚就变成了铁链，原来这老妇人是观音菩萨变化的。观音菩萨把乌龙精交给许真人，许真人把它锁在镇妖井中。乌龙精问许真人何时才放它出来，许真人回答说："石柱开花铁索烂。"

许真人返回徽州府，王夫人正好临产。许真人为斩草除根，王夫人生一条就斩一条，直至第九条快生时，王夫人求许真人留下一个给她挂纸（祭祀），于是许真人只斩了龙尾巴，这就是"秃尾龙"也即梓桐源里人讲的"乇尾巴"的来历。

经过王夫人的尽心调教，人形的小龙后来中了状元。清明前夕，新科状元晚上做了一个梦，梦见老母亲去世了，葬于问政山内岗。第二天，便返回故里去祭祖。一路上所到之处，电闪雷鸣，天昏地暗。此时，问政山王夫人的墓前龙池里便闪腾出一条红鲤鱼，朝着坟墓频频磕头。老母亲在天际教导秃尾龙说："儿呀，你来势汹汹，惊动百姓，回去时再不许如此疯狂！"所以，徽州人有句歇后语："斩尾龙挂纸——来势猛，去时悠。"

"乇尾巴祭祖"的故事在笔者的记忆中印象很深，是因为亲身经历了"村民新建房子被大风刮倒"这样一件事。上个世纪的六十年代，即1964年清明前夕，一阵飓风刮过梓桐（即传说中的乇尾巴上安徽祭祖），许多老房子的"马头墙"被吹倒，屋顶瓦片被掀翻。清明节刚过，村民黄海华家建造了一幢"三层楼"。当时，村里普遍还是二层楼，三层楼房在村中还是第二幢（厚祥家第一幢），因此显得很风光。木石结构的新房是先竖柱、架梁、盖瓦，然后才慢慢用卵石垒墙的。"起屋"（即竖柱子）那一天，亲朋好友及左邻右舍都前往祝贺。众人在闲聊时说："幸亏起屋日子选在清明后，如果是在清明前，说不定被乇尾巴吹倒了呢。"不幸过了几天，又一阵大风经过梓桐源（也就是传说中乇尾巴祭祖回去），刚刚建好的新房被大风吹倒了。

看来，“乇尾巴”并没有听从老母亲的教导，来势汹汹，去时同样疯狂无比。

根据方有正编著的《古歙谭概》“斩尾龙挂纸”故事改写

十八、烂肚宝打赌

烂肚宝是徽州街上传奇式人物，平时最爱与人打赌，尽想歪点子整人。

有一天，烂肚宝在街上散步，听见一个鸡蛋贩子在讲：“千万不要碰着烂肚宝，碰着就要倒霉了。”（其实鸡蛋贩子并不认识烂肚宝） 烂肚宝听见了，就招呼卖鸡蛋的过来，说：“小哥，鸡蛋要卖吗？”“有生意怎么不做？”“出个价！”“两文钱一个。”“生儿子要吃喜蛋，明朝是小儿子三朝，七大姑八大姨一大班人都要来，这些鸡蛋我全要了！”鸡蛋贩子高兴死了，说：“点数吧！” 烂肚宝一面数，一面把鸡蛋摆在旗杆墩（中间有孔可插旗杆）上。一会儿，石墩已不能再放上去了。于是烂肚宝叫贩子用双手围着石墩，然后继续往上放鸡蛋，最后堆得像宝塔一样。“小哥，我去拿篓来装。”“好，好，快点！”“马上来！马上来！” 烂肚宝哼着小曲，拍拍屁股走了。小贩腰也不能直，手也不能松，正在他坚持不住时，只听围观的人群中忽然响起：“来啰！”贩子以为买鸡蛋的人来了，回头一看，只见一只恶狗冲他蹿来，吓得他腿一软，手一松，鸡蛋全在石板地上开了花。烂肚宝讲：“以后还敢叫我烂肚宝吗？有眼不识宝爷！”

烂肚宝跟人打赌：要跟所有到寺院烧香的女客吻嘴（接吻）。大家不信。烂肚宝叫他们躲在远处看，然后径直入寺对住持讲，桔园的桔子被女香客偷吃了，他要检查一下。住持认为不可能，就同意他这样做。每当女香客上来烧香，住持一一嘱咐让烂肚宝检查。烂肚宝挨一挨二在嘴边嗅过，远望的人还以为在吻嘴。最后，烂肚宝告诉住持，不曾寻到，就离寺走了。

烂肚宝跟人打赌：叫一个姑娘帮他系裤带。大家不信。烂肚宝让他们躲在一边，自家去买了两块白豆腐，一手托着一块。当一个姑娘从巷那头快走到巷这头时，烂肚宝马上拐进巷内，肚皮一鼓，腰上系的稻草绳一下就绷断了，裤子也掉了下来。姑娘见了，羞得满面通红。烂肚宝请她帮忙系一下。姑娘见前头无人，就凑手帮他系了。躲在姑娘身后的那伙人看得真真切切，不得不佩服烂肚宝。

烂肚宝跟人打赌：打赤膊在茅斯（厕所）里呆到天亮。大家不信。烂肚宝脱光衣服，叫别人把他捆在茅斯里。烂肚宝身上蚊虫叮满，依然没事。后来他老母亲知道了，就到茅斯里去看他。见儿子身上被蚊子叮满，心痛得要命。于是急忙上前用手一抹，蚊子嘴上尖刺全留在皮肤上，结果烂肚宝血流如注而死。

选自《古歙谭概》

十九、地仙赖布衣

清江绍莲《橙阳散志》载："宋代赖文俊，一名大有，自号布衣，世以'地仙'称之。尝游村中，村人议凿井，赖为扦定，得泉三穴，大旱不涸，即今大井。邑志称赖公井。"

赖布衣讨饭讨到歙南七里头，歇在八老爷庙里。庙后山为蛇形，庙为蛇头，但不曾得时走运，少有人拜。赖布衣一看便知道，就用讨饭棒在墙上戳了两个洞，好比双眼。八老爷庙终于求子得子，求财得财。一传十，十传百，百传千，香火盛得不能再盛。赖布衣怨道："你有饭吃，我还不曾有饭吃！"八老爷回道："得时在源头，野鸡飞起野鸡落。" 赖布衣不晓得源头在哪里，鬼使神差，来到歙南浦口，上了一条客船，说："船家长，我到源头去。"说完就睡觉了。船家长也不晓得源头在哪里，正好有个客官叫道："拢岸！拢岸！我到源头。"船家长赶忙叫醒赖布衣："客官，源头到了！"赖布衣揉揉睡眼，上岸不远就到了源头村。赖布衣看见一只野鸡从草丛中飞起，又见野鸡落到塘中不见了。赖布衣坐到鸡窝处歇息。源头大户走过赖布衣身边时，正巧一个罗盘从赖布衣衣裳里掉下来。"你也是地理先生，刚好凑一百个。昨天仙人托梦给我，要我找一百个地理先生才能找着石棺石盖好风水。"大户对赖布衣说。大户走后，赖布衣在脚下挖着石棺。挖出后，九十九个地理先生都想争功劳，吵得不可开交。大户只好讲："哪个寻着石盖就算哪个的功劳"。他们还在继续吵，大户见赖布衣一言不发，走过去对他讲："就是你没发言，要是寻得着，银子万万两。""讲话算数！"赖布衣对大户说，"今朝已晚，明朝你准备九十九部水车，把塘里的水抽干。"第二天塘水被抽干后，只见塘中央一棵荷花，高标挺拢。赖布衣指着莲花说："石盖就在荷花底。"大户派人去挖，果然挖着石盖。将石盖放到石棺上，左盖右盖就是盖不拢。大户见了，说："我来试试！"手刚搭到石盖沿，只听"噼啪"一声，石盖盖拢。但大户中指压着一节，怎么撬也撬不开。赖布衣讲："活发！活发！"大户问赖布衣："葬坟吉地选在哪里？""葬到塘中荷花顶。塘中水满之后，用竹排撑过去，将石棺放在荷花上。"赖布衣回答说。石棺放上去后，荷花并不曾压扁，而是顶着石棺慢腾腾地沉入水底。原来此地为荷花形。赖布衣因此名声大震，世称地仙。

有一天，地仙赖布衣来到梓桐源，正在梓桐口凉亭歇脚。这时，一位年轻人挑着铺盖家杂，后面跟着一条黄犬，气喘吁吁地走了进来。坐下后，两人便攀谈起来。原来这位年轻人名叫黄垓，梓桐练溪人，祖籍合洋。自合洋迁练溪后，始终是单丁相传，子孙不旺。因此想重回合洋祖家。赖布衣听后，沉思良久，而后摆弄罗盘，掐指测算。他对黄垓说："梓桐源是个鸡蛋形，你这个'黄'是鸡蛋黄，因此必须座落在鸡蛋的中间。从源口往里走三十里，在那里定居下来，保你人丁兴旺，瓜瓞绵绵。"黄垓谢过地仙，挑起担子，带着黄犬起身往回走。一路爬坡涉水，大约走了三四个时辰，来到了一片开阔的山坡。山坡上长满竹丝和茅草。身体疲惫的黄垓便搁下担子坐在地上休息。黄狗也在离主人不远处蹲了下来。夕阳的余辉把初冬的茅草地染成一片金黄。远处的山峦蜿蜒起伏，绵延不绝；眼前三座山峰并肩而立，林木森森，青翠欲滴。黄垓不知不觉沉醉在美景之中了。看着天色将晚，黄垓起身想往里再走一程。回头唤黄狗："阿黄！阿黄！"只见黄狗坐在原地，头朝南，尾向北，眼睛炯炯地盯着眼前的山峰，嘴里"汪！汪！"地叫个不停。黄垓猛然醒悟：莫非阿黄有灵性，这里就是梓桐源的中心——鸡蛋黄的坐胎之处？地仙说往里走三十里，现在已经走了三四个时辰，估摸应该是此地了。他赶紧放下担子，对"阿黄"说："好！好！我们就在这里安家了。”便拿出柴刀，劈去身旁的茅草和竹丝，又从远处砍来树枝，开始搭建茅草棚。一直忙到大半宵，直到月上中天才歇工。辛劳了一天的黄垓倒头便呼呼地睡着了。第二天，天朦朦亮，黄垓才记起昨晚“阿黄”没有回屋里睡觉。赶紧拉开柴门出去寻找。只见昨日阿黄蹲过的地方，蓦然冒出了一块大石头。黄垓明白：阿黄找到了真正的“家”，羽化为眼前这块圣石了！这便是梓桐黄村祠堂前面“狗墩石”的来历。因村子前面三座山头挺拔俊秀，高耸云霄，故村名就叫“三峰”，后因黄姓人口增多，改名为“黄村”。 自黄垓定居黄村后，黄氏家族兴旺发达，人文蔚起。至今，人们仍然感谢地仙赖布衣指点了这块风水宝地。

新安江滩多水急，逆水船行至淳东金竹牌尖山窑，纤夫必跪着拉纤，上台阶如同拜佛。晚上可见一百处窑火，而白天数仅有九十九处窑，有一只神窑凡人看不见。赖布衣扦定是块风水宝地，准备留给自己。地仙的儿子与老子老唱反调，老子讲要上山，他讲要下田；老子讲要放晴，他讲要下雨。地仙寻到了这块宝地后，告诉儿子要葬在路里，并用铁索吊棺。但他本意是要葬在路外，并用草索吊棺。地仙逝世后，营葬时，儿子想这么多年一直与老子唱反调，最后就听他一次吧。结果破了风水，原来此地为猴子观海形，葬在路里等于打破了猴脑，活猴变成了死猴。只有等到石柱开花铁索烂，地仙后世再能发起来。

根据方有正编著的《古歙谭概》中《地仙》一文改写

二十、水往沙底钻

徽州传奇人物三十六牙为天子命，每日放学回家都很晚。老母亲有些奇怪，就责问儿子为何回家很晚。儿子讲有两个人天天强留他嬉戏，并且打灯笼送其回家。老母亲将信将疑。

有天晚上，老母亲在阁楼上观望，果然有两盏灯笼一前一后送儿子回家。儿子一进门，灯笼便不见了。于是，老母亲便相信儿子日后必定大有作为，心里非常高兴。第二天，吃完饭洗碗筷时，就用四双筷子在锅沿敲了九下，边敲边讲："等我儿子有了出头日，必要杀掉万家。"灶王爷一听，吓了一跳，立即上天奏报玉帝说："玉帝呀，刚才我被打了七十二军棍，且有人还要杀尽万家。"原来，老婆婆与隔壁姓万的邻居有过节，因此说要杀掉万家，而不是要杀掉一万家。玉帝听了大为震怒，马上派天兵天将去换掉三十六牙的龙骨。此时，霹雳大作，惊天动地，儿子感到浑身疼痛。老母亲觉得不对劲，便让儿子死死咬住自己的裙角不放。结果，龙骨换成了讨饭骨头，做不成天子了。只有牙齿未换掉，成了金口玉言，立讲立应。

三十六牙成了讨饭子。一天讨饭讨到梓桐源仁杏树底（杏坡村），口干舌燥，就向村中一位老太娘要口水喝。老太娘舀了碗米汤递给他，说："我们村什么都好，就是吃水不太方便，挑水比较远。今天刚好茶吃完了，你就喝碗米汤吧，既解渴，也能充充饥。"三十六牙接过米汤喝了，抹抹嘴说："你家里用水不是很方便吗？这里就有水！"边说边用讨饭棍在天井中戳了戳。一股清泉立刻就从地底下冒了出来，从屋里流向屋外，形成一条水沟。水沟里的水大涝之年不溢，大旱之年不涸，终年碧透，晶莹如玉。水中还有小鱼小虾呢！此后，全村的人便都用水沟里的水，非常方便。

三十六牙离开仁杏树底，到了石步坎（富坡）。石步坎几位农人正在溪中车水抗旱。一架水车横架在路中间，挡住了去路。三十六牙到了水车旁，正想从上面跨过去。车水的农人开玩笑说：“讨饭子，你就从车下钻过去好了。”三十六牙当真就从水车底下钻了过去，引得村里人一阵哄笑。三十六牙向前走了十几步，回过头来大声说：“人往车底钻，水往沙底钻！”刚刚还潺潺流动的溪水转眼之间就干涸了。车水的人大为吃惊，知道遇上了异人。赶忙追上去，向讨饭子道歉，请求改口。三十六牙对他说：“掏掏车，掏掏车！”农人便在小溪中掏了个坑，然后把水车放在里面车。坑虽然小，但水流源源不断，始终车不完。后来，富坡村前的小溪如果不下大雨，难得有流水。村人用水，必须要掏坑。

三十六牙讨饭讨到油榨里，想讨点钱花。打油的人说，油还不曾打出来，散钱也没有。三十六牙看见正在打豆油，就讲道：“黄檀树，铁箍头，快快打，慢慢流；慢慢打，没得流（100斤黄豆只能打20斤左右豆油）。”出了油榨，看见一群蚂蚁正朝油榨爬，就讲道：“我都讨不着，你蚂蚁也不消讲得！”蚂蚁听了，掉头就往回爬，此后油榨里再也没有一只蚂蚁出现过。油榨人家见油越打越少，发觉不对劲，就掸了一串钱，赶快追出来求三十六牙改口。三十六牙讲道：“大籽（桐籽）也有油，小籽（菜籽）也有油，不大不小（指黄豆）没有油。”

一天，暴雨如注，三十六牙躲雨躲在石塔（岩石）底。他自言自语：“石塔生得妙，挡雨挡得巧。站也好，睏也好。不怕天雷打死人，只怕石塔打破脑……”话音未落，只听轰隆一声，石塔倒下，正好打破三十六牙的脑袋。原来三十六牙忘记自家是金口玉言，立讲立应。

根据方有正编著的《古歙谭概》中《三十六牙开金口》一文改写

二十一、十二生肖鼠为首

玉帝派猫通知十二种动物作为生肖，于是它先后叫了好朋友牛、虎、兔、龙、蛇、马、羊、猴、鸡、狗、猪、鼠前往天庭报到。到了天庭以后，玉帝依次将生肖排列好，却不曾将猫列入，因为名额已满。猫当时不曾把自己算进去，于是它怪罪排在最后的鼠，所以直到现在，猫见了鼠必捉必咬。鼠进了十二生肖还不满意，它跟牛讲："我们上街比一比谁大，谁就坐头把交椅。"牛想自家这么大个谁不说大，就答应了鼠的要求。牛在街上走了几趟，也没有人说它大，而鼠刚刚上街，就有人喊："那里有只大老鼠，快赶！"牛只好让位于鼠，屈居第二。

选自《古歙谭概》

二十二、汪李不养猫

唐太宗上朝时发觉龙椅有些热乎乎的，以为有人坐过，遂怀疑值夜的越国公汪华有篡位之心。于是唐太宗斩杀汪华一二三子，越国公毫无怨言。次日，龙椅还是热乎乎的，唐太宗又斩杀其四五六子，越国公镇定自若。第三日，龙椅依旧热乎乎的,唐太宗斩杀其七八九子，越国公忠心如初。是日夜，汪华值夜发现一只猫睡在龙椅上，才晓得原来是猫在作孽，于是叱道：“你这个小畜生，死无葬身之地！”其后，猫死均葬于树上（一般都吊在柏子树上），不葬地下。真相大白，唐太宗追封其九子“一二三太子，四五六诸侯，七八九相公”。此后，汪李两姓均不养猫，因为唐太宗因猫而失良臣，越国公因猫而失爱子。

选自《古歙谭概》

第六章 文林散叶

重阳弄笔

露抵三秋自结霜，
竹篱窗下已争黄。
兴来何必重阳酒，
满纸涂鸦信笔狂。

——胡作人

文林散叶是编者的习作，写的是梓桐源的物、事、人。虽然文学色彩不浓厚，但记述的却是真实的见闻和感想。收入本书，给自已，也给同时代的人留一点怀旧的念想。

一、梓桐桥

梓桐桥，位于梓桐镇杜井村下，俗称杜井转桥。桥跨梓桐溪，连接三桐（里桐、中桐、外桐）二源（横源、直源），南通姜（家）汾（口），北达鸠（坑）威（坪），实为梓桐源交通之枢纽也。

梓桐桥建于1964年4月至1965年10月，由当地政府机关——梓桐区公所负责施工，故名“梓桐桥”。桥为三孔石拱，长42.1米，面宽6.1米，桥高6.3米，桥拱净跨各9米。石材取于附近山体，为暗青色石灰岩。桥之两侧十一对望柱和二十块栏板皆为茶园石。望柱为长方体，八寸见方，高约齐胸；石栏板每块长两米五左右，高约八十公分。没有雕饰，简朴大方。“梓桐桥”三字为当地书法名家耀祖先生所题。字如其人，端庄凝重，遒劲有力，循规蹈矩中透着潇洒与飘逸。

桥南一古樟，树龄五百余载，粗约丈许，冠盖如云。半掩桥身，半映溪水。古树石桥相衬，桥因树秀，树因桥彰，成为梓桐源标志性的景观。桥下绿水盈盈，清澈碧透，鱼游浅底，鸭戏水面……

吾与梓桐桥有缘。建桥时，初中毕业，在本村任共青团支部副书记。曾领全村团员参加最为艰苦的桥基挖掘工程。挖基选在隆冬枯水期，在溪中围半堰导水。工地仅有一台小型抽水机，一边排水，一边用原始的工具——锄头、畚箕一点一点往下掏（当时尚无挖掘机之类的机械设备）。晚上挑灯夜战，溪水刺骨，年轻人热血沸腾，以参加“突击队”为荣。夜半歇工时，公社（即今乡政府）团委在桥头饭店奖励每人一碗“普通面”（即香干面，价格0.15元），即感动欲涕。时人不计报酬，以政治荣誉为重，比之今日“钱”字当头，无钱莫谈之风气，不可同日而语。然时代不同，处于两种体制下（计划经济、市场经济）下的人们，其价值观念自然不同，既不能以古论今，亦不能以今非古，实乃时势所造就也。

为修桥，政府规定，附近村民每个劳动力投放八个义务工，民众踊跃响应。建桥劳动主要是抬石头，把采石场上石匠凿好的石料一块一块抬到工地。当时没有汽车，也没有拖拉机，就靠人工用肩扛。抬石头有两人杠、四人杠、八人杠甚至十六人杠等。多人杠中“领头”和“把尾”的人是最重要的，一般由力气大、经验丰富的人承担。记得一次劳动中途休息，几个青年先是坐在石料上聊天，后来不经意地躺了下来，结果被石匠师傅训了一顿，似乎是犯了行业的“禁忌”。但一直到今天，我也没有想通个中的缘由。

2006年，环湖公路郑（家）鸠（坑）线改造，在距梓桐桥百步之遥的下游修建了另一座公路梁桥。梓桐桥从此卸下了交通枢纽的重负。但因处于镇之中心，又兼风景宜人，所以仍然是人员车辆的集散地。

梓桐桥，她朴实无华，默默无闻，却见证了四十年来梓桐的变化和发展。近年来，得益于“蚕桑西进”的战略机遇，绿色的梓桐源成了全县蚕桑经济的示范基地。辛勤的人们开始过上了小康生活。

梓桐桥，故乡的桥，她融入了我的汗水，我的奉献，也融入了我的希望与期盼。让梓桐桥再来见证：明天的梓桐源将更为青春，更加美好！

我深深眷恋梓桐桥，但愿梓桐的后人热爱故乡，善待此桥。

2007年春

二、远去的帆影

青山，绿水，白帆。

20世纪60年代的新安江水库（今名千岛湖）天然成画！

老家在淳西梓桐源，距县城排岭约八十里，惟有水路可达。因此，舟楫帆影就成了无可选择的交通。

20世纪60年代的梓桐码头游移不定，随水位高低涨落而迁徙。春夏丰水期，步行十里许至慈岭上即可乘船；秋冬枯水期，则要步行十五至二十里到练溪或“倒溪”口方可上船。

赶船的脚步匆匆，坐船的感觉挺好：一江碧水，两岸青山；悠悠白云，寂寞孤舟……若天阴雨，漫江雾霭，烟波浩渺；山峦村舍，隐约沉浮；风拂树梢，松涛盈耳；雨落玉盘，满眼生花……富有诗情画意。

彼时的农村，人们的“农本”意识和“家乡”观念浓厚，秉承“锄头草耙万万年”的信条和“在家千日好，出外一时难”的古训，平心静气地守候着自己的土地和家园。今天说来也许难以相信，诺大的梓桐源，每天坐船往返县城的仅十几人，多则不过数十人而已。笔者就曾有过两人（船老板除外）独占一舟的经历。

从梓桐到排岭的航线上，行驶着古朴、原始的木帆船。形如新月，肚宽头尖。长逾十数米，宽仅丈许。箬叶编织的顶蓬，把帆船船仓遮得严严实实，风雨无恙。仓内备有简陋的长条木凳，可容纳旅客三五十人。高高的桅杆耸立船头，顺风时，扯起风帆，即可罢橹停桨，船亦飞驰向前。船老大多为夫妻两人，把橹时一左一右，你进我退，橹声欸乃，船歌唱和。有的还带着二三岁的小孩，航行时用布条系住腰身，让他（她）在不到两平方米的船尾活动。船之后仓，也是船老大一家人起居生活的地方。木帆船摇过慈溪、练溪、木瓜岭、密溪坞、龙门山、西湖、施家坪后停泊在梓桐口，等候安徽下来的拖轮。梓桐口外的江面（俗称大河）上，是另一番景象：白帆点点，舟楫相望；竹（木）筏逶迤，汽笛嘹亮。到下午两点左右，小船挂上拖轮，便向排岭方向驶去。有时梓桐客人少，便挤上轮船，木船便在梓桐口过夜。拖轮经过牛石埠、小金山，尔后就到了排岭终点站。有时为避风浪，轮船误点，船过龙山口，就能看见山城的电灯如繁星般地在夜空中闪铄，年轻的心就禁不住激动起来：啊！县城到了。

20世纪70年代以后，铁壳的机动船纷纷取代了依靠人力与风力的木帆船，船体、船形也有了很大的改变。与此同时，水泥船也开始问世。水上航运事业进入了真正的“机器动力”时代。1971年，淳安造船厂建造了一艘300客位、双层双机钢质客轮，确实让邑人激动了几天。从此，原汁原味的木帆船渐渐地远离了我们，只有在画家的笔下才能见到它隐去的身影。

20世纪80年代后，人们的观念发生了变化，外出经商务工的人越来越多；享受生活、旅游观光的人也多了起来。往返梓桐与县城之间的轮船班次也增加为每天两趟。并在练溪的胡家修建了固定码头，浆砌驳坎至水位98米高程以上。还建了水泥平顶候船室一幢，约50平方米。九十年代后又增开了摩托艇，使水上交通更为方便、快捷。

21世纪初，环湖公路一期工程完工。2001年底，梓桐至南赋的通乡公路凿通了584米长的云岭隧道，竣工通车。2003年8月27日，单跨308米的“南浦大桥”建成通车，从此结束了淳安南北交通山水阻隔40多年的历史。往返县城的梓桐旅客大多选择了汽车（阳光码头汽车要过轮渡），但仍然保留每天一个班次的轮船。2005年9月，全长1258米的千岛湖大桥竣工，县城与梓桐之间的航线关闭，从此，坐船回老家成为“历史”。目前，正常往返于梓桐与县城之间的汽车有

14个班次之多（节假日还要增加），客运量日均300人次以上。旅途时间从20世纪60年代的一天（木帆船）缩短为20世纪80年代的两个半小时（轮船）再缩短为现在的一个小时（普通客车）。交通发展如此迅速、便利，使人感慨不已。

与此同时，千岛湖上旅游船艇的更新换代更是令人眼花缭乱、目不暇接：以柴油机为动力的老式游船悄然引退，代之以起的是充满现代气息的豪华游艇。小者如七座快艇——轻捷似燕；大者如“伯爵号”——稳重如山。各式各样的游艇一概“银装素裹”，游弋于浩瀚的千岛湖水面，在蓝天碧水之间织出了一道靓丽的风景。

……

列峰如屏，千岛如画。置身画境的老人心泛涟漪，感喟如潮。九分欣喜中夹着一分莫名的惆怅：传统意义上的舟楫帆影在人们的视野中和记忆里渐渐地远去，远去……

2007年春

三、梓桐苞芦馃

如今，梓桐源的苞芦馃可是出了名啦！不仅街头巷尾可寻可觅，还堂堂正正地登上了“星级”大酒店的餐厅饭桌。往日山里百姓果腹的杂粮，如今成了城里有钱人嘴里的珍品。然而我敢说，你绝对没有吃过真正的、传统的梓桐苞芦馃，否则，面对眼前的苞芦馃，一种莫名的“失真感”会油然而生。

传统的梓桐苞芦馃，热烘烘、香喷喷、甜丝丝、软绵绵，再配上梓桐源的辣酱腐乳，那可只有一个字能形容——“绝”！十步之内，管让你馋涎欲滴，乐不思归。

苞芦馃，淳西处处皆有，何独梓桐源的馃出了名呢？

其实，梓桐源苞芦馃绝非浪得虚名，而是天时、地利和人为因素的综合，说得玄乎些、深奥些，梓桐苞芦馃是梓桐源地域文化的表象呢。

梓桐源内，山青青，水粼粼，冬是冬，夏是夏，山清水秀，气候分明，土地肥沃，非常适宜玉米（苞芦）的种植。早在民国时期，梓桐源的田苞芦就种出了名。东源港九都瑶山的农民就曾经去梓桐源取过经。在梓桐源，传统的苞芦种籽“立秋”之前必须播下，“霜降”前后收获，在田间的时间大约一百天左右，因此俗称“百日黄”。“百日黄”棒子不大，籽实饱满，金黄油亮。虽然时间长、产量低，但品质纯正，营养价值好，磨成粉又细又嫩，做成馃自然香软可口了。还有一种紫色的玉米，俗称“乌苞芦”，磨出的粉特别细嫩，做成的馃也特别香软。这是梓桐源苞芦馃好吃的主要原因。

传统的梓桐苞芦馃，其原料——苞芦粉是由水碓磨坊加工的。现在已经消失的水碓，在20世纪70年代以前曾遍布梓桐源各个村庄。人们在溪中筑堤拦水，引水入渠，直达磨坊（俗称碓屋，即原始粮食加工厂）。利用水的冲击力转动大木轮，木轮通过中间的“千斤杆”带动石磨旋转来碾米磨粉。也许是融入了水和石的灵气吧，石磨磨出的苞芦粉透着一股清新的幽香。再经过“咚咚锵锵”（筛具打击声）粗细两次筛选，嫩黄色的细粉未曾入厨，光是看着已觉得“秀色可餐”了。石磨磨粉也是梓桐苞芦馃好吃的原因之一。

梓桐源的妇女心灵手巧，再加上世代的遗传和影响，大多能做得一手好馃。传统的梓桐馃，其制作看似简单，其实也是颇有讲究的。一般要把握好三道程序：一是粉团要熟透。先在锅中把水烧开，然后放入苞芦粉，不要搅动，煮上几分钟。然后再用铁铲使劲按压，让水分充分地、均匀地渗入粉中，不致有生粉粒子。待苞芦粉形成团状，再加入少量开水，继续按压，如此反复二至三次，粉团变得光滑、柔软、不粘锅时，即可起锅。二是手工操作，不用器具。传统的梓桐馃全靠手工制作，馃的外形圆润、美观；大小、厚薄均匀。梓桐馃以“薄”出名，但也并非像现在这样薄，标准的梓桐馃一斤粉，大约做十五只。三是掌握烤制火候。铁锅温度要适中，温度太高极易焦糊（梓桐馃薄），当然，温度太低也不行，容易粘锅。同时要不停地翻面，使其受热均衡。馃的表皮鼓起是最佳程度，就要及时起锅。在梓桐源，苞芦馃做得好也是妇女的一种美誉呢。

梓桐苞芦馃一般分为“实馃”和“菜馃”两种。吃法也有“锅热”和“火盘烤”两样。实馃以刚起锅时味道最美，菜馃则是用火盘烤后更佳。尤其是冬天，围着大火炉，一边取暖，一边烘馃，菜馃里的猪油滋滋往外冒，表皮烤成黄黄的、脆脆的，那味道不知有多美！难怪东源港里民谚云：“手捧苞芦馃，脚踏白炭火，除了皇帝就是吾。”

如果说，香、软、圆、薄是梓桐苞芦馃的外观形象，那么，高品质、富营养、美口味就是梓桐苞芦馃的内在本质了。

如今的梓桐苞芦馃已经和其他地方没有什么两样，一律是“杂交籽”“机辗粉”“板压模”，失去了往日的“梓桐特色”。但尽管如此，苞芦馃仍然是“好东西”。上了年纪的梓桐人，都习惯吃苞芦馃，尤其是早餐。“乡音难改，旧习难舍”这也是一种地域情愫吧！

2007年8月30日

四、茅庵桥记

茅庵桥为淳安三座古廊桥之一（另两桥分别是：瑶山乡何家村的“云溪桥”，浪川乡芹川村的“进德桥”），位于梓桐源卢家村脚，故又称“卢家桥”。

玲珑秀气的茅庵桥东西走向，一墩两孔，横卧于富溪（又称隔埠溪）之上。桥长28.2米，宽3.5米，高2.9米，桥面离水5.5米。溪中桥墩用暗青色的石灰岩砌就，呈半船型，迎水方向似船头翘起，既美观，又合乎分水原理。桥梁为巨木横陈，上铺松木桥板，人踩其上，吱吱作响。桥上廊亭为砖木结构，黛瓦覆顶，单檐两披水。桥廊两侧有立柱12对，粗若碗口。柱间设长条木凳加美人靠，路人可坐可倚。

茅庵桥环境幽雅。桥东前山低迤，林木葱茏。桥南石壁潭山高耸，奇伟挺拔。桥头有枫杨数株，枝干横逸，半掩桥身；桥尾有古柏傲立，似护桥卫士，恪守忠诚。桥西阡陌纵横，桑园绵绵；新楼旧舍，栉比鳞次。夏日炎炎，栖身桥上，清风徐来，暑气顿消。倚栏凭眺，远近皆景：仰望苍穹，白云悠悠；俯视清溪，游鱼鳞鳞。更有可怜（爱）者，因天长日久，桥墩石缝中竟然长出一棵不大不小的桂花树来，亭亭玉立，为古桥增添了不少韵味……此时若心无旁骛，则怡然自得，乐而忘归矣！

茅庵桥始建年代无考，据村中老人说，大约建于明朝。此说虽无文字记载，但从桥头侧畔那些古樟、古柏和枫杨身上，似乎可以看到这种说法的影子。

2001年6月26日，浙西山区大雨倾盆，山洪爆发，溪水猛涨。百年古桥——茅庵桥被洪水冲跨，毁于一旦。

卢家村的村民们对茅庵桥倾注深情，当廊桥被冲跨后，立即决定要重建此桥。当年9月，重修工程启动；年底，桥墩、桥梁浇灌完成，皆为钢筋水泥结构。2004年，取附近山上木材开始做重建廊亭的准备：柱子用料为柏木，梁的材质为松木，而亭内的椽子则用杉木。2005年5月，茅庵桥重建工程竣工。

今天我们看到的茅庵桥，总体上保持了原来的模样，依然是粉墙黛瓦，古色古香。桥门上方“茅庵桥”三字潇洒飘逸，为本村青年书法家卢红星所书。古桥新生，山村增色。唯有那椭圆形的水泥桥墩左看右看总给人一种不相适协调的感觉，似乎比先前半船型的石墩逊色不少。

2007年12月

五、一代名医方取檀

“取取先生”的大名叫方取檀。生于1913年，卒于1985年，梓桐慈溪人。

其实，在梓桐源知道方取檀真名的很少很少，而“取取先生”的尊称却是家喻户晓、妇孺皆知的。

“取取先生”民国二十五年（1936）毕业于南京国医馆。应了中国一句古话：“不为良相，便为良医。”他医术精湛，医德高尚，“在淳遂两县享有‘再世扁鹊’的称誉”①。

“再世扁鹊”似有过誉之嫌，但在梓桐源乃至淳安县境内，“一代名老中医”却是当之无愧的。

笔者眼里的“取取先生”，身材高大，背微驼；慈眉善目，颔下疏须。既有名医的仪容风度，又有长者的和蔼慈祥。

“取取先生”是中医，看病离不开“望、闻、问、切”四个字。他望得深，闻得真，问得细，切得准。并且辅以心理疗法，和言细语、旁征博引，给病人以痊愈的信心和希望。正是这些传统的诊疗手段，凸现了他深厚的技术功力。

“取取先生”既坐堂，又出诊。无论是酷暑严寒，还是白天黑夜，哪里有病人求助，哪里就有他的身影。山路弯弯，蹊径曲曲，你经常可以看到肩背药箱，手执纸扇，行色匆匆的“取取先生”。

在梓桐源医卫界，与“取取先生”同时代(20世纪50年代到20世纪80年代)的“杏林高手”还有：中医郑义恒，西医管长水、徐树春，妇科程英兰等人。时至今日，人们依然深深地怀念着他(她)们……

丁亥年中秋

注：①见《淳安县卫生志》第 367 页。

六、杏林趣闻

20世纪50年代，里桐诊所初建时，当地流传着一则民谣，对诊所几位医生做过诙谐评论。谣云：

清 清 一 根 树，
妙 妙 一 枝 花；
南 京 不 要，
泗 水 归 家。

民谣中的清清，即郑义恒，郑家村人；妙妙，即唐文妙，唐家村人。此二位中、西医兼通，医疗水平相对较好。南京，即徐南京，结蒙村人；泗水，即吴泗水，河山村人。此二位以中草药为主，疗效相对慢些，故民谣中对其有所不恭。后来20世纪70年代农村大办合作医疗，徐南京却是当地颇有名气的“赤脚医生”。

2007年12月

七、尹山游记

尹山，位于梓桐源源头，距县城百余里，古为淳安名山胜景之一。历代文人骚客在此留下许多脍炙人口的诗篇。试举两则。元歙人郑玉《同徐大年俞士渊游尹山》诗云："白发萧萧老郑虔，相邀同上尹山巅。新秋昨夜过微雨，古树空岩生翠烟。山佛倚天形耸瘦，仙桥驾壑影空圆。欲题姓氏留山骨，藓滑苔深不可镌。"清淳安蜀阜人徐贯《尹山庵》诗云："梵宇萧萧山外山，欲穷幽讨未能闲。千寻拔地青峰耸，一道沿崖碧水湾。古木雨晴猿正挂，长林烟溟鹤初还。万缘到此都成幻，不在寻常色相间。"

慕其名，2007年6月19日（农历丁亥年端阳甲申日），余与同仁涌贵先生兴致勃勃前往尹山一游。

"山不在高，有仙则名。"尹山山巅有庵——尹山庵；庵中有佛——汪公老佛。据说这"汪公老佛"极为灵验，有求必应。尤其是大旱之年，人们往往去尹山接"菩萨"下山求雨，只要"菩萨"下了山，甘霖就会从天而降。因而尹山香火极为兴旺，鼎盛时期，庵中僧人多达百余人。梓桐黎民对"汪公老佛"顶礼膜拜，信仰有加。然而真正知道汪公老佛来历的并不多。

据《明嘉靖淳安县志》载："尹山庵，宋淳熙七年建。其佛为新安汪越国公，华第八子修真化此。"由此可知，尹山庵所祀"汪公老佛"就是唐越国公汪华的第八个儿子修真。

汪华（586—649），字国辅、英发，安徽歙东汪村（今属绩溪）人。幼时父母双亡，寄养在舅舅家长大，以勇侠闻名。隋末，天下大乱，群雄并起。汪华审时度势，策划兵变，占领了歙州，尔后连克宣、杭、睦、婺、饶数州。于是，他拥有六州之地，自称吴王。颁布一系列休养生息的政策，使浙、皖、赣三省交界的六州百姓得以在乱世安居乐业。621年，汪华有感于唐朝的强盛和德政，上表请求归附，被任命为歙州刺史，总管六州诸军事，并封为上柱国、越国公，食邑三千户。624年，奉诏进京，任忠武将军，行右积福府折冲都尉。太宗征辽时，诏为九宫留守。649年病逝于长安。652年，灵柩运回家乡，葬于歙县云岚山。汪华生有九子，分别名为：建、璨、达、逵、爽、俊、献。除九子献早卒外，余皆为官，后裔遍布徽州各地，故有“黟歙之人，十姓九汪，皆华后裔”之说。汪华在徽州名望极高，被称为“汪公大帝”，立庙祀奉。淳安（含原遂安）旧属睦州，亦为汪华管辖范围，并有其后裔分布，故立庙祭祀“汪公老佛”当在情理之中。

另外，在原淳、遂两县，还流传一则汪华大义灭亲的传说：越国公汪华德高望重，九个儿子在江南为官，雄踞一方，引起唐太宗的猜忌和不安。为了解除唐皇的顾虑，汪华捎信给九个儿子，让他们在某月某日，同时赶回家中。结果回到家的八个儿子均被汪华亲手斩杀。幸有一子未能及时赶回，躲过了这一劫难。躲过这一劫难的有的说是“九相公”（即献）；有的说就是后来逃到尹山庵当和尚的八子修真……因这一传说过于残忍，且史书方志均无记述，姑且看作是闲谈也罢。

尹山因佛而名，因景而胜。尹山胜景有：蛇首探月、太白辞杯、枫林秋色、石门天堑、古庵遗址、歙人望乡等。

“蛇首探月”俗名“蛇头”，位于尹山景区前公坑源与程家源交叉路口。在潺潺流淌的小溪旁，有一座灵秀的山峰。山上灌木葱茏，一块硕大的岩石从翠绿中突兀而起，恰似巨蟒伸首苍穹。尤其在月夜，黑魆魆的岩石酷似蛇头，对着天上皎洁的月亮，形成“蛇首探月”的神景。据说这“蛇头”的来历也有一个与汪公老佛相关的传说：蛰居在安徽齐云山中的“蛇精”，得知淳安梓桐源有一处风水宝地——“燕窝形”，便想吃掉窝中乳燕，争夺这块宝地。于是便悄悄游来浙江，路过尹山时被汪公老佛发觉，汪佛利剑一挥，斩蛇精于公坑源口，蛇头化作顽石，便成了今天的“蛇首探月”之景观。

越过“蛇首探月”往右拐，就进了公坑源。前行数百步，转身回望，“太白辞杯”（俗称汤瓶罐）景观就在眼前。远远望去，此景酷似一只硕大无比、带柄而倒置于桌上的大杯子，杯口朝下，杯底向上，其柄尤为神似。唐李白有“诗仙”之称，其成就可谓“独步千载，唯公一人”。然其诗兴却大多来自“杯中之物”。故有“李白斗酒诗百篇”之语（这是他自己说的，不可不信）。唐太宗知李白嗜酒如命，便御赐金杯一只。李白爱不释手，终日相伴在身。临终前，李白知道不能再吟诗喝酒了，故把酒杯反扣于床头案几，以示“辞别”，接着长叹一声：“天下无李白，金杯化石罐！”言讫而逝。越国公汪华目睹了“李白辞酒”这一幕，心中暗想：这御赐金杯乃李白心爱之物，我与他交好一场，以后“睹物思人”，酒杯就是最好的纪念了。于是便把金杯带回家中。汪华死后，这金杯便到了八子汪俊手中。汪俊后来到了梓桐源尹山庵当了和尚（法号修真），这杯也随之来到尹山庵，成为镇庵之宝。修真“圆寂”后，金杯便依李白遗言，化作石瓶罐，座落在尹山庵前。游人观此景，最好的角度是在尹山山腰中。

看过“太白辞杯”后，转身继续往前走，约十来分钟，便到尹山脚下了。抬眼望去，前面是一片枫林。这片枫林，树龄都在百年以上，高大粗壮，枝繁叶茂。不用描述，你完全可以想象，当秋霜染红枫林的时候，是何等气势、何等壮观！这时，“白云红叶两悠悠”“霜叶红于二月花”的诗句就会从你嘴里脱口而出。枫林美在秋天，故名“枫林秋色”。

沿着新开的通村公路盘旋而上。穿过这一片枫林，向右折入尹山古道——目前仅存的一段石蹬山路，不用多久就到了“石门天堑”处。

只见路边耸立着一块巨岩，高约丈余，恰似巍巍门柱；右边是百丈悬崖，陡峭壁立。确有“一夫当关，万夫莫开”之势。石门附近，古木参天，遮云蔽日；泉水叮咚，鸟声盈耳，是目前尹山风景的“精华”所在。光是挂了“牌”的名木就有不少：500多年的银杏，300多年的木樨，200多年的珊瑚朴……还有尚未挂牌的珍木黄连、苦丁茶树等。有两株紧紧抱在一起的大树，一枯一荣，笔者命其为“生死相依”；另有一株木樨，树身早已掏空，仅剩外表树壳，树壳上却又长出新枝，让人不得不佩服它顽强的生命力。

穿过石门往右折，向上攀登约百余步就到了尹山“古庵遗址”。古庵寺庙大多已圮，只有“正殿”尚存，也是断垣残壁，斑驳陆离，房顶坍塌，遍地狼藉，凸现出时过境迁的苍凉。倒是南墙上的“爬山虎”依然葱郁，稍许显出一丝生气。尹山庵建于宋淳熙七年（1180），至今已有八百多年历史了。虽历经兴衰，但20世纪50年代初仍然完好。20世纪50年代中期，尹山庵的寺庙曾用来办过茶厂和茶叶中学。从遗址看，古庵原来有莲池、花厅、观音殿等等，后来在尹山庵最后一位僧人“志圣和尚”的遗孀叶女士嘴里得到证实（叶女士70多岁，家居尹山古庵旁）。

站在“古庵遗址”向北眺望，远处有一簇石林，那便是“歙人望乡”（俗称石人石马）景观了。但见一方奇石特立，酷似人形，背倚浙淳，面向皖歙。尹山附近许多居民，其祖籍都在安徽歙县一带，重九登高，遥望故乡，当在情理之中。故笔者命其为“歙人望乡”。其实这簇群石跟杭州吴山的“十二生肖”一样，可以凭游人自由想象，自由发挥，从不同的角度，不同的心态观赏，就会有不同的形象。

尹山可以开发的景点还很多。例如尹山自然村，就是一处可供游人思古怀旧的处所。它座落于陡峭的尹山山腰，背后青山如黛，头顶白云悠悠。民居一概是20世纪50、60年代的建筑材料和风格：土墙灰瓦，三间两楼；木门方窗，简朴无华；高低上下，错落有致。至今尚无钢筋水泥结构的西式洋楼。对于城市和农村中老年游客肯定有回归自然的吸引力。趁早规划，辟高山农家游景点，是为良策。还有山巅那一片片翠绿如茵的茶圃、茶园，望之即令人神清气爽，怡然自得。可辟“鸠岭问茶”之景点，供游人采摘、制作、品赏。尹山紧邻鸠坑，其茶质与“毛峰”（“鸠坑毛峰”唐代即为贡品）完全一致。我想，“尹山水毛峰茶”的匹配，定可与“龙井茶叶虎跑泉”相媲美。

离开尹山，我想了很多。在党和政府的领导下，梓桐源近年来经济、政治、文化发展势头良好。在繁荣经济、昌盛文化的同时，适当发展旅游业，当在可思可行之列。梓桐源旅游资源也是挺丰富的：规划、开发尹山景区，恢复尹山“淳安名山胜景”的地位是其一，也是重点；卢家村的“茅庵桥”、程家源里的“三潭瀑”，稍加建设，增添些文化内涵，可作为尹山游的附属景点，是其二；近年来大力发展的蚕桑经济，可辟蹊径，使之成为农家游的内容之一（村姑采桑、采茶本身就是农村的靓丽风景），此为其三；发展、提升梓桐“三宝”（苞芦粿、石斑鱼、蕃薯粉丝）可为旅游业助力，此为其四；在梓桐源口文佳岭上塑一尊英姿飒爽的硕真像，作为导入梓桐游的标志，源头石门塘地下党“梓桐区委”区址亦可考虑挂牌为纪等，此为其五。梓桐源的人文气息是浓重的，可以挖掘的东西一定很多，笔者孤陋寡闻，不能一一穷尽。说点鸡毛蒜皮的想法，也有抛砖引玉之意，望梓桐源有识之士共谋之。此为《游记》之外的事情了……

2007年12月

八、母校忆旧

——写在梓中建校50周年时

悠悠往事，50年后重回首。

梓桐中学创办于1958年——共和国历史上颇为特殊的年头。轰轰烈烈的“大跃进”运动导致了此后“三年困难时期”——国民经济严重失调，人们生活极端困苦。但正如任何事物都有两面性一样，“大跃进”在带来灾难的同时，的确也催生了一些新生事物。大者如新安江水电站建设，小者如淳安八所①初级中学的诞生。

梓桐中学初建时真可谓“白手起家”。没有校园，没有教室，只有老师与学生。首任校长洪立振（赋置源黄柏山人，后调杭州“省外贸进出口公司”工作），教导许文康（淳安港口人士）。第一批到任的教师大致有徐善金、蔡祖舜、汪庆年、江岁怀、胡盛斌、胡锡玉、朱厚贵、陈珠富等人。学校最初办在黄村祠堂里，两个班级，约百余人。首届学生除来自本区（梓桐区）外，还有少数来自于宋村公社（因新安江水库移民，原在威坪中学就读的南赋、鸠坑、宋村籍部分学生1959年转至梓桐中学，随之搬来了部分课桌板凳。南赋、鸠坑属梓桐区，宋村则属于青溪区）。一个多月后，学校搬至安山村民房（黄有年家）。师生们一边教、读，一边参加建校劳动。

校址选在安山村后山坡地，离“结家坞”口不远。这里地域开阔，环境幽静；居高临下，气势不凡。至年底，第一幢教学用房建成。这幢渗透师生汗水的校舍约1200平方米，一字形平房，青瓦覆顶，砖石为墙。中间一条长长的走廊把它分成两半：前面是教室，白天当课堂，吃饭当餐厅，晚上当宿舍（学生）；后面是一排小小的单间，既是老师的办公室，也是老师的宿舍（而且是集体宿舍，高低铺，三四个老师一间）。这简陋的教学用房，当时在师生的眼里已经相当不错了，至于后来建的16个教室的大楼，那就属于“宏伟工程”了。1959年，招收新生（第二届）4个班，1960年又招新生（第三届）4个班。这样，三个年级在校学生达500余人。学校规模扩大了，教师也陆续增加了。1961年前后，梓中在任教职员工大体有（前面提到的略）：陈文郎（书记）；徐励（教导）；祝重珍、肖之道、卢立舜、洪海富、周克文（语文）；朱坤艮、许顺根、钱金祥、任锡芳（数学）；吴序国（物理）；孙百根（化学）；廖阿淳、方格成、周百生（历史）；唐烈（地理）；邵华灶（生物）；劳定中、朱厚贵、余康兆（政治）；王乾富（俄语）；胡金斗（体育，后任会计）；王宣爵（会计）；徐树春（校医）；胡荣田、徐荣福、余年春（工友）等人。

笔者为梓桐中学第三届毕业生（1960年—1963年），就读时正逢“三年困难时期”，不仅耳闻目睹，而且亲身经历了学校初建时期的艰辛。如果有人问起对母校最深刻的印象是什么，我会回答：是每周两个下午的“劳动课”。

当年又多又重的劳动课，主要来自三个方面的原因：一是学校贯彻“教育为无产阶级政治服务，教育与生产劳动相结合”的教育方针；二是“三年困难时期”师生求生存、求饱肚的实际需要；三是学校基本建设的客观要求。基建劳动主要是“平操场”“挑砖头”。由于学生增多，1960年开始兴建16个教室的教学大楼。师生们除了到叶家庄砖窑上搬运外，还要到水库内（练溪、坑下一带）去捡砖块（移民拆除的房子，甚至还有坟墓上的砖块）。十五六岁的年龄，来回二十多里的路程，沉重的担子压在稚嫩的肩上，其艰苦的程度是今天的初中生难以想象的！除了挑砖头，师生们还在结家坞自力更生“烧石灰”供基建用。比起挑砖块，烧石灰是更加繁重、更加艰苦也更为危险的劳动。此外，为厨房挑柴留下的印象也颇为深刻。挑柴一般两个星期总有一次，大多到横源的富坡、杏坡、常宁、老梅坞等村，有时也到墩头、板桥及外桐的云岭上去挑。当年没有公路，没有车子，就靠师生“一根扁担、两根绳子”来解决。当时全国处于经济困难时期，缺吃少穿是普遍现象。政府号召人民生产自救，搞“百斤粮”“瓜菜代”。梓中的师生们就去结家坞开山地，种萝卜、种蕃薯；自已动手砍柴、养猪；有时还上山挖蕨菜茎、山粉。生活是相当艰苦的，住校生蒸饭以玉米粉、蕃薯丝为主。“毛竹筒”里也总是腐乳、辣酱、霉干菜，偶尔一丁点猪肉炒豆腐便是最高级的“上等菜”了。有时时间长了，菜发霉了，生蛆了，也舍不得倒掉。繁重的劳动，艰苦的生活，迫使许多学生中途辍学。第二届招生时为4个班，毕业时仅剩2个班；第三届新生200余人，毕业时只剩下68人了……尽管条件艰苦，生活困难，但师生们的心态却仍然是积极的、乐观向上的。老师们兢兢业业扮演着师长（教学上）、家长（生活上）、队长（劳动时）的不同角色，在莘莘学子身上倾注心血，挥洒汗水；学生中的大多数也仍然坚守“寒窗”，苦读于“陋室”，在昏暗的煤油灯下憧憬着朦胧的未来和朦胧的希望……

笔者就读“梓中”时偏爱文科，且记忆力甚好，故“文史地”的成绩都不错。记得初一时写的作文，语文老师曾拿到初二年级班上作范文评点。但说到理科就难以启齿了，“数理化”考试80分难以谋面，成绩总在及格线上徘徊。尤其惧怕“代数”与“几何”，因此私下十分认同当时流传的一首顺口溜：“人生青春有几何，何必苦苦学几何；学好几何有何用？不学几何又如何！”说也惭愧，虽然数学成绩不佳，但与数学老师的关系却也不坏。当时最引以为荣的还是政治上的进步，入了团，并且担任过学校团总支副书记（书记名叫杨文生，一位“南下干部”的子女，也是班上唯一一位结过婚的学生）。参加过县“团代会”，会议期间还第一次参观了新安江水电站，这也许是三年初中最荣幸、最高兴的事情了。可惜毕业时未能考上高中（当年全县只有三所高中，即淳中、唐中和汾中），直到第二年，才以社会青年的身份考入了建德师范。

光阴似箭，日月如梭，转眼间50年过去了。如今的梓桐中学占地面积约25亩，建筑总面积达8310平方米。具有现代气息的教学大楼、综合办公楼、食堂宿舍、体育场馆应有尽有。无论是校容校貌，还是教学设施、师资力量等，都是当年所不能比拟的。昔日之校友，观今日之“梓中”，大多会有“恨不今日再学生”之感叹！2007年，梓桐初中有教职工56人，班级13个，学生639人。

50年校史，短暂又漫长。从首任校长洪立振开始，历任校长（或书记）相继是陈文郎、吕杰、占士唐、徐励、方竹来、叶和仁、汪东荀、江永才、任百训、汪祥传、毛文博。50年校史，平常亦辉煌。春风化雨，桃李芳菲。数千名学子中，有的成了知名专家、学者，有的担任了党政军各界的领导职务，当然更多的是普通劳动者，默默耕耘在各自岗位上。值此建校五十周年之际，谨向当年的师长们表达衷心的敬仰，祝愿健在的老师们延年益寿，岁岁安康！同时寄语吾辈校友，勿忘当年创业维艰，珍惜今世人生，桑榆晚年，有一分余热，当发一分微光！愿年轻校友奋发图强，进取向上，以自己的优秀业绩，为母校添彩增光！更寄希望于后来者，为梓桐中学书写史无前例的辉煌！

2008年5月15日

注：①指的1958年淳安新办八所初中为：梓桐、王阜、里商、文昌、富文、秋源、叶家、进贤中学。

附：梓中第一届毕业生名单（107人）

张小德	方必武	董长发	胡月华	胡渭务	管艾迪	徐泽昌	方年汉
叶金田	严凤竺	黄灶苟	宋连香	邵三美	洪根生	钱双进	万明生
钱立生	张春耕	钱玉林	王发奎	洪黑炭	方全汉	洪禹九	余运深
严章蚕	徐如芳	宋世江	胡陕西	徐如占	洪善桂	吴田荣	万才高
胡秋明	卢壬光	胡遇昌	方树根	朱林祥	方学坚	胡万宝	方的起
严文西	钱文玉	张可先	万和灶	胡志成	胡德纯	胡金南	方水香
方汉水	宋双富	王恒生	余志祥	方金奎	洪永堂	方初梅	王者春
钱文炳	胡余明	胡金元	方学奎	胡的生	严秋湖	严水顺	严国基
王花香	徐润流	宋竹才	洪圣祥	钱才奎	汪月忠	胡礼文	胡美英
夏仁山	唐文昌	黄有法	钱忠道	汪振元	方才连	洪树生	钱业山
吴上清	王见法	卢礼水	胡双生	方幸福	丁永康	黄杭州	姚锡来
张二德	唐章林	童裳森	王富善	叶世铭	宋百立	钱国春	王木生
方定理	徐秋香	胡月国	童胜庆	张继江	王志生	姜修桂	胡合贵
方明香	胡来荣	毕文彦					

第七章 诗词选辑

万物争荣松柏稠，
半藏半露几家楼。
翩翩飘出山村女，
疑是天仙画里游。

——胡锦帆

皇甫湜（2首）：

皇甫湜（777—830），字持正，唐睦州新安（今淳安）人（1984年版《淳安地名志》第533页载为淳安梓桐源人）。著名文学家。元和中擢进士，为陆浑尉，仕至工部郎中，裴度辟为判官。著有《皇甫持正集》。

题浯溪石[①]

次山有文章，[②] 可惋只在碎；
然长于指叙，约洁有馀态。
心语适相应，出句多分外；
于诸作者间，拔戟成一队。
中行虽富剧，[③] 粹美若可盖；
子昂《感遇》佳，[④] 未若君雅裁。
退之全而神，[⑤] 上与千载对；
李杜才海翻，[⑥] 高下非可概。
文于一气间，为物莫与大；
先王路不荒，岂不仰吾辈。
石屏立衙衙，[⑦] 溪口扬素濑；[⑧]
我思何人知，徙倚如有待。[⑨]

注：①选自《淳安古诗词选》。浯溪，在湖南祁阳西南五里处。

②次山，即元结（719—772），著名诗人。

③中行，即窦常。富剧，指诗作多。

④子昂，即陈子昂，唐代现实主义诗歌的先躯者。
⑤退之，即韩愈。全而神，完美而富有神韵。
⑥李杜，李白、杜甫。
⑦衙衙，排列成行貌。
⑧素濑，白色的水浪。
⑨徙倚，留连徘徊。

出世篇[①]

生当为大丈夫，断羁罗，出泥涂。四散号呶，[②]俶扰无隅；[③]埋之深渊，飘然上浮。骑龙披青云，泛览游八区。经太山，[④]绝大海，一长吁！西摩月镜，东弄日珠。上括天之门，直指帝所居。群仙来迎塞天衢，凤凰鸾鸟灿金舆，音声嘈嘈溢太虚。旨饮食兮照庖厨，食之不饫饮不尽，[⑤]使人不陋复不愚。旦旦狎玉皇，夜夜御天姝。当御者几人？百千为番。[⑥]宛宛舒舒，忽不自知。肢消体化膏露明，湛湛无色茵席濡。俄而散漫，斐然虚无。翕然复抟，抟久而苏。[⑦]精神如太阳，霍然照清都；四支为琅玕，[⑧]五脏为璠玙；[⑨]颜如芙蓉，顶为醍醐。[⑩]与天地相终始，浩漫为欢娱。下顾人间，溷粪蝇蛆。[⑪]

注：①选自《淳安古诗词选》。出世，宗教以人间为俗世，脱离人世的束缚为出世。
②号呶，号呼喧哗。
③俶扰无隅，到处骚动扰乱。无隅，无边无际。
④太山，泰山。
⑤饫，饱，这里指吃不完。
⑥番，轮值。
⑦抟，把散碎的东西捏聚成团。
⑧琅玕，美石，珠树。
⑨璠玙，美玉。
⑩醍醐，乳酪中的上品。佛教以“醍醐灌顶”比喻以智慧灌输于人，使其彻悟。
⑪溷，厕所。

皇甫松（15首）：

皇甫松（859年前后在世），字子奇，号檀香子。唐睦州新安（今淳安）人，皇甫湜之子。工诗善词，著有《醉乡日月》和《大隐赋》等。所作见《全唐诗》及《花间集》中。

古松感兴[①]

皇天后土力，　　使我向此生。
贵贱不我均，　　若为天地情。
我家世道德，　　旨意匡文明。
家集四百卷，　　独立天地经。
寄言青松姿，　　岂羡朱槿荣。[②]
昭昭大化光，　　共此遗芳馨。

注：①选自《淳安古诗词选》。感兴，对外物有感而即景抒情。
②朱槿，花名，又名扶桑。

劝 僧 酒[①]

劝僧一杯酒，　　共看青青山。
酣然万象灭，　　不动心印闲。[②]

注：①选自《淳安古诗词选》。
②心印，佛教禅宗主张以心相印证，顿悟成佛。

江上送别[①]

祖席驻征棹，[②]　　开帆候信潮。[③]
隔筵桃叶泣，[④]　　吹管杏花飘。
船去鸥飞阁，　　人归鹿上桥。
别离惆怅泪，　　江路湿江蕉。

注：①选自《淳安古诗词选》。
②祖席，送别的宴席；征棹，远行的船只。
③信潮，定期涨落的潮水。
④桃叶，晋王献的爱妾名，这里以桃叶代指所送之人。

采 莲 子

（一）

菡萏香连十顷陂，小姑贪戏采莲迟。
晚来弄水船头湿，更脱红裙裹鸭儿。

（二）

船动湖光滟滟秋，贪看年少信船流。
无端隔水抛莲子，遥被人知半日羞。

杨柳枝词

（一）

烂漫春归水国时，吴王宫殿柳丝垂。
黄莺长叫空闺畔，西子无因更得知。

（二）

春入行宫映翠微，玄宗侍女舞烟丝。
如今柳向空城绿，玉笛何人更把吹？

浪淘沙

（一）

滩头细草接疏林，浪恶罾船半欲沉。

宿鹭眠洲非旧浦，去年沙嘴是江心。

（二）

蛮歌《豆蔻》北人愁， 松雨蒲风野艇秋。

浪起鸡鹕眠不得，寒沙细细入江流。

摘得新

（一）

酌一卮，须教玉笛吹。锦筵红蜡烛，莫来迟。繁红一夜经风雨，是空枝。

（二）

摘得新，枝枝叶叶春。管弦兼美酒，最关人。平生都得几十度，展香茵。

梦江南

（一）

兰烬落，屏上暗红蕉。闲梦江南梅熟日，夜船吹笛雨潇潇，人语驿边桥。

（二）

楼上寝，残月下帘旌。梦见秣陵惆怅事，桃花柳絮满江城，双髻坐吹笙。

天仙子

（一）

晴野鹭鸶飞一只，水葓花发秋江碧。刘郎此日别天仙，登绮席，泪珠滴，十二晚峰青历历。

（二）

踯躅花开红照水，鹧鸪飞绕青山嘴。行人经岁始归来，千万里，错相倚，懊恼天仙应有以。

注：以上10首词均选自《淳安古诗词选》。

胡以泽（4首）：

胡以泽（约1396—1476在世）明淳安梓桐源胡溪村（今慈溪）人。庄懿公胡拱辰之父。

画　鱼

弟画双鱼兄手题，　　二难兼美济时才。
予斯晚景无余积，　　有子如斯亦乐哉。

咏子宰黟县

父为百里师，　　子为百里宰。
问之何因尔，　　俱是读书者。
继美际清朝，　　千金总难买。
耳初闻此言，　　心焉欣且骇。
会须得手书，　　予疑释然解。
动静自安舒，　　吟哦偏潇洒。
柱杖听樵歌，　　樵歌声欸乃。

勉子宰黟

铜章墨授职非轻，　　正位琴堂应列星。
惟日精修并四恶，　　以时巡省禁苛徵。
四民给足敦黟俗，　　一邑弦歌继武城。
休念严慈临暮景，　　好摅忠赤答朝庭。

七旬念子[①]

花甲输周又十年，　　萧萧鹤发乱垂肩。
承恩身幸棲林麓，　　忆子心长向日边。
惟愿摅忠匡圣治，　　敢期致位等时贤。
平安早寄南征雁，　　少慰严慈引领虔。

注：①选自慈溪光绪《胡氏宗谱》拙斋父子诗。

胡拱辰（8首）：
作者介绍见本书第四章“志载名人”。

自咏八号[①]
花县漫郎

红紫妆成富贵天，　　山庞不吠夜如年。
近来学得渊明性，　　潇洒狂吟作醉仙。

薇垣病叟

几枝宫样染腥红，　　玉署惊看减瘦容。
欲寄家书题未就，　　数行潦草倦开封。

琼林醉客

黄榜初开曙色催，　　中官传动宴蓬莱。
香风两袖吹难醒，　　带得桃花满面红。

柏府具臣

密叶森森拨不开，　　浓阴飞翠落乌台。
逢人莫道初无补，　　解使奸雄破胆寒。

拙斋后裔

居无叶藻橐无钱，　　少不工商老不仙。
番咲世人多巧计，　　机关运尽也徒然。

敬所晚生

墜绪茫茫何处寻，　　鸢飞鱼跃自高深。
要知圣学成终始，　　涵养工夫只在心。

守泉居士

银河一派自天来，　　喷雪飞涛响辙雷。
中有幽人深岁月，　　品题应继谪仙才。

煮字道人①

铁画银钩八法精，　　工夫熟处自然成。
饥来谁说难看用，　　草向黄麻问太平。

注：①选自慈溪光绪《胡氏宗谱》。

胡拱璧（1首）：
作者介绍见本书第四章“志载名人”。

病　起①

神思昏昏晓梦迷，　　觉来又听午鸡啼。
西堂竟日无人到，　　书画多沾燕子泥。

注：① 选自上海图书馆藏《青溪诗集》残本底片。

徐懋功（1首）：
作者介绍见本书第四章“志载名人”。

游尹山①

名岩秋色溶，　　登眺共扶筇。
巅系玲珑石，　　云连缥缈峰。
危桥侵碧汉，　　飞瀑咽青松。
胜地扳题跋，　　何当彩笔逢。

注：①选自清《光绪淳安县志·艺文》。尹山，在原县城西南七十里梓桐源头。两峰高耸，跨石如桥，倚石如人，中有石室石棋，皆天然之胜。

叶桐封（16首）：

叶桐封，清梓桐崇坡（今叶家庄）人。生平事迹不详。

洛水渠清

（一）

洛水多情绕郭前，　　乡人汲引踵相连。
问渠那得清如许，　　一勺尝来赛醴泉。

（二）

谁开洛涧绕村西，　　一曲拖来足品题。
怎得冰壶清彻底，　　此间流水胜耶溪。

屏山拥翠

（一）

画屏遥展碧山头，　　烟树重重翠欲流。
闲抱云和弹一曲，　　浑疑此地即瀛洲。

（二）

屏山当户转分明，　　拥出峦光满郭青。
翠柏苍松多兢秀，　　丹青一幅画难成。

崇坂春耕

（一）

崇坂平铺阡陌通，　　一犁春雨杏花红。
自从首夏分秧后，　　报道田家岁岁丰。

（二）

春日风和烂漫晴，　　畴开崇坂快深耕。
仓箱早卜盈千万，　　业乐家家享太平。

枫林秋景

（一）

经霜老树耐风寒，　　染就枫林叶叶丹。
过客停车频眺望，　　秋容莫作等闲看。

（二）

昨宵青女过林邱，　　染出丹枫绚九秋。
隔断风尘烟树外，　　飘来红叶自悠悠。

富岭樵歌

（一）

富山突兀半空横，　　樵子成群历几程。
行到岭头频得意，　　斧声响处杂歌声。

（二）

深山何处起歌谣，　　日暮人归富岭樵。
结伴携薪松下过，　　一肩笠影夕阳描。

方湾牧笛

（一）

湾号方兮方又平，　　群成牧童陇头行。
遥看短笛横牛背，　　吹得无腔四五声。

（二）

路指方湾一曲通，　　牧童归去夕阳红。
忽闻短笛无腔吹，　　信口声声弄晚风。

横石钓月

（一）

山横谷口石横溪，　　钓客垂纶立碧堤。
坐看游鱼思欲饵，　　夜深何计月华西。

（二）

月印崇溪溪水悠，　　飞来横石砥中流。
怎知夜静更深后，　　有客分明理钓钩。

钟岫凌云

（一）

钟山高耸入烟云，　　秀色苍苍迥出群。
自是皇天多着意，　　地灵人杰焕人文。

（二）

崔巍钟岫现奇峰，　　缥缈烟云高欲冲。
永卜秀灵钟淑气，　　南阳世世显荣封。

胡　郁（10首）：

胡郁，名秀夏，字赞文，梓桐云川（今常宁）村人。生于1867年（清同治丁卯年八月），卒年不详。曾教授杜川，弟子甚多。时科举停试，学校盛行，又与胡庚山等人于村中勤办启文学校。民国十五年（1926年）又与庚山、炳泽等人重修云川胡氏宗谱，先生身为主笔，其功卓荦。

云川十景诗

展诰烟霞

山岸山冈山势平，　　天然一幅画生成。
诰书有命旌褒贲，　　展读无声宠锡荣。
霞色辉煌罗作幛，　　烟光灿烂锦为屏。
横悬削壁垂青眼，　　俯受龙章拜帝城。

双溪钓叟

两源来水合成流，　　旋转深潭浪滚毬。
隔岸樵夫频伺钓，　　前溪逸叟独垂钩。
子陵清节千秋在，　　姜尚高风万古留。
不识此中多利薮，　　伊何与若说欢愁。

梓林晓钟

梓树林前古寺封，　　重围筑就短垣墉。
未闻陇外鸣更鸟，　　已听庵中破晓钟。
唤醒老僧心怅怅，　　惊回方丈梦憧憧。
清声莫辨来何处，　　几扫尘埃洗耳容。

龙洞甘泉

忆昔龙居洞口前，　　源源来水灌膏田。
烹茶雅味如甘露，　　煮茗清香似醴泉。
不用吞丹能益寿，　　无需药饮亦延年。
迄今莫睹飞腾影，　　未识何时上九天。

长堤古柏

一带长堤数十寻，　　伊谁筑就到于今。
栽培古柏阴浓干，　　阅历参天节劲心。
仰慕老莱遗爱厚，　　追思新甫赐恩深。
凌霜不改常青色，　　可与苍松挺立岑。

小陇新篁

数亩荒山小陇头，　　新篁隐密及时抽。
风前箨解频含笑，　　雨后枝生少耐羞。
直干培成君子性，　　虚心释去故人愁。
无言可报平安信，　　几世全身得到修。

文阁书声

高阁亭亭建宅东，　　可关水口与文风。
吟成诗韵通银汉，　　读罢书声入碧穹。
拭目欲穷千里远，　　登楼更上一层空。
咿唔隐约分章句，　　静听清音澈耳中。

双塘印月

天高夜静水光融，　　万籁无声罢钓翁。
两岸寒塘横左右，　　一轮皓月印西东。
银蟾倒入银波里，　　玉兔空悬玉镜中。
从此登楼凭眺望，　　悠然想见古人风。

传春桃李

江南消息到江东，　　妆点传春春意浓。
李萼缤纷舒化日，　　桃花灿烂醉和风。
烟笼粉面还增白，　　霞映丹唇分外红。
若得公门调护好，　　云川物色铁寰中。

笔峰毓秀

秀峰排闼挺西方，　　玉笋尖尖吐笔芒。
画出烟霞皆锦绣，　　写来星斗尽文章。
砚池暂借银河润，　　墨汁时飘玉露香。
疑是巨灵伸一臂，　　倒持斑管破天荒。

胡庚山（5首）：

胡庚山（1868—1942），梓桐云川（今常宁）人。幼好读书，为境遇所困而习医，精岐黄术，以痘科擅名。民国初年，废私塾，兴学校，他首创启文初小，被推为校长。民国三年（1914），又与胡郁、炳泽等人重修云川胡氏宗谱，先生身为主管。

游尹山庵

羊肠路几重，　　上有白云封。
怪石依修竹，　　巉崖屹古松。
老僧烧玉版，①　　小子打铜钟。
世俗烟霞隔，　　蓬莱邂逅逢。②

注：①玉版，竹笋的别名。宋陈达叟本心斋蔬食谱：“玉版，笋也，可羹可菹。”
②邂逅，没约会而遇到。

樵　夫

笔架峰高石径遥，①　　白云袅袅绕山霄。
松风撼壑疑狂雨，　　藤蔓缘溪当索桥。

两脚遍翻斜谷路，　　一肩尽担险崖樵。
此身愿伴青山老，　　莫叹山深度寂寥。

注：①笔架峰，形如笔架，在云川庄西，“笔架烟霞”为云川十景之一。

常宁文昌阁重修

天开文运启文明，　　吉日良辰帝别京。[1]
革故鼎新终竣顶，　　勤耕苦读必留名。
斗星高照神灵庇，　　川岳回环紫气迎。
永固千年高阁耸，　　宏开多士步云程。

注：①京，指瑶京，天宫。

采草药

采药深山鞋底穿，　　倦来高枕白云边。
吾生除此无它愿，　　救死扶伤任在肩。

遭荒

淳安盗起遍饥寒，　　野草秕糠度日难。
衣食无谋官赋急，　　此情此景独心殚。

胡盛温（20首）：

胡盛温（1902—1939），字和厚，梓桐云川（今常宁）人。国语毕业，17岁即行医，精通岐黄术，济世扶贫，注重医德，在乡里中口碑极好。善诗词，著有《幽斋吟稿》。

新春喜雨

新年喜雨润如酥，　酿得花英不计株。
山色空濛香雾罩，　春光明媚庆云敷。
欣呈柏酒三多祝，　晋献蟠桃万寿图。
深望福随阳气进，　长生不老叩天衢。

山　居

不染纷华不染尘，　一间茅舍自甘贫。
时从鹿豕为佳友，　常认松云作比邻。
带雨有时栽绿竹，　闭门无事饮清醇。
忘情自觉身闲暇，　乐伴梅花只醉春。

瀛山书院

星移月换几云天？　留得方塘迹尚鲜。
世界翻新遗古范，　瀛山依旧锁寒烟。
空房寥落稀人迹，　满壁淋漓有锦笺。
地不灵兮贤不继，　垂危圣道更谁传。

步兆典[①]原韵

鹏飞万里欲撩天，　气象全然异去年。
志向龙门争笔墨，　心驰蓬岛学神仙。
春光明媚风光好，　山色空濛物色妍。
万事年来皆足意，　安排柏酒侑琼筵。

注：①兆典，字虞书，生于1898年，云川（今常宁）人。

写　怀

菽水承欢乐有余，[1]　　不因藜藿怨贫居。[2]
因嫌器俗多栽竹，　　岂为功名始读书。
一片冰心悬夜月，　　廿年端品仰乡闾。
输人世事知多少，　　赢得清闲学野渔。

注：①菽水，豆和水，指粗茶淡饭，形容生活清苦。
②藜和藿，贫者所食野菜。

步镜波[1]先生原韵

凄凉客境应堪怜，　　所喜家园乐事全。
五桂齐芳称素愿，　　三槐植贵卜当年。
兴同诗酒成佳契，　　肯许风花缔夙缘。
醉饱山光情莫禁，　　生平何羡杖头钱。

注：①境波，姓胡，名淼干，生于1886年，云川（今常宁）人。幼读诗书，天资明敏，后为邑尊。

游　山

徐步北山中，　　风光览不穷。
清泉流活活，　　林木郁葱葱。
聒耳鸟声碎，　　爽心花样红。
恋游归去晚，　　明月照窗空。

早　梅

一生玉骨爱清奇，　　不畏风霜冷透肌。
盗得江南春信早，　　先开岭上两三枝。

白　梅

淡淡容颜画不工，　　满身香印月玲珑。
独标高格甘茅舍，　　不慕风尘紫与红。

枫溪红树

万树千株红夹岸，　　妆成三月洛阳春。
渔郎过此须心认，　　莫错桃源枉问津。

客淳城

风雨潇潇欲晓天，　　孤衾半拥枕书眠。
朦胧正做还乡梦，　　窗外更声落枕边。

探　春

往来数次费徘徊，　　为探春花几日开。
哨报江南梅信早，　　南枝放到北枝来。

游　春

寻芳载酒过池塘，　　满眼群花斗艳妆。
醉饱春光时欲暮，　　归来暗觉马蹄香。

送　春

春到南楼未几时，　　依然又诉别离词。
临岐相赠无佳句，　　杯酒相酬切莫辞。

惜　春

纷华转眼已萧条，　　只见群花片片飘。
如此红颜容易老，　　静思难禁暗心焦。

暮　春

寂寂柴门度岁华，　　又惊春色落桃花。
黄蜂蝴蝶未全觉，　　群集纷纷过旧家。

莺　梭

穿花入柳不停梭，　　织得天涯锦几多。
造就三千花世界，　　天孙巧技胜如何。

燕　剪

日暮江村起晚烟，　　高飞燕尾射锋尖。
雄心欲上深云处，　　剪断流霞落九天。

如梦令·暮春

一夜风吹到晓，落尽残红春老。夭棘剩空枝，蝴蝶纷纷未觉。未觉，未觉，错过长堤古道。

一剪梅·无题

自从分手隔天涯。朝也相思，暮也相思。灵犀一点不稍移，依是如斯，卿也何之。

幽窗苦雨冷谁知。日数归期，不到归期。别时何早见何迟，竟日愁眉，长夜愁眉。

胡剑勋（20首）：

作者简介见本书第四章“翰墨留香”。

梓桐芳名[1]

（一）

祖先取意费芳心，　　梓作里名桐作琴。
博得风华垂万世，　　想来二字胜千金。

（二）

双桂源名即梓桐，　　慈溪往日出英雄。
金秋叔侄同登榜，　　一举成名百世红。

注：① 明万历年间，慈溪村有叔侄胡一之、胡南逢为同榜进士。朝廷赐“双桂第”，故梓桐源又名双桂源。

硕 真 颂[1]

为挽中原扳荡图，　　义旗高举自称孤。
如今舟过波涛响，　　犹似当年叱咤呼。

注：① 选自《千岛湖清韵》。陈硕真，唐代雉山县梓桐源田庄里人。唐高宗永徽四年（653），在田庄里聚众起义，被著名历史学家翦伯赞称为“中国历史上第一个称帝的农民起义女领袖”。

尹山四石诗

石 人 像[1]

宿雾餐风玉洁身，　　顶天立地几千春。
问渠何不西天去，　　留住淳安作古人。

注：① 尹山位于梓桐源源头。山腰建有尹山庵，现已毁。石人像就耸立在尹山庵对面山头上。

石 天 门

天生石柱两边排，　　曲径通幽路一条。
佛殿杳无钟鼓响，　　如来早已赴蟠桃。

石 汤 罐

雄岩百尺接天高，　　大罐生来世所超。
若煮银河鱼佐膳，　　不须柴草火来烧。

石 蛇 头

石高数丈势难持，　　昂首扶摇影欲驰。
惊蛰闻雷从未醒，　　至今尚未上瑶池。

家乡感怀[1]

古迹淳安早列章，　　桐桥铁井小金山。

如今一水生千岛，　　更是人民拓大观。

注：①选自《千岛湖清韵》。“桐桥、铁井、小金山”，是古淳安三处名胜古迹。

大舒庵[1]

大舒古刹舒村东，　　大杵开端是并峰。
圣地丘墟无稽考，　　古人传说也应东。

注：① 大舒庵在舒村村东，今已无存。

姥山庵[1]

姥山僧寺在浯溪，　　庙宇辉煌建也奇。
昔日朝香钟鼓闹，　　于今一尽化莲池。

注：① 姥山庵在浯溪村，今已没入水底。

常宁文昌阁[1]

文昌阁建不平凡，　　百里诸侯折桂香。
前代簪缨今已矣，　　荒烟芳草掩文章。

注：① 文昌阁在常宁村，今已无存。

杏坡道山庵[1]

道山庵建杏坡村，　　暮鼓晨钟响宋源。
世事沧桑真可叹，　　夕阳芳草送黄昏。

注：① 杏坡道山庵今已圮，无存。

杜井戏台

歌管楼台细细声，　　春宵一曲值千金。
如今改变原来调，　　鼓手蛤蟆蟋蟀琴。

梅兰竹菊赋

梅

枝为硬铁杆为铜，　　十足精神斗雪风。
处世不为蜂蝶混，　　百年知己一秋翁。

兰

原居深谷不居墙，　　博得芳名王者香。
千古知音宋廷植，　　钟情不用学红妆。

竹

绿竹漪漪淇水边，　　四时不改绿长天。
居心风雅真君子，　　无怪当年隐七贤。

菊

不爱春芳只爱秋，　　斗霜不亚竹同俦。
世情看淡知何是，　　好与渊明共枕头。

《集百花诗草》序

万紫千红集大成，　　救人一刻胜千金。
信知本草书中有，　　八阵图中百万兵。

秦楼月·千岛湖①

湖光好，玉盘托出千山岛。千山岛，鸟啼花笑，鸢飞鱼跃。

轮航哒哒如龙啸，灯光闪闪明星耀。明星耀，人民被泽，春秋不老。

注：①选自《千岛湖清韵》。

长相思·岛湖颂①

山也高，水也遥，湖岛风光难笔描。游人朝复朝。
风飘飘，雨萧萧，如马航舟浪里跑，机舫不用篙。

注：①选自《千岛湖清韵》。

黄应琰（8首）：

黄应琰（1920—1991），梓桐黄村人。新中国成立以前教过书，新中国成立后务农。

他乡负笈

他乡负笈怎称心，　　放眼遥望万里程。
有日登攀能折桂，　　银河侧畔数星星。

相思梦

别梦依稀回故乡，　　妻儿团聚尽情欢。
醒来赢得相思梦，　　千里迢迢恨夜长。

耕田

日日驱黄犊，　　熙攘得自由。
一犁翻海浪，　　两脚踏云头。
早出星初落，　　晚归月挂钩。
辛勤无所怨，　　放眼看全球。

园田化

脚踏冰霜斗志昂，　　人人冲破万重难。
红霞映日晨光暖，　　曙气迎风万物寒。
改地换天新气象，　　移山倒海闯难关。
旧时愚公今何在，　　人造平原万古传。

富丰电站

千条涧水响涓涓，　　幽谷萦廻汇急湍。
路在山兮亭在岭，　　淳之地也遂之源。
横修渠道如蛇驰，　　高筑坝堤蓄水潭。
直泻机房千百米，　　建成磅礴电流川。

长相思·自恨

今日愁，明日愁，身近丹铅学未优，胸中恨不休。
拙如鸠，笨如鸠，一春光阴过半偷，始今须力求。

西江月·喜庆花甲

可喜今年花甲，皇天护我无疆。劳心勤力伴牛耕，惟恐饥寒交迫。

世事沧桑不定，风波胜负难量。是非不问免灾殃，度过晚年无恙。

清平乐·春

风和日暖，燕舞莺歌乱。柳绿桃红春已半，正是踏青时分。
江山如此多娇，黎民分外逍遥。治国抓纲快上，红旗万代飘扬。

黄建仪（17首）：

黄建仪，又名黄荣魁（1921—2008），梓桐黄村人。1943年开化县立初级师范学校毕业后即从事小学教育工作。1965年起因病在家休养，1979年正式退休。农耕之余，以诗、书自娱。辑有《农桑之余》诗集。

颂 三 峰①

水山环绕好村容，　　慈母一般拥抱胸。

广厦接天多壮丽，　　画屏当户巧玲珑。
坦平大道无尘染，　　清澈长渠蓝带同。
川岳钟英非谬语，　　光辉姓氏状元公。

注：①三峰，即今梓桐黄村。

颂云川[1]

群峰耸翠绕云川，　　胜地名村不谬传。
飞瀑潺湲遥悦耳，　　笔峰拱秀焕人文。
三塘清澈鱼儿跃，　　双涧交流白浪腾。
尤喜年来大建设，　　跃进产物更奇闻。

注：① 云川，即今梓桐常宁村。

春　景

（一）

李白桃红满垅妍，　　成群蜂蝶舞花间。
牧童横坐黄牛背，　　短笛悠悠下夕烟。

（二）

满山满垅菜花黄，　　小院长堤桃杏香。
戴笠农夫锄绿野，　　上山樵子采薪还。

四季诗

春来无处不花香，　　夏至新荷竞艳塘。
秋桂金枝堆满粟，　　冬松傲雪郁苍苍。

乡村四月

四月曦轮一镜开，　　清风拂槛彩帘挥。
采桑少妇披星出，　　刈麦老农戴月归。
冉冉榴花带露笑，　　飘飘柳絮绊云回。
儿童也解躬耕事，　　手执瓜苗提水栽。

从教自慰

世纪阳光遍学黉，　　尊师重教德才良。
当年汗水培桃李，　　今日银须对栋梁。
槐桂菲华滋雨露，　　园丁偃蹇看鹏翔。
退休不改耕耘志，　　岁月悠悠翰墨香。

忆 童 年

屈指年华六十零，　　一头白发渐稀生。
难忘昔日萤窗读，　　常学当年南亩耕。
最爱初秋斗蟋蟀，　　还恋春暖放风筝。
沉思百感俱交集，　　借酒攻愁邀月明。

元旦·步胡汉书原韵

频鸣花炮响青霄，　　举国欢腾祝岁朝。
细雨无声滋万物，　　和风有意壮禾苗。
河流春水如蓝带，　　旷野群山着绿袍。
土地承包明令下，　　全民喜悦展眉毛。

茶 话 会

（一）

筵开茶会聚群贤，　　促膝谈心乐晚年。
数九严寒浑不觉，　　只缘身在艳阳天。

（二）

今日群英两鬓花，　　当年执教校为家。
齿尊不用扶鸠杖，　　离退仍穿旧战袍。
老骥岂忘千里志，　　余晖奉献大中华。
恩光普照神州地，　　乐享安宁足自豪。

八旬初度感怀

年晋八旬觉已衰，　　多端家务挂心怀。
目眩行走无平道，　　齿落啖蕉有粕骸。
老态龙钟成憨汉，　　小株蒿草当禾培。
狂夫近己睥睨过，　　挚友谊疏少往来。

千岛湖咏

扶桑冉冉丽中天，　　水色山光相映妍。
亭榭玲珑高百尺，　　群山拥抱岛三千。
林禽半解人言语，　　曲涧常鸣弄管弦。
逸兴浓浓远游子，　　夕阳西堕尚留连。

南浦大桥

一桥飞架自西东，　　谁显神通驻彩虹。
车辆清明舒旅客，　　出门捷便悦工农。
去杭往返天犹早，　　赴歙来回日正中。
精致玲珑川岳永，　　运货载客九州通。

满庭芳·勉学

车胤囊萤，程门立雪，求知愿望真诚。孙康映雪，苦学耐严寒。尚有匡衡凿壁，偷光读，更动人。书挂角，横骑牛背，李密读书勤。

上述诸名士，人殊志合，出自寒门。采芹游泮，龙虎榜标名。此乃千秋典范，宜吾侪，树立恒心。百般艺，精心苦练，功到自然成。

踏莎行·耕　田

脚踩琼浆，犁翻碧浪，连声叱犊放喉喊。膘肥体壮疾如飞，浑身泥溅无暇掸。

细雨蒙蒙，薰风荡荡，披蓑戴笠精神爽。倦来小酌乐无穷，秋收满望谷盈坦。

踏莎行·颂建党八十周年

党史辉煌，周年八十，各族同胞如同室，韶山日出九州红，新权建立旧制逝。

抗美援朝，保家卫国，敲锣打鼓将土改。工农团结紧联盟，兴邦跟党志坚决。

胡耀祖（18首）：

作者简介见本书第四章“教育行政”。

砚 田 情

红叶秋山八旬春，　　雅怀深得砚田情。
造极登峰非我意，　　弘艺延龄启后昆。

春　雪

风冷云乌脸紧绷，　　雪花幕罩满苍穹。
无私奉献犹娘乳，　　大地昭苏万物丰。

湖的魅力

（一）

西子三千魅力奇，　　镜湖翠岛碧纱披。
茵波丸浪涟漪涌，　　游客归兮绿满衣。

（二）

翡翠丛丛掩碧流，　　琼浆脉脉润芳洲。
多情乔树多情水，　　妆待山青水更幽。

春　燕

对对回飞喃情歌，　　梭梭旋舞织春罗。
根根银线音符谱，　　口口新泥誓换窝。

千岛湖吟

五百滩沉一览天，　　三千西子舞蹁跹。
宋唐遗胜两千岁，　　林石奇观亿万年。
新镇山城通淑气，　　名岩翡岛绕轻烟。
百舟日夜湖中荡，　　蓄秀藏娇总自然。

忆 尹 山

梦中尹山庵，　　敕里入云巅。
古木觅无路，　　石人笑弥仙。
泉声咽危石，　　日色冷山岚。

地藏玉佛殿，　　端坐天门间。
僧禅佛事近，　　香烟缭绕天。
乘风蓄毁者，　　今当无地钻。

一方心田一种福

高远风筝一线牵，　　亲情友爱顺自然。
一方心田一种福，　　至情至性不吝牵。

和徐树椿先生诗

德劭年高八五春，　　岐黄术绩遐迩钦。
唐僧尚遭群魔劫，　　毛邓犹有戏说晴。
天缔品性堪与比，　　地荫才华羡煞人。
物华人瑞尽如此，　　梓里红枫映后昆。

听 暮 蝉[①]

信步山溪畔，　　乘风听暮蝉。
知知晴岚曲，　　了了古琴弦。
群簧歌合唱，　　孤筝奏乱弹。
居高秋露饮，　　食洁达人贤。

注：①此诗2002年12月于淳报副刊刊出。

哭送寿翁（剑勋）

爆竹天响送寿翁，　　通衢惋惜泪雨红。
挽歌绕谷迴不断，　　典范悼追仰高风。

参观南浦大桥[1]

濛濛路绝又逢生，　　隧道几穿洞外新。
历史行踪人意变，　　彩虹灿炫浦南春。

注：①此诗2003年7月于淳报副刊刊出。

赴瑶山任教[1]

一畈一村负重行，　　仰韩村过惊失魂。
峰回路绝忧心忡，　　排闼溪清豁达呈。
稻浪绿涛诱人醉，　　岩青土赭故乡情。
“同休与国”再启迪，　　期襟瑶山谢苍旻。

注：①此诗补遗1959年5月。

“文革”忆苦

难忘抄家喊砸声，　　更忆弯腰屈腿功。
洗揩厕所座位底，　　徒学泥水粉饰穹。
茶山义垦平水带，　　深坞砍柴限量重。
文衰道溺阴霾暗，　　雨过天晴披彩虹。

八十抒怀

世易时移浪谷行，　　不卑不亢八旬辰。
无私好雨屑自负，　　茹血人梯尚奉真。
诚挚心声疑背左，　　枉揪“牛鬼”魑魅昏。
邓公匡正新雨足，　　书画怡情沐二春。

七 律

悼徐丕承

五十年前共教坛，　　鸣放出局外苑编。
助妻艰苦振家业，　　勉儿勤奋读名篇。
重入杏苑扶桃李，　　退后教坛设义传。
百年呕血诗联界，　　千古遗书万花园。

减字木兰花·欢庆香港回归

蹉跎岁月，百年好梦圆今日。两制雄张，收拾金瓯固国陲。
南疆门户，八一军旗雄赫然。炎黄子孙，太平山上紫荆徽。

卜算子·修身养性经

善待尊真诚，淡泊谦和淳。养性修身先育德，积爱福自成。
忧虑百病根，健康在正心。怡悦常春书画习，百龄寿域登。

胡剑楼（25首）：

作者简介见本书第四章“教育行政”。

梓桐风光

梓桐胜似小桃源，　　柳暗花明村复村。
稻菽迎风人意美，　　练溪以外泊渔船。

半源湖天

千岛湖成五八年，　　梓桐源里可行船。
家乡难辨儿时路，　　桑梓溪山别有天。

鸠岭茶歌

迎寒笼雾向阳青，　　大叶名传陆羽经。
巧手来回蜂蝶舞，　　茶姑摘落一天星。

石门塘三门瀑

三潭瀑布夺天工，　　高泻银河震耳聋。
万里晴空飘细雨，　　云开雪霁挂长虹。

竹尖山

结蒙村西有竹山，　　峰尖直刺白云间。
春茶秋枣年年熟，　　致富山民手不闲。

洋 尖 山

洋尖遥与竹尖齐，　　四顾群山尽觉低。
山下烟村环绿水，　　丰稔稻菽一畦畦。

屯 角 尖

白红坪侧有名山，　　屯角雄踞浙皖间。
闻说山岩产甘草，　　鱼鲜源饮水潺潺。

富石鱼口尖

晚霞吐彩染湖西，　　鱼口山如鱼跃堤。
张口向天吞暮霭，　　东临湖水众山低。

赋 置 岭

一岭通威是捷径，　　石亭今日草茵茵。
他年公路连淳歙，　　冷坞深山面貌新。

洋 岭

洋岭横跨淳遂分，　　而今合一属淳安。
岭南红壤花生熟，　　岭北香茶味似兰。

枫 岭

茶桑流翠漫枫岭，　　车辆飞驰日色昏。
路绕山兮车绕岭，　　淳之地也遂之源。

云　岭

云岭滨临千岛湖，　　行人得把渡船呼。
年来梨桔漫山绿，　　春暖花开胜画图。

连 天 岭

翠竹摇风绿满山，　　梯田坝坝水湾湾。
峰巅水库明如镜，　　抗旱防涝可把关。

八面山点将台

八面山峰高入云，　　穿林小径百花芬。
高坪佳话传千古，　　千载讴歌颂女裙。

石门革命老区

浙皖山村忆石门，　　腥风血雨洒荒村。
人人传颂姜秋法，　　月夜常怀烈士魂。

麻车岙边一挂钟

一座山形似挂钟，　　悬空时有白云封。
天为高架虹为钮，　　风送清声到远峰。

花 果 庵

庵舍无存野草新，　　千秋银杏尚精神。
风声月色山依旧，　　偶有来人是采薪。

八旬书怀

（一）

窗映孤灯夜读书，　　寒风袭户耳边嘘。
亲操炊事勤耕读，　　环堵萧然兴有余。

（二）

轻装土改到公坑，　　毛竹茶丛绿满山。
曾越传奇万岁岭，　　剑门泉水响潺潺。

（三）

廿年执教在他乡，　　教学人夸尚有方。
欣喜门墙桃李辈，　　不谋名利不荒唐。

（四）

荆妻病逝送归舟，　　万水千山伴我忧。
伉俪从兹成永别，　　一天星斗满江愁。

（五）

突闻户外响惊雷，　　屋塌山崩压顶来。
一发千钧危瞬息，　　幸从死穴梦中回。

（六）

不叹黄昏日已斜，　　与时随进不停车。
人生学习无休退，　　路转峰回乐晚霞。

（七）

鹤发人夸一健翁，　　不扶拐杖过桥东。
古樟香叶春常在，　　喜见桥边又一虹。

（八）

流光飞逝催人老，　　秋雨春风岁月长。
梓里青山多壮丽，　　欢歌盛世惜斜阳。

汪泽生（9首）：

作者简介见本书第四章“教育行政”。

燕山观景①

粉红白玉满山岗，　　李笑桃欢挺激昂。
得意春风舒信步，　　身心爽朗寿常康。

注：①此诗2006年3月发表在《中华诗典》一书中，并在第三届“新世纪杯”世界汉诗大奖赛中获“金奖”。作者被授予“桂冠诗人”荣誉称号。

惜分飞·紫燕南归

紫燕翩翩腾旷野，奋发精神飞跃。光照风和日。狂欢却与东家别！

旋转上空喜气烈。母子伴随欢悦！笑语频频谢，明年再拜亲家也！

题诗鸡画

力为民富献蛋忙，　　陋舍贫餐啼晓光。
惠及人生无反顾，　　身归饱腹乐甘亡。

蝶恋花·随感

忆古瞧今人傲笑，往事多多，没有今朝妙。政策条条真叫好，齐家治国生高效。

盛世三农祥瑞到，志锐才雄，处处高歌闹。建设农村新面貌，和谐气质春光耀。

注：以上三首诗词在《绝唱》中发表，并在全国首届“黄炎杯”世界汉诗大奖中获“金奖”，作者被授予“黄炎诗神”荣誉称号。

赞武松

豪情拳猛力无穷，　　誉满人间击虎功。
诛嫂报兄扬正气，　　除奸抑暴贯长虹。
非怀恶难分毫惧，　　敢斗门神巧妙工。
禀性刚强多仗义，　　平生好事万千重。

月季花

月月颜鲜月月新，　　红黄白绿挺精神。
严寒酷暑娇非变，　　似固常规不逊春。

论　诗

诗史溯源四千年，　　道短论长理无边。
厚古薄今无必要，　　重今薄古切莫偏。
继承发展相拾趣，　　古格新声正确兼。
诗韵新陈需入味，　　文情并茂意新鲜。
修辞炼句争佳境，　　各领风骚特色篇。

乐盼小康

盛世风情感受深，　　清明政策遍家门。
先贤创业功劳巨，　　时彦兴邦主意真。
抖擞精神排龌龊，　　开怀豁达播清芬。
与时俱进人欢笑，　　全面小康进万村。

箴　言

为官不必势凌凌，　　得意浓时弃利名。
万物皆存凋谢日，　　归乡便有故常情。

注；以上五首诗2004年12月发表在四川省达州市《难得作品》选书中。

徐丕承（8首）：

徐丕承（1928—2006），梓桐唐家村人。师范毕业，从事小学教育工作。喜诗词，其作品曾入选《中华当代诗词系列丛书》《当代咏花诗词选》等书籍。

咏梓桐源

春

时逢盛世天气和，　　千红万紫色繁多。
东风似剪裁开柳，　　细雨如油喷洒禾。
春温后识山与岭，　　水暖先知鸭与鹅。
阳回万物峥嵘旺，　　向往名登第一科。

夏

时来立夏木成阴，　　百鸟悠扬宛啭林。
似锦花红娇艳艳，　　如茵草绿郁森森。
池波玉叶擎蒲伞，　　柳浪金蝉弹曲琴。
炎暑骄阳光照地，　　使人炙烤热熏心。

秋

飒飒金风起秋凉，告知冷降不平常。
深山枫叶红如火，铺地浓霜白似糖。
北国风光无减退，东篱翠菊有芳香。
秋送果实金灿灿，天遂人意喜洋洋。

冬

严冬一到冻冰封，九里寒流怒朔风。
柏翠松苍能傲雪，草枯花落躲藏虫。
彤云密布乌天黑，冷气凝成霜叶红。
深夜鹅毛飘不定，翌晨万里改颜容。

千岛湖时景

西江月・春

春天湖山更美，花红柳绿长堤。山重水复草萋萋，真是风光明媚。
湖面微波有魅，湛兰一片堪奇。水升渺渺觉天低，想起邀游每每。

卜算子・夏

夏日水中游，波浪乘风起。深邃碧湖荡漾幽，游后湖边憩。
湖畔看风流，笑语腾蒸气，岛岛千千夏木柔，倒影游人肢。

菩萨蛮・秋

湖山气爽天高敞，压枝果实迎秋阳。鲜艳惹人尝，漫山采果忙。
水清风飒飒，涟漪起河塘。观岛水汪汪，归帆近夕阳。

清平乐·冬

千岛湖畔，冬景深思盼。草木虽凋仍烂漫，气暖长持汲泮。
水平如镜诱人，掬它解馋提神。清澈是非裁判，山林寒意未臻。

胡贵南（5首）：

胡贵南（1928—2006），梓桐杜井村人。1947年淳安中学毕业，解放前曾任南京总统府侍卫队侍卫。

七 律

咏百岁老人胡剑勋先生

百岁老人少年姿，　　五湖四海都稀奇。
生花彩笔天天握，　　馥桂诗篇岁岁遗。
时咏烟村楼阁画，　　常描山水竹松姿。
光明磊落生平道，　　从不烧香抱佛肢。

述　怀

纪念恩师剑勋先生逝世两周年

（一）

学博医渊一寿星，　　三朝六帝洁身人。
年盈门岁离尘日，　　尚有书联写未成。

（二）

光阴似箭日如梭，　　师去西天两载多。
月缺月圆长夜梦，　　犹闻师座论诗歌。

咏　兰

历雪经霜嫩郁葱，　　幽情独抱傲寒风。
芳魂只在深山里，　　峭壁悬崖一笑中。

野　菊

野径金星染陌阡，　　难求呵护有谁怜。
平生淡薄春光力，　　敢与秋风比劲坚。

胡守华（16首）：

胡守华（1931—2009），梓桐杜井村人。1950年参加土改工作队，后调区、乡（公社）政府机关工作，历20余年。1979年调县外贸局工作，1982年病退在家。曾参与《淳安县志》《淳安县组织史》和《农业合作史》的编写。爱好诗词写作，作品在《淳安日报》《千岛湖》《桑榆情韵》等刊物上发表。

处处分田分地忙
——忆土地改革

昏暗神州得解放，　　载歌载舞喜洋洋。
封建地主被推倒，　　贫苦农民意气昂。
处处减租减息乐，　　村村分地分田忙。
紧跟伟大毛主席，　　拥戴光荣共产党。

龙山海瑞祠

碧湖千岛卧苍龙，　　楼榭亭台绿苑中。
海瑞古祠存正气，　　黎民廉吏颂刚峰。

咏物感言

金 银 花

根深叶翠苍，　　春暖竞芬芳。
姿美逢人笑，　　玉洁溢馨香。
润肺清肝脏，　　舒肠益健康。
采摘经细制，　　品味尽称扬。

野 菊 花

常住山坡上，　　经风历晚霜。
百花凋陌野，　　黄蕊吐清香。
可使血压降，　　又能非典防。
年年晚秋到，　　处处采菊忙。

红梅腊梅一时开

往昔红梅迟腊梅，　　今年喜见一时开。
缘何姐妹同争艳，　　为有金猴启岁来。

缅怀邓小平

三番起落志尤坚，　　力挽狂澜度险艰。
沥胆披肝谋妙计，　　精心擘划著宏篇。
承包土地兴农业，　　科技攻关更领先。
开启国门广交友，　　引来活水润心田。

纪念陈云同志诞辰一百周年

革命英豪出少年，　　治邦救国不畏艰。
力举毛公主军事，　　长征胜利达延安。
建设东北根据地，　　财政经济重任肩。
十年风雨狂澜挽，　　开放改革谱新篇。

老 鸳 鸯

甜甜苦苦两人尝，　　五十余年情意长。
她绣地球我栽树，　　春秋坎坷同炎凉。
高堂九旬乘鹤去，　　膝下合欢四同堂。
皓首桑榆晚景好，　　共祈百岁老鸳鸯。

秋游金山湾

环湖曲径绕山湾，　　特色栈桥长又宽。
沿路芦花迎客笑，　　漫山红叶舞歌欢。

三秋佳景堪称绝，　　四海游人乐赏观。
笑语欢声齐赞誉，　　天然锦绣小金山。

卜算子·香港喜回归

香港喜回归，旭日增光耀。四海炎黄共举杯，老少同欢笑。
两制拱神州，万物添新貌。骨肉团结绘锦图，华夏腾飞跃。

蝶恋花·欢庆建国五十周年

四海翻腾惊五岳，大好河山，处处红旗猎。欢庆佳节心喜悦，敬怀俊杰忠魂烈。

一代风流光马列，指点江山，誓创千秋业。敢上九天追日月，中华史上添新页。

江城子·建党八十周年

忽闻天宇响惊雷，广畴迴，恶邪摧。昏暗神州、天际闪金辉。春雨甘霖滋大地，芳草绿、沐朝晖。

春秋八十未停骓，几驱危，建丰碑。国富民殷、港澳喜回归。四海炎黄同庆贺，歌颂党、铭心扉。

一剪梅·诗画抒怀

白发豪情诗画楼。老友新朋，共解闲愁。泛舟学海且从头，强健心身，不企他求。

泼墨挥毫情意稠。点染丹青，要把春留。填词谱曲乐悠悠，甜在心间，喜在眉头。

风入松·颂秀水节

金风送爽桂飘香，大地溢芬芳。清波碧水嵌千岛，奇妍丽、今古无双。秀水盛节开幕，迎来宾客台商。

碧湖景溢彩流光，精品竞登场。观鱼美食游山水，演唱乐、歌舞纷扬。秋夜烟花瑰丽，水灯千万辉煌。

行香子·秋游千岛湖

碧水茫茫，绿岛飘香。伴宾朋、赏景观光。林园秋色，尽展妍妆。有橘儿红，梨儿白，菊花黄。

葱茏绿树，掩映草堂。状元桥、禽鸟鱼塘。友朋乘兴，往返桥廊。正莺儿啼，鱼欢跃，马奔忙。

行香子·清明梓桐行

老俩双双，祭祖回乡。乘公交、轮渡过江。西行旷野，满目春光。正桃花红，李花白，菜花黄。

小镇山庄，溪水流长。大鸭群、嬉闹洋洋。山青林茂，飘溢芬芳。有莺儿啼，燕儿舞，蝶儿忙。

胡乐芳（13首）：

作者简介见本书第四章“翰墨留香”。

千岛湖漫游

翠湖腾白浪，　秀水映青松。
雁影蓝天外，　渔舟碧玉中。
环湖通坦道，　隔岸架长龙。
遥望云飞处，　湖山知几重。

千岛湖大桥

一道飞桥映眼中，　长龙跃水傲苍穹。
谁能创此恢宏业？　疑是天人造化工。

南浦大桥

隐隐虹桥接远天，　凌云飞架碧峰间。
湖山又绘新图景，　多少行人驻足观。

赞杭千高速路

千岛杭城一线牵，　飞车穿越水山间。
金桥雄伟横波卧，[①]　美景新图景万千。

注：① 金桥，指金竹牌大桥。

琴韵悠悠

一曲新歌胜美酒，　　哼哼试试真上口。
边弹边唱兴悠悠，　　须臾日暮黄昏后。

湖上观艇

五彩云霞映水中，　　轻舟往返意匆匆。
烟波浩渺湖天阔，　　恰似飞船入太空。

姥山吟二首

（一）

森森林木映蓝天，　　沟壑纵横竹万竿。
满路飘香金果熟，　　姥山秋色胜香山。

（二）

满山黄叶满山秋，　　旷野芦花尽白头。
待到春来花烂漫，　　茶香景美引君游。

今日农村

桑林蔽日绿荫浓，　　大地秋来硕果丰。
盛世家家俱乐业，　　山乡处处展新容。

威坪新校园

何处传来朗朗声，　　校园映日晓云轻。
壮观华丽冠乡里，　　恨不今天也学生。

学书有感

二十年来勤学书，　　晨昏寒暑费工夫。
挥毫泼墨忙中乐，　　哪问书坛门入无。

高山松

十丈青松插碧霄，　　凌霜傲雪自逍遥。
根深何惧风和旱，　　历尽沧桑永不凋。

偶成

园丁岁月忆当年，　　育李培桃锦满园。
今日息鞭身自在，　　诗书乐曲伴休闲。

怀妻

血泪凝成联与诗，　　声声吟忆我娇妻。
十年生死漫漫路，　　梦绕魂牵无尽期。

胡则周（26首）：
作者简介见本书第四章“翰墨留香”。

天下第一泉——趵突泉

汩汩泰崖水，　　曲折绕群峰。
渴马伏不见，[①]　　无处觅行踪。

泉城倏通畅，　　跳出三白龙。
晶光耀日月，　　飞沫喷檐栊。
闻道匡庐瀑，　　银河落九重。
莫若兹泉异，　　逆出贯长虹。
太湖与千佛，[2]　相映三交融。
游人每至此，　　冰雪清兴浓。[3]
无愧天下最，　　古今声誉隆。

注：①此泉源发于岱崖之阴，至渴马崖始伏。
②太明，即太明湖；千佛，即千佛山。与趵突泉合称济南三大名胜。
③元代赵孟頫诗：“时来泉上濯尘土，冰雪满怀清兴孤”，今化用其意。

游湖感怀

宿云初散万山青，　　窈窕三千西子明。
水底看山山更秀，　　波光荡漾苍烟生。
上天有感民风好，　　偏恩布下千蓬岛。
神游此地即飞仙，　　不用求丹人不老。
温柔不愧母亲湖，　　展臂舒怀绿色铺。
若问情深谁领略？　　鱼龙欢跃鸟相呼。
生息于斯应为福，　　清境不容污垢黩。[1]
当今更应创文明，　　莫填平湖建高屋。
全民守护烦撝呵，[2]　但求亲健得天多。
人人共沐清平世，　　听得琵琶几曲歌。

注：①黩，此处作污辱解。
②撝呵，撝通挥，呵，大声喝叱。

游金山湾

为慕金山红叶林，　　枉舫驶入岛屿深。[1]
泱泱碧水道人意，[2]　历历青山太古心。

登岸徐行忘远近，　　板桥石径贯松阴。
如烧红叶秋山热，　　泽畔芦花铺白雪。
两色相映红素妆，　　雪意霞光景奇绝。
对玩群物佳趣生，　　虑淡坐令禅心彻。③
霜晴九月山木枯，　　飘飘叶落秋满湖。
层峦婵娟湾窈窕，④　　龙吟鱼戏鸟相呼。
岚烟故为浓淡出，　　澄波照影一尘无。
云林郭熙呼不起，⑤　　谁为写此湖山图。
归来神魄为动荡，　　濡毫孤咏夜窗虚。

注：①枉舫，湾一下船的航线。
②泱泱，深广貌。《诗经·小雅》：“瞻彼洛矣，维水泱泱。”
③禅心，寂定之心。唐李欣诗：“片石孤峰窥色相，清池皓月照禅心。”
④婵娟，形态美好。窈窕，既美好又深邃。
⑤云林，郭熙分别为元代和宋代的两位著名山水画家。

天池纪游

千岛山水多奇绝，　　无愧天下前茅列。
琼田万顷映天光，　　更有天池照秋月。
今访天池意正浓，　　恰逢秋雨共秋风。
兰舟舍却舒健步，　　石坊突兀撑青空。
迴廊曲折穷匠意，　　石壁绵延镌龙字。
字体百态似腾飞，　　坐令石润生灵气。
逶迤逛入松径幽，　　亭畔名人妙句留。
吟罢清诗情激荡，　　尘思俗虑顿时收。
聊登小舴试摆橹，　　身欲羽化浮天宇。
池中石龟似有灵，　　脉脉含情欣欲舞。

穿林漫步再登高，跨池更有百岁桥。
欲求百寿身先试，心自逍遥体似飘。
桥头左侧巉岩叠，湍流急瀑飞霜雪。
留连倦客洗尘埃，洁身又可祛余热。
山脊横跨气象殊，一川明绿眼中舒。
霞蔚云蒸山彷佛，此番美景胜蓬壶。
徘徊细赏石雕艺，件件玲珑又雅致。
凤梁龙柱极鬼工，石臼石磨农家味。
眼饱奇观下翠微，衣袂翩翩情依依。
力疲未曾幽兴减，不觉已是日偏西。
归帆疾驰频回首，遮山烟岚层层厚。
何日重来再问津？将邀坡仙同醉酒。

读楚辞作

一曲《离骚》怨若何？肝肠寸裂泪滂沱。
怀襄昏馈迷游客，[1]偷安无意保山河。
报国贤臣遭黜辱，谗言谄语耳边摩。
美人迟暮仍修洁，[2]衣珮兰杜与芰荷。
哀民多艰长太息，西风木落洞庭波。
国衰徒有争先士，被犀奋起操吴戈。
金瓯恨被强秦破，刚贞正则沉汨罗。[3]
徒中纵然有高足，能言善辩智无过。
只惜才高骨不硬，江潭空唱大招歌。
如今华夏能崛起，屈子精神永不磨。
年年不忘端阳节，争看江上龙舟多。

注：①游客，即说客，指战国时张仪。

②美人，旧指贤人，此处指屈原。
③正则，屈原名。

读谢灵运诗集有感

谢公自持才一斗，① 文章之美江左首。②
雄才廓落不逢时，③ 美须惨痛忍已久。④
穷愁潦倒去江湖， 达士一拂清风袖。
怡情草木野趣奇， 郁志泄为山水诗。
即事未肯忘兴谕， 嘉景每与素心期。
诗清不独在章句， 逸韵堪为百世师。

注：①谢公自命天才，曾说：“天下有才一石，子建独得八斗,我得一斗，自古及今共分一斗。”
②人称谢公“文章之美，江左第一”。
③廓落，宽宏、旷达之意。
④灵运本是美髯公，临刑时，把其须施为南海祇洹寺维摩诘的胡须。还作了一首诗，其中有“送心正觉前，斯痛久已忍”的句子。

秋 菊

有别野荆蒿， 清英系楚骚。①
日暄金甲艳， 露浥异香飘。
抵死枯枝抱，② 凌霜晚节豪。
甘依篱竹短， 不羡瓦松高。

注：①屈原《离骚》：“朝饮木兰之坠露兮，夕餐秋菊之落英。
②一般菊花不自落，花谢后，仍留在枝上。

秋 桂

月中桂子落， 人世有天香①。
叶叠春云碧， 花开金粟黄。

高才任攀折，[②]　　凡鸟拒栖藏。
绝胜寻常木，　　仙槎河汉航[③]。

注：①宋之问诗："桂子月中落，天香云外飘。"
②科举时代有状元攀桂之说。
③传说仙人常以桂为舟筏。

秋　兰

绿叶紫茎长，[①]　　无人亦自芳。[②]
空林芳草逝，　　南国剑霜狂。
九畹贞风在，[③]　　寸心清节扬。
灵根应珍重，　　岂必沐春阳。

注：①屈原《九歌》："秋兰兮青青，绿叶兮紫茎。"
②《孔子家语》："芝兰生于幽谷，不以无人而不芳。"
③屈原《离骚》："余既滋兰之九畹兮，又树蕙之百亩。"

舟过小金山感赋

舟绕群峦几转航，　　小金山畔忆沧桑。
当年渔父音容杳，　　今日青峰树色苍。
野浦鸥明情似旧，　　长天鹘没景尤凉。
金山想必安无恙，　　镇此名湖护水乡。

文佳岭怀古

郁郁苍松隐野烟，　　文佳风采想当年。
将台已是沉渊底，　　剑气犹能贯九天。
昔日朝庭诬草寇，　　今朝黎庶赞英贤。
无情历史凭公论，　　地下雄魂应慰安。

南浦大桥

大桥飞架似长虹，　　气象恢宏胜鬼工。
登彼无须求摆渡，　　还乡不再赖舟蓬。
湖山旖旎游人醉，　　铁马纷奔特产丰。
经济繁荣凭此道，　　畅行天下任西东。

甲申新春述怀

怕读经书懒作邻，　　砚田笔架尽生尘。
愁新不敢思癸未，　　梦醒何烦追甲申。
户外莺声扬抑滑，　　林间燕剪往来频。
人人颇说山游好，　　更有书山万象春。

瀛山书院

久久徘徊半亩塘，　　水清仍是映天光。
游人不解观书味，　　只逗群鱼趁竹凉。

石峡书院

微微石峡出三元，　　人杰地灵名独尊。
幽冀文风重蔚起，　　喜观群鲤跳龙门。

碧湖丹枫

憭慄深知秋气加，　　林枫破寂赛丹霞。
古今枫咏孰臻妙？　　“霜叶红于二月花”。

咏 梅

（一）

雪里风姿独檀奇，　　灵均未识冻凝肌。
琪花堪与幽兰配，　　应补芳名入楚辞。

（二）

幽芳解意暗香浮，　　为伴黄昏月并孤。
自信平生殊骨相，　　由来不屑向荣枯。

（三）

古干撑空寿万年，　　冰霜历尽岁寒天。
仙风道骨无人识，　　瘦格偏能得自全。

画 梅

铁线圈花篆籀枝，　　画梅须画雪霜姿。
横行直气抒胸臆，　　脱俗风标世外奇。

岁寒三友

傲骨梅花孰与俦，　　苍松挺拔竹脩脩。
岁寒缔结金兰谱，　　君子芳名万古流。

桂 枝 香
春日湖上感赋

东君作主，让柳绿桃红，春生烟浦。万顷琼田似璧，翠峰如舞。兰舟绕遍山南北，更惊扰，晶宫龙府。邀湘妃奕，招姮娥饮，尽神仙侣。

看佳景，诗潮沸煮。叹才思平平，笔无神助。且听渔歌一曲，慰吾愁绪。青山碧水堪消暑，兴犹酣，晚凉归去，倚柁长啸，缺壶豪唱，极风流举。

东风第一枝

梅

木落山空，疏花隐现，忽惊泽国春动。风前麝作香寒，枝梢雪和烟冻。霁光摇目，景餐饮，宜弹三弄。睹粉蕊，娇面凝酥，决非人间凡种。

姿濯濯，东君正宠，妆淡淡，诗魂更纵。奇芳冷艳堪怜，铁骨丹心可颂。如斯清杰，与松竹，谊深情重。俏姑射，客至江南，迢迢入吾清梦。

少年游·咏梅三阙

（一）

人间何处觅知音？窗月夜愁深。巡檐索笑，[①]同眠绕榻，[②]忆杜又思林。

几经风雪神偏旺，持守岁寒心。放鹤亭存，诗雄谁续，万朵待清吟。

注：①杜甫诗："巡檐索共梅花笑。"

②宋代林逋，一辈子不肯出来做官，隐居西湖孤山，没有妻子，以梅鹤为伴，称"梅妻鹤子"，夜间群鹤绕榻同眠。

（二）

幽怀常羡弄珠人，[①]雪里抖精神。清同鹤影，含情带韵，憾未识灵均。[②]

铅华涤尽天姿见，[3] 潇洒赴江春。为写冰容，楼窥盼盼，图上唤真真。

注：①弄珠人，代指梅花。
②灵均，屈原字。他在《离骚》中常以香花香草来比喻自己的贞洁，可惜他从来未题到梅花。
③铅华，搽面之粉。曹植诗《洛神赋》：“芳泽无加，铅华弗御。”

（三）

寻芳应到岛湖滨，风物正宜人。山寒水碧，琼华露巧，玉骨绝纤尘。

横斜一幅云林画，[1]纳尽几多春？骚客清狂，徘徊莫去，神旷赋诗频。

注：①云林，元代大画家倪瓒的字号，平远山水很有特色。

卢 华（5首）：

作者简介见本书第四章“科技·艺人”。

梓 桐 源

千岛湖西梓桐源，　　万壑丛中一小川。
两岸群山如锦绣，　　一条碧溪似彩缣。
古有硕真光辉史，　　今有后人灿烂篇。
稻菽年年香飘溢，　　山乡岁岁好乐园。

梓桐新貌

离乡弹指卅八年，　　返里面貌万象鲜。

羊肠小道成公路，　　荒芜溪沟变良田。
灰墙旧屋换新室，　　苦涩愁容绽笑颜。
梓桐花开遍山野，　　双桂香飘漫故园。

茅 庵 桥

茅庵桥跨卢家溪，　　水流千载稳不移。
石垒桥墩中流柱，　　横飞彩虹苍龙姿。
青瓦遮阴又遮雨，　　长栏可坐也可倚。
桥上满载农家史，　　桥下尽淌田园诗。

尹 山 庵

森森古木竞参天，　　潺潺泉水好甘甜。
林间石路拾阶上，　　云端雾里尹山庵。
汤瓶框景今犹在，　　通庵天门仍相安。
只惜佛萨已皆毁，　　劫难遗留千古愆。

陈 硕 真

梓桐口，清溪边，　　有个故事长相传。
古代有位陈硕真，　　容貌秀丽智勇全。
为救民众出苦海，　　揭竿而起杀敌顽。
抚贫济困得民意，　　奋勇夺下一片天。
万民拥戴称女皇，　　神州青史第一篇。

胡作人（20首）：

作者简介见本书第四章“翰墨留香”。

学书有感

五更曙色透窗纱，　　正视时机趁此暇。
狠下苦工求上进，　　观摩范帖得精华。
灵心悟性胸中树，　　舞凤飞龙笔底花。
取舍古今长与短，　　自成一体创新家。

中秋怀逸卿友

情同手足意缠绵，　　常忆当初少小年。
画印诗书常共勉，　　渔樵耕读永相兼。
长天望月形无缺，　　远地思君泪若泉。
每每清闲人静处，　　几多往事涌心田。

端阳怀古

诗风卓绝永流芳，　　传世离骚天问章。
屈子平生多愤慨，　　含冤千古汨罗江。

寄凤祥弟

汪汪何泪润双眶，　　又喜又悲又是狂。
旧友固多唯此友，　　故乡因弊换他乡。

鱼书频达催归里，　　　鹤望长伸庆对觞。
恨别十年千万语，　　　届时相互倒迴肠。[1]

注：①迴肠原稿作“衷肠”。

采 茶 曲

南峰北垅映山红，　　　几曲山歌异口同。
正是采茶年少女，　　　采完南北复西东。

勉学二首（选一）

实学终归功底深，　　　光阴无价惜如金。
滴穿顽石长时雨，　　　累积严寒厚度冰。
孟子家规示断织，　　　李仙旁教见磨针。
须知世上无难事，　　　有志之人事必成。

晨 牧

吆喝连绵不断声，　　　扬鞭趁早赶牛群。
乱莺无调鸣山谷，　　　细露如珠洒草坪。
旭日斜晖眩眼目，　　　清风微拂爽精神。
开心更是初生犊，　　　北窜西蹦笑煞人。

秋日返千岛湖舟中作

湖水清清镜面平，　　　微风轻拂闪鱼鳞。
松林拥翠层峦秀，　　　枫叶飘丹众岛明。

阵雁穿空排一字，　　快艇击浪窜流星。
探头遥望海公庙，　　但怨客舟不靠停。

游茶园石旧址

龙书各异勒山前，　　巨擘沙氏独占先。
瀑布三重喷白雪，　　天池半亩漾清泉。
神凝无字碑边伫，　　胆壮悬空桥上穿。
最是徽宗曾受宠，　　茶园贡石出当年。

陋 室 吟

刘氏文章余味浓，　　我吟陋室入诗中。
莓苔点缀阶前地，　　乌鹊飞栖屋角桐。
墙外红梅映白雪，　　窗前翠竹动清风。
谁称华夏才高贵，　　能忍方容天地空。

赠耀祖先生

笔走龙蛇六十年，　　情系翰墨着云烟。
行书宋帖追苏米，　　楷法唐碑出柳颜。
潇洒清真灵秀极，　　端庄厚重骨筋全。
当今故里谁高手，　　唯尔先生数最前。

赠胡则周先生

同姓同宗同邑人，　　砚田默默苦耕耘。
秦朱汉白施金石，　　竹翠梅红供品吟。

凤舞龙飞融紫墨，　　山光水色入丹青。
诗词画印通今古，　　意境离奇造诣深。

杂诗四咏

（给动植物秉性评价）

（一）

忠牛义犬恶心狼，　　鼠目瞻前一寸光。
大象温柔有灵性，　　肥猪拙笨废窝囊。
山狐狡猾多奸诈，　　野虎凶残呈暴狂。
骏马不辞千里远，　　奋蹄日夜可奔忙。

（二）

比翼鸳鸯恩爱深，　　松间白鹤享遐龄。
画眉善唱山林曲，　　鹦鹉能言人语声。
知候雄鸡灵报晓，　　好姿孔雀喜开屏。
乌鸦丑陋全身黑，　　但有一颗反哺心。

（三）

夏夜流萤闪闪明，　　笼中蟋蟀斗输赢。
花招粉蝶采香蜜，　　粪引金蝇吸臭腥。
虾戏溪边争倒退，　　蟹栖涧下竞横行。
虽言最毒蛇与蝎，　　可配良方救世人。

（四）

月季常开故得名，　　莲花不染淤泥泞。
幽兰清气君王赏，　　瘦菊凌霜隐士称。
翠竹虚心风动影，　　红梅傲骨雪迎春。
牡丹宝贵人偏爱，　　国色天香誉古今。

勤农曲

良性循环岁月长，　　春华秋实有偿还。
常年四季休闲少，　　杂担千挑里外忙。
日晒雨淋无所畏，　　晚归早出又何妨。
勤农换得田家乐，　　衣食丰盈渡小康。

西江月·荷塘初夏

绿叶迎风摆动，红花映日鲜妍。莲杯笑饮口朝天，未见垂头泪眼。

翠鸟无心促弄，蜻蜓任意翩跹，两三乳鸭学浮潜，扰乱青萍一片。

西江月·中秋

云淡天高气爽，朝寒午热夜凉。乘风丹桂喷浓香，篱菊含苞待放。

梧叶一枝空荡，枫林万树凋伤。桔儿柿子转橙黄，紫染葡萄架上。

毕国幹（18首）：

毕国幹（1942—1989），字逸卿，祖籍大路源村，后移石埠坑。自幼天资聪颖，且古诗文得益于家法。少年即有诗名，弱冠已名扬乡里。惜英年早逝。

游孤山

孤山潇洒胜蓬瀛，　　梅影横斜秋气清。
放鹤长空标浪迹，　　吞杯豪赋度浮生。

坐观水色连山色，　　卧听波声簸雨声。
顷觉寒心销万念，　　豁然开朗一湖明。

秋中感赋

梦逝韶华一指弹，　　清愁无奈起秋寒。
谁怜断足岂悲石，　　不羡登台悬钓竿。
嵬嵬披荆堪热釜，　　茸茸犁雨可添盆。
苦中得乐歌丹凤，　　忙里偷闲学画兰。

幽居闲适

青山脚下辟乾坤，　　草舍初成去百烦。
绿绕前阶松映月，　　星临北牖鹤鸣轩。
举杯共醉全家福，　　抚管高歌沐圣恩。
耕读相传明志趣，　　闲栽兰菊两三盆。

迴 文 诗

唇寒酒暖醉魂翩，　　倍兴吟来醒似眠。
邻近好花梅里雪，　　春阳谱曲乐弹弦。

中秋自咏兼寄凤祥

月照长空秋气淳，　　清幽斗邑可栖身。
惯邀拙内频添土，　　咸赖稚儿日荷薪。
不羡佳肴求鼓腹，　　还赊薄酒醉良辰。
诸疣莫计心犹静，　　卧听蝉歌一乐民。

游瀛山书院

胜览瀛山一鉴开，　天光云影育英才。
崇儒卓绩修新注，　显学灵魂作圣陪。
格物离离今见谬，　英名赫赫再遭捶。
无情史浪千秋汰，　亦惹惶然亦惹猜。

端　阳

夫子缘何投汨罗，　一曲离骚是壮歌。
固吝志清污浊气，　宁辞乱世葬清波。
先贤品德真拙耳，　后辈追风可有么。
佳节人人知得早，　达通其意更无多。

题　画

傲尽风霜几百年，　形枯影瘦又谁怜。
孤山卧雪春前景，　老与桃花不共天。

题寒梅聚禽图

廿番风讯首寒梅，　月正圆时花正开。
雪压横斜疏影下，　一双冻鹊自徘徊。

茅舍自修有感

诗书万卷不驱贫，　自匠修庐少动邻。
妻替粗工泥满袖，　儿充小递履沾尘。

翩翩紫燕中庭舞，　　点点红梅槛外春。
温饱无忧当挂笠，　　举杯有赋小山人。

鸠岭眺望

鸠岭无鸠不见花，　　风回叠嶂紫云飘。
雷鸣虎口观垂练，　　雾霭松间听浣沙。
昔苦山穷珍斗粟，　　今兴水利扩田涯。
休轻僻地何为贵，　　举世闻名产好茶。

题董老诗集卷后

字字铿锵掷有声，　　吟来别致吐华精。
力回阳气栽春树，　　剑劈狂浪斩巨鲸。
尊马尊毛终健步，　　忧民忧世岂蹲程。
鹤颜尚且呕心血，　　韵史风流勉后生。

劝　学

谈何容易说攻书，　　贯注全神尚不如。
岂任偷闲饶杂念，　　龙文鞭影莫踌躇。

端阳自感

碌碌风尘乏乏家，　　披星戴月理桑麻。
杯清味薄何甘梦，　　葛破针缝尚蔽腰。

白眼高朋疏揖客，　　赧颜顽犊硬咬牙。
欲疗饥渴无佳品，　　磊磊桃儿溜溜瓜。

重游西湖

西子重游隔廿年，　　小山烟雨尚依然。
何当触目今羸昔，　　人更风流物更妍。

谒秋瑾墓

不愧中华巾帼雄，　　西泠桥畔有英风。
肃然起敬非独我，　　浩气长存日月同。

山村偶兴

乐在田园勤作稼，　　生涯淡泊更为奚。
漫看妻子缝缝补，　　惯听孩儿笑笑啼。
因食榆羹多幻梦，　　休谈往事少悲凄。
胸心无愠精神爽，　　寒暑徙迁不必提。

梅·步曹雪芹原韵

雪欲飞来风破门，　　阶前冷泪滴香盆。
瞳迷捉影知心宝，　　梦断逛留倩女魂。
可恨红颜凋艳脸，　　枉怜玉屑绝香痕。
多情惹得愁千绪，　　醉卧西楼月色昏。

胡锦帆（22首）：

作者简介见本书第四章“翰墨留香”。

咏　梅

（一）

不怕霜风雪疰欺，　　疏枝淡影玉冰肌。
一尘不染清如水，　　铁骨冰心只自知。

（二）

庭前小院数枝斜，　　傲雪含香向天涯。
夜半寒风吹窗纸，　　不知是雪是梅花。

咏牡丹

（一）

怪石身旁栽牡丹，　　阳刚气足更芬芳。
春来我是韶华主，　　百卉群中我是王。

（二）

名家富贵价如天，　　我画春风几多钱。
同样满园春色闹，　　缘何遥隔路三千。

咏　兰

（一）

身在青山崖缝间，　　不求呵护不求怜。
人情冷暖抛天外，　　绿叶飘飘顺自然。

（二）

王者之香天下扬，　　仙姿玉质此中藏。
兰馨阵阵陶人醉，　　闻着清香入梦乡。

咏　竹

（一）

直上扶摇半岭云，　　挥毫斗胆写风情。
平生酷爱深山竹，　　傲雪凌霜四季青。

（二）

无蝶无花更不娇，　　只生绿叶任风摇。
青山处处松为伴，　　红瓦家家劲节高。
年年春暖冲天起，　　岁岁冬寒不折腰。
品格清奇无俗态，　　虚怀向上傲苍霄。

咏芙蓉

芙蓉朵朵美人妆，　　何事飘零在路旁。
今日铺宣描倩影，　　笔端犹带墨痕香。

千岛湖景题画诗

（一）

山外青山天外天，　　君家居住在湖边。
兴来垂钓湖中鲤，　　果熟采尝我为先。

（二）

一半青山一半湖，　　青山碧水画中图。
须知十万移民户，　　背井离乡入俗无。

山村春韵

万物争荣松柏稠，　　半藏半露几家楼。
翩翩飘出山村女，　　疑是天仙画里游。

步则周七十新春述怀诗原韵一首

红尘滚滚岁匆匆，　　屈指梅君七十翁。
吟诗作赋心常乐，　　两眼初花耳未聋。
大笔常挥梅竹影，　　蜗居小室习雕虫。
教坛桃李三千子，　　到处花开唱大风。

康塘百琴楼①

康塘村后百琴楼，　　如今一片废荒丘。
百琴歌赋今犹在，　　山自青青水自流。

注：①百琴楼建于宋代，朱熹作赋，现遗址无存。

灵崖瀑布

灵崖瀑布泻天池，　　泉水清清雨丝丝。
洞口早无小庙宇，　　壁崖尚有古题词。
龙潜潭底蓄朝气，　　虎卧高山盼有期。
自古灵崖为胜迹，　　旅游开发待何时。

语 石 庵

岁月沧桑叹若何，　　古时庵庙长藤萝。
语言石窟今犹在，　　乱草森森野猪窝。

纪念抗战胜利六十周年

八年抗战遍狼烟，　　半壁江山血泪篇。
惨绝人寰三光策，　　尸横漫野史空前。
山河破碎家何在，　　国共联军共比肩。
须知胜利殊非易，　　屈指如今六十年。

游赋溪石林

（2000年县政协组织游览赋溪石林全景）

玳瑁玲珑石坪西，　　神工鬼斧堪称奇。
回音壁立高千仞，　　观景台前石万姿。
曲折迷离图八阵，　　漫山游遍足三时。
白云古道留踪影，　　清山桥栏夕照迟。

淡竹大坞山

驱车一路上莲峰，　　大坞山村翠竹中。
前山峭壁高千仞，　　屋后天池在半空。
嶙峋怪石漫山岭，　　远近高低各不同。
稀奇更有仙姑洞，　　鬼斧神工气势宏。

杭州青溪书屋

（参加邵华泽将军青溪书屋周年庆典有感）

双峰高耸景清幽，　　曲径留香隐画楼。
将军笔墨龙蛇舞，　　名满青溪誉九洲。

九咆界一线瀑

（2006年11月赴九咆界写生感怀）

（一）

一线飞流泻碧潭，　　犹如白练挂前川。
丝丝雾气随风舞，　　九曲桥栏阵阵寒。

（二）

九咆界上写风情，　　巨崖飞流笔笔真。
漫山杂木秋霜染，　　一片艳红胜似春。

卢凤祥（楹联27副，诗词4首）：
作者简介见本书第四章“翰墨留香”。

生 肖 联

（一）

鼠盗人粮人拔鼠须书鼠罪
牛耕我地我随牛尾助牛功

注：嵌子、丑二年生肖。鼠盗粮，人恶之，欲拔其须制成笔，书写其罪；牛耕田，我钦佩，甘为牛后助其成功。可作趣联读。

（二）

把酒话蛇年曾进书山擒巨蟒

扬鞭迎马岁再游学海驾真龙

注：欣闻卢红星书法作品在全军书法赛展出，适值辛巳年杪，转瞬壬午来临，撰此联祝贺，并寄厚望于新年。

（三）

春秋问世公羊传

史记成书司马迁

注：嵌午、未二年生肖。《春秋》问世后，有左氏、谷梁、公羊为其注释，即著名的春秋三传；《史记》先由司马迁之父收集了部分材料，而成书于司马迁。

地 名 联

（一）

秦皇失巨鹿

昌黎得大名

注：嵌河北秦皇岛、巨鹿、昌黎、大名等县市名

（二）

常熟太仓满

无锡金坛空

注：嵌江苏常熟、太仓、无锡、金坛县市名。

（三）

丽水青田招雁荡

天台葛岭集仙居

注：嵌浙江丽水、青田、仙居县市名及雁荡、天台、葛岭等名胜。

（四）

龙游丽水
仙居桐庐

注：嵌浙江四县市名。乍看平淡，请细细玩味。

（五）

花莲皈依千佛洞
珊瑚侨居日月潭

注：嵌台湾四地名。花莲本有极深佛缘，今逢千佛洞，故欣然皈依；珊瑚本海洋生物，现居日月潭，出于不得已。隐喻台湾终将回归祖国。

（六）

青云谱汤显祖作曲
烟水亭文天祥吟诗

注：嵌江西临川汤显祖墓、南昌市青云谱景区，吉安市文天祥纪念馆、九江市烟水亭景点。

（七）

博爱遍新野
民权集社旗

注：嵌河南博爱、新野、民权、社旗四县市名。

（八）

云梦荆门生孝感
汉川广水望秭归

注：嵌湖北云梦、荆门、孝感、汉川、广水、秭归六地名。寓游子思亲，父母倚门相望之情。“秭”谐音子。

（九）

巨鹿一鸣云和齐天乐
宝鸡三唱日照满江红

注：嵌河北巨鹿、浙江云和、陕西宝鸡、山东日照等地名及齐天乐、满江红二词牌名。此联曾投稿中央电视台。

（十）

过桐桥到铁井打水累了就小金山下歇歇脚
经石柱去仙潭求雨饥时坐韭菜坪上点点心

注：嵌淳安六地名。解放前大旱之年求雨去八都仙人潭，石柱、韭菜坪是必经之地。

（十一）

天桥好渡从容客
锁岛难封自在云

注：天桥即天池上的铁索桥，在东南湖区；锁岛在中心湖区。

（十二）

富溪清泉延世泽
云林嘉树有余阴

注：此联为卢家新修茅庵桥而拟。富溪、云林皆为卢家村曾用名。

（十三）

古郡山高缘小径上绿荫林中对弈
新湖水淼荡轻舟下青螺丛里寻诗

注：此联写淳安、千岛湖胜景。

烟 标 联

（一）

八大山人古画一支笔
五朵金花新华秭妹花

注：嵌六种香烟名。此联妙在不添一字，均为香烟名称。八大山人，名朱耷，擅长诗文书画；五朵金花，乃新时代涌现的好姐妹。

（二）

灯塔光明航海一帆风顺
金鸡报喜飞鹏万里长征

注：嵌八种香烟名。如不点破，俨然一幅喜气四溢的春联。

（三）

中原瑰宝九鼎荣冠第一

北国长城八达恒大无双

注：嵌十种香烟名。

（四）

古画琴棋清雅一品

诗仙书圣怀化无双

注：嵌八种烟名。

（五）

红港白鹅三友墨菊

青城蓝鸽百合黄芪

注：嵌八种香烟名。此联妙在含各种颜色的地名、鸟名、花草名。

（六）

北极北风同盟北国

南乡南海普庆南昌

注：嵌八种烟名。北极、北风乃北方特产；南乡、南海同属老乡。

（七）

玉笛金钟皇城仙岛家家乐

红花绿叶古树新华节节高

注：嵌十种烟名，可作春联用。

（八）

夏橙黄果树

冬青白鹭洲

注：嵌四烟名。橙黄青白，相映成趣。

人 物 联

（一）

身是巴人索居下里

心如白雪爱唱阳春

注：此联为作人兄六十华诞撰。仁兄地道农民一个，且居他乡峻岭，但心洁如雪，作品超凡脱俗，故言之。

（二）

情系诗书画

品兼松竹梅

注：此联挽知友毕逸卿。毕兄诗书画印样样精到，松高竹节梅清集于一身。

（三）

盛德配天遗爱见存明季石

崇祠面水英灵长系睦州民

注：此联缅海（瑞）公。

卜算子·梅报知音并序

（毛泽东生前酷爱梅花，咏梅诗篇尤为传神。梅花与领袖互为知己。伟人仙逝，梅花和泪吐芳，报答知己。）

花未著寒枝，雪已压深谷。何事春归不早开，思念毛公苦。

公去不复回，思想垂千古。为报毛公待我情，和泪芳心吐。

读千家诗卢梅坡梅雪诗后

梅雪何妨合一家，　取长补短两无瑕。
梅当借雪来增白，　雪却因梅去润香。

陪洪来祥观则周先生《百梅图》

和靖孤山满院梅，　　千姿百态斗寒来。
凝神但觉芳香袭，　　原是先生笔下开。

失业咏怀[①]

长歌归去莫疑猜，　　爱菊闲来可自栽。
勤披经史访先哲，　　懒走机关谒俗才。
少向时人讴旧曲，　　频催拙内酿新醅。
二十九年驹过隙，　　不拘荣辱襟怀开。

注：①吾1965年参军，1994年失业，其间足29年矣。

黄瑞祥（18首）：

黄瑞祥，1946年生，梓桐黄村人。1968年建德师范毕业后在小学、初中任教。1977年调县文教局，1982年进省委党校进修。1984年后调县委党校任教直至2006年退休。在职时有论文发表，退休后以诗、文自娱。

春　柳

千丝万缕鹅黄浅，　　始信东风度陌阡。
游客若问春住处，　　明湖碧水柳如烟。

春　桃

一任群芳妒丽颜，　　嫣红粉白舞翩跹。
无心与菊争高洁，　　悦众风神出自然。

古　樟

杜井桥头一古樟，　　苍虬横逸傲风霜。
浓荫蔽日生凉意，　　枝叶扶苏溢瑞香。
根扎悬崖豪士胆，　　影投碧水丽人装。
普施恩泽往来客，　　梓桐源中盛誉扬。

农 夫 吟

青山绿水合村围，　　阡陌农歌信口开。
日跃东山牵牛去，　　月笼西水负犁回。
春锄汗滴高丘土，　　秋刈桑田白露皑。
五谷丰收年岁好，　　天酬苦累酒盈杯。

六十自述

斗转星移六十年，　　半是艰辛半悠闲。
廿一之前为学子，　　廿二以后执教鞭。
讲台耕耘卅九载，　　桃李芬芳遍淳安。
凡夫俗子当知足，　　夕阳山村看炊烟。

梓里纪实

黄村自古谓三峰，　　始祖开基讳垓公。
已历沧桑八百载，　　祠前黄犬最诚忠。
村南溪曲潺潺水，　　廓北山青习习风。
广有良田五百亩，　　千余黎众乐融融。

龙畈村忆旧

（1968年师范毕业，分配至瑶山龙畈小学任教。转眼四十年过去了，旧地重游，不胜感慨。）

执教人生第一程，　　师生友谊特纯真。
课堂授业谆谆语，　　灯下阅批眷眷心。
弄水溪坑多愉悦，　　伐薪南岭备艰辛。
依稀梦里眼前事，　　屈指已经四十春。

江城子·九八同学会

松城饭店聚嘉宾。月澄明，酒香醇。笑语盈盈，细诉别离情。相见未言先坠泪，三十载，梦中人。

当年共读在梅城。晓书声，暮琴声，苦乐耕耘，立志做园丁。流水年华今已逝，时不再，记尤新。

踏莎行·中秋寄友

花谢阳台，叶黄庭院。秋风已至江南岸。添衣毋忘友叮咛，风姿倚重体康健。

千岛新安，鱼书鸿雁。遥想往事情还暖。当年琴室亮歌喉，娉婷倩影脂香浅。

临江仙·思父

屏却相思总不成，梧桐冷月江滨。萧萧又是叶秋声。阑珊灯火，堪慰寂孤人？

风雨坎坷师兼稼，一生田砚耕耘。温良恭俭度平生。高丘黄土，身后应留名。

浣溪沙·美哉千岛湖

春

（一）

昨夜东皇奋振衣，千红万紫挂芳枝，鹅黄鸭绿柳依依。
渐涨春潮湖浩渺，新披彩氅岛丰姿，争鸣百鸟啭无时。

（二）

岭上桃花映日红，湖滨杨柳拂东风，新黄嫩绿写春容。
可点可圈湖水秀，难诗难画岛葱茏。欲穷此景必亲躬。

夏

（一）

布谷声中夏令臻，葱茏千岛爽精神，一泓碧水最相亲。
无畏湖边垂钓客，有闲林下纳凉人。风光无限喜来宾。

（二）

赤帝来时春帝迁，湖添秀水岫添颜，清凉共我舞蹁跹。
游艇犁开青黛界，飞机冲向碧蓝天，水中泳者最神仙。

秋

（一）

翠叶黄花九里香[1]，中秋过后又重阳，一年最好数秋光。
百里明湖清澈底，千丸翠岛秀芬芳。人居益寿且身康。

注：①九里香为桂花别称。

（一）

千岛赏秋别样秋，一湖秀水碧幽幽，上翔鸥鹭下行舟。
精致山城飘桂雨，大方玉叶品高楼，驰名海外大鱼头。

冬

（一）

一夜北风卷雪来，千山万岳白成堆，惟余碧水一湖开。
原野苍茫驰腊像，景区瑰丽上高台，湖边情侣紧相偎。

（二）

绿水青山金带围，徘徊大雁不思归，游人交口赞清晖。
不朽名湖山与水，风流千岛雪和梅。司冬玄帝莫相违。

汪永明（16首）：

作者简介见本书第四章“翰墨留香”。

梓桐三宝

古睦名区梓桐源，　　山钟水灵润物甘。
苞谷蕃薯都涵蜜，　　石斑游鱼味更酣。

蛇 头 石

怪蛇劫色赴公坑，　　遇上汪佛色心慌。
神钗一戳断三寸，　　身首异处化石顽。

汪公老佛

越国汪侯忠烈王，　　取胆杀子孝唐皇。
漏得一子尹山隐，　　超度成佛济世昌。

汤 瓶 山

天赐神钵与汪僧，　　蒸云煮雨济苍生。
牛魔闻得来相盗，　　覆钵一镇瓶成山。

尹山月夜

山高月依旧，　　殿破佛无踪。
隐隐梵响远，　　默默禅心空。

过横石路

横石云梯拾级高，　　老树苍藤也风骚。
昔年汪佛八抬过，　　今日幽径空自吆！

姜家十年

凄凄人生过不惑，　　事事难顺如日落。
悠悠郁水淌十年，　　依依相濡唯笔墨。

人生四十

人生懵懂过四十，　　辛勤劳碌无终时。
纵然赤心难酬寄，　　唯有丹青遣岁迟。

寄许敏健返杭

早年耕云钱江畔，　　今日种月郁溪边。
钱塘一脉涵郁水，　　轻波寄情山水间。

山水姜家

一湾碧湖映山镇，　　千年古城隐水深。
山越风情流芳远，　　山水姜家绘景胜。

岸送秋波

秋云蔽日风无影，　　秀水映得五彩景。

赤橙黄绿神工画，　　岸送秋波到龙庭。

姜家人面石崖

鬼斧神工造天然，　　天生大佛是何年？
南洲山水天宫画，　　留得如来不知前。

金秋胜境龙川湾

山蒙云渺湖映山，　　湖光山色隐龙翔。
金秋美景山湖曲，　　蓬莱瑶池是龙川。

郁溪狮石

狮岫突兀势峥嵘，　　昂首凌风参天雄。
奋起金鬃驱邪魔，　　巍然正气贯长虹。

龙川春日

春日融融暖风潮，　　青山馥郁花枝摇。
秀水涟漪似明镜，　　芬芳龙川乐逍遥。

金色龙川

金风淡云山显色，　　枫叶荻花秋瑟瑟。
龙卧苍松度无迹，　　龙川美景隐深壑。

卢红星（9首）：
作者简介见本书第四章“志载名人”。

富溪春居

昨夜梦里惊春雷，　　朝起果然浪作堆。
当窗翠竹微湿雨，　　铺地红砖略著苔。
白雾散时南山现，　　紫烟升处故人来。
喜展素笺轻落笔，　　淋漓寄兴画图开。

千岛湖垂钓

长事稻粱偶得闲，　　泊舟垂钓碧波湾。
肥鳜上钩浑不觉，　　情系奇山秀水间。

谒海瑞祠

明冤惩恶均徭赋，　　为政清廉风教敦。
离任一盅清水送，　　至今黎庶仰忠魂。

过凤祥居

自古烟云润笔墨，　　故移书榻对清晖。
晨舟欸乃采樵去，　　夜门吱哑谈诗回。
壁挂丹青手亲绘，　　盘餐果蔬自家栽。
世风日薄君莫叹，　　自有桃源可遣怀。

访凤祥君

威坪少景不曾游，　　路断水横最是愁。
舟慢车颠耐辛苦，　　只因君在虹桥头。

九月赏瓶菊

遥忆南山菊，　　香气满门庭。
城市无我土，　　一枝入花瓶。

登黄鹤楼

黄鹤名篇吟咏久，　　登高览胜正清秋。
先贤乘鹤纷纷去，　　我辈寻幽处处留。
大厦群临汉阳树，　　景观新辟鹦鹉洲。
星移物换今非旧，　　且看盛世逍遥游。

论 诗

深闺易安词秀丽，　　疆场武穆句雄浑。
辞修字炼如神笔，　　所蕴真情茂德存。

书法笔会

（甲申三月，在北京清河参加武警部队书法篆刻创作班。期间，欧阳中石在书房亲为讲学，受益良多，赋七绝以记。）

三月晴和赴京华，　　似渴若饥拜名家。
清河研墨墨更润，　　勤写善悟笔生花。

部分村景诗选：

云川（常宁）八景诗

家棠

传春桃李

北望传春春色传，　　秾华桃李斗芳妍。
霞蒸素缟标云锦，　　雪衬红妆浥露鲜。
花下呢喃闻燕喜，　　枝头睍睆看莺迁。
等闲漏泄东皇意，　　蹊畔无言自集贤。

长堤翠柏

参天老干尽森森，　　遍植长堤自古今。
黛色虚含云表露，　　苍颜不改岁寒心。
千枝屈曲龙蛇状，　　万叶葱茏鸾鹤吟。
赛胜武侯祠畔列，　　亭亭节概重儒林。

笔峰烟霞

峰如笔架耸云端，　　几度烟霞仔细看。
乍骇红绡经茂树，　　倏成白练卷流丸。
夕阳落共孤飞鹜，　　朝霁光分跨舞鸾。
闲倚危楼频送目，　　悠然无语下栏杆。

双溪钓叟

夹舍流分燕尾斜，　　持竿一叟立平沙。
桃花浪里身全见，　　杨柳阴中影半遮。

乐志旋溪机趣古，　　寄怀涪水素风赊。
怡然不顾王侯使，　　罢钓归来笑语哗。

龙洞甘泉

握珠入洞化龙形，　　喷出流涎满罄馨。
色似琉璃堪愈疾，　　味同玉液可延龄。
迴环久浸苔衣绿，　　照耀常留树影青。
每到朱明明月夜，　　良朋三五汲银瓶。

东园绿竹

瞻彼东园染绿筠，　　移来淇水傍芳邻。
冬天雪聚银花吐，　　春地牙抽犊角陈。
漏月筛金秋夜好，　　敲风击玉夏时新。
平安虽未频频报，　　幸有朝朝啸咏人。

梓林晓钟

村头小寺抱溪流，　　向晓钟声到画楼。
浏亮警醒仙枕梦，　　春容唤起锦沙鸥。
长随清梵遗音远，　　几伴寒鸡雅韵幽。
日上扶桑精舍静，　　山南山北听鸣鸠。

龙门瀑布

飞泉一道挂奇峰，　　疑是登天跃玉龙。
远睹明珠竞错落，　　遥观素练带斜封。
云移影乱悬岩竹，　　风过声喧照涧松。
月夜携琴频蹑磴，　　谁能曳屐步孤踪。

注：选自常宁民国《云川胡氏宗谱》。

崇坡（叶家）十景诗

余德明

一松三干

柯叶槎牙耐岁寒，　同根异干耸奇观。
团云罩雾齐惊重，　挂月敲风总弄阑。
影照卧龙均偃蹇，　枝迎旋鹤任盘桓。
大夫久已符嘉号，　为应三公此兆端。

独水分流

潺潺如许真堪爱，　剖竺分来不住流。
遥望涟漪拖素练，　静听点滴拊鸣球。
何须井汲辘轳苦，　自足晨昏饮食谋。
活泼天机无止息，　应知有本出源头。

枫林晚景

秋深万卉怯秋霜，　独羡枫林绛色妆。
冷落景工成巧句，　辉煌霞拥触晴光。
飘风散出奇花乱，　映日斜铺倒影长。
堪与庙廊隆栋宇，　行看移入帝王乡。

辉阁前芳

双桂当年共竞芳，　至今留得姓名香。
怀贤独怅祇园废，　吊古翻悲萝迳荒。
阁上人归空杳杳，　山前水逝尚泱泱。
景行胜地多豪杰，　重振遗芳绍耿光。

舒村朝旭

海球初上放光华，　　阳谷春生景最赊。
红烛早临边水地，　　黄绵偏覆野人家。
瓯窭平旷先沾暖，　　龛赭嶙峋未许遮。
晓起开窗遥望处，　　举头与日不相遐。

富岭夕阳

金乌薄暮欲藏辉，　　还喜山头挂落晖。
若待玉盘为作主，　　如贪叠嶂与常依。
融融独朗长空近，　　皓皓迟阴列岫巍。
樵子负薪穿晚迳，　　满身带得夕阳归。

高洲书馆

小构平堤远俗尘，　　牙签万轴满藏春。
咿咿书韵惊神鬼，　　灿灿文光逼斗辰。
博采古今能透隐，　　精研义理直穷神。
行看次第飞黄去，　　尽展经纶利用宾。

后坞云屏

削翠天成俨画屏，　　山高时有白云停。
一方保障侍嵩岳，　　四面端平异阜陵。
猿鹤来还供景色，　　松杉茂密拥丹青。
钟灵应与同端楷，　　藩翰堪移卫帝庭。

崇溪鱼浦

小涧湾湾湛碧波，　　游鱼上下若穿梭。
垂钩顷刻随看盛，　　举网须臾已觉多。
郑馈同烹愚子产，　　松鱼并美乐东坡。
渔人六物今皆具，　　不得鳌头不放过。

斗水龙窝

绝壁悬崖小洞幽，　　一泓澄澈迴常流。
鬣鬐隐约从中蛰，　　头角峥嵘向此修。
静待风云甘寂寞，　　欲成霖雨养谋猷。
禹门桃浪而今暖，　　指日飞腾孰与俦。

注：选自叶家庄民国《南阳叶氏宗谱》。

杏坡八景诗

（洋坡）胡步楼

船岫钟灵

一座峰峦似覆船，　　梓桐始祖葬山前。
兴来缓步登高望，　　现出钟灵毓秀巅。

石室留仙

古洞岩岩不染尘，　　空中石室驻仙人。
登临似入方壶内，　　坐看云烟卜簪缨。

道山耸秀

绿树阴浓照水边，　　道山耸峙接云天。
虽然暮鼓晨钟歇，　　尚有庵名万古传。

凉亭锁翠

村东水口建凉亭，　　锁处青山四面灵。
过客往来堪小憩，　　夕阳倒影照沙汀。

星焕金盘

金盘何日摆田心，　　万宝从兹正好寻。
更有一番欣赏处，　　西山日落吉星临。

纛奔天马

最爱山头妙景张，　　空排天马控高岗。
春风得意奔来疾，　　皇路驰驱姓字香。

屏开竣岭

巍巍峻岭辟南山，　　路似羊肠有几弯。
天设横屏为保障，　　千秋拱照绿回环。

桥通云路

不识何年伐木成，　　桥横两岸济人行。
南通遂邑西通歙，　　渐入云霄博令名。

石峤（郑家村）十景诗

（龙溪）徐锡瑜

梅岫拂云

屋后梅峰众所闻，　　宛如仙鹤立鸡群。
参天自有参天势，　　暮暮朝朝总拂云。

梅坂秋稼

莫谓秋容淡不开，　　行行秋稼绝纤埃。
有时瑟瑟金风起，　　多少黄云入目来。

仙人石座

灵石天生置此山，　　苔侵雨湿藓文斑。
自从仙子飞升后，　　不复乘云坐此间。

绿荫垂钓

千章古木临溪畔，　　一带浓荫最可人。
携得钓竿来此处，　　无鱼亦自爱垂纶。

观音坐莲

巉岩一殿面南岗，　　下瞰清溪百尺强。
士女烧香酧夙愿，　　都来莲座祝慈航。

象山印石

象山委宛倚深潭，　峭壁何人敢俯探。
背上至今留印石，　有谁拾起印青岚。

深潭印月

百尺深潭百尺清，　高秋水色更晶莹。
况添皓月来相印，　分外光辉分外明。

狮山古松

门对狮山兴若何，　虬松栉比此间多。
有时飒飒东风起，　绝似涛声拂耳过。

长虹饮水

偶步溪头见此山，　宛如螮蝀挂层霄。
天边雨霁抬头看，　忽伴云烟饮晚潮。

三山叠翠

突兀三山类削成，　宜烟宜雨复宜晴。
闲时试把三山望，　只觉青葱万象呈。

注：选自光绪《石峤郑氏宗谱》。

胡溪（慈溪）十景诗

平水绿波

（崇坡）叶世辅

溪名平水水平过，　　每到三春涨绿波。
草色浮青流荇带，　　苔痕漾碧茁烟萝。
沿溪柳影千丝挂，　　夹岸山光一鉴拖。
戴笠披蓑垂钓客，　　秋风夏雨阅人多。

金盘奠宅

（遂阳）严世科

宅奠胡溪卜永安，　　阴阳相定是金盘。
基开好启鸿图壮，　　畴服休忘燕翼难。
甲第里由开府著，　　涧槃诗咏硕人宽。
形家象取方盂似，　　圆折周旋固石磐。

凤山南峙

（练溪）腾雍

南山当户现奇峰，　　凤翥高骞旺气钟。
秀挹徐溪光彩羽，　　影窥平水斗神龙。
德辉览处翔千仞，　　阿阁巢时俯万重。
昔日来仪今傍宅，　　世仪祠畔挺乔松。

交泉西流

（威平）董正

青山隐隐水迢迢，　　曲绕西流玉带飘。

地属巽宫临兑位，　　泉名交服出重桥。
有亭跨涧通来往，　　无计回澜度夕潮。
居士昔年辉梓里，　　尚留一序记前朝。

三桥锁翠

（练溪）永衫

宅临平水与交泉，　　驾石为梁不计年。
三处问津皆有路，　　一渠流玉可分田。
虹飞影锁重重翠，　　柳傍桥横缕缕烟。
题柱于今留姓字，　　再来端的策肥坚。

五岫腾辉

（茂勋）卢邦瑞

叠叠重重磊磊山，　　形同五马壮乡关。
星占奎室金盘聚，　　掌露仙人玉笱班。
南涧东堂依此地，　　庄襟老带出其间。
辉联合璧钟双桂，　　吊古兴怀日往还。

龟墩拥秀

（练溪）文帜

元武峰前拥翠墩，　　天然秀气此间存。
问名恰似龟山伏，　　作对还同凤岫蹲。
五色灵宜钟巨族，　　十朋益自遍高门。
浮岚乍卷舒奇景，　　最是朝看日晒暾。

虎石饮泉

（洋合）汪华顺

岩岩石立俯平川，　　蟠踞蹲雄气万千。
渴饮形堪摹黑虎，　　狂奔势欲吸清泉。
三秋风起疑山动，　　五夜雷鸣作啸传。
似此奇横能镇宅，　　长林丰草永安眠。

慈岭钟英

（胡溪）道森

慈岭支撑势纵横，　　千年绕宅毓群英。
栽培双桂山增丽，　　控锁三桥水有名。
旭日晓看峰顶异，　　白云遥瞩眼前生。
惠和能遂村人愿，　　行到高头路渐平。

金竹拱照

（练溪）文起

山辉金竹郁苍苍，　　四面峰回照夕阳。
翠积箖箊饶万仞，　　彩留桑梓荫千章。
文同画意摹形淡，　　玉局参禅拱手忙。
碧水丹沙交映处，　　潇潇长护世仪堂。

注：选自慈溪《安定胡氏宗谱》。

练溪十景诗

月山拱秀

（璜溪）周问渠

遥望峰头皓月明， 半轮山色共峥嵘。
云开秀澈蛾眉影， 樵听歌传桂斧声。
三五不知圆与减， 万年长此纵而横。
人烟远近村环绕， 多少浮岚拱送迎。

练水含清

（崇坡）叶青云

清流九曲绕村西， 渺渺茫茫号练溪。
月点波心含素影， 烟笼水面护长堤。
连天柳色横山黛， 夹岸花明指路迷。
是处有矶堪把钓， 灵通一缕烛然犀。

笔架三峰

（璜溪）周长发

卓笔高撑面面奇， 三峰矗上势分歧。
云摩欲写凌云赋， 露蘸疑裁盥露诗。
叠障里宜双桂著， 重峦山是万年基。
人文争似天文巧， 影倒溪流作墨池。

畴开千顷

（竹烟）严鼎承

绿野平铺万顷田， 犬牙错绣喜连阡。

渠通练水畴分一，　　　　亩足春耕耦结千。
禹甸畇畇开马坂，　　　　周原膴膴接霞川。
农桑到处添生计，　　　　力穑频书大有年。

官亭憩驾

（并峰）茂林

面面山围锦绣屏，　　　　行行行到接官亭。
輶轩问俗人攀驾，　　　　芟税封棠地效灵。
一路遥瞻云拥白，　　　　两峰高耸眼留青。
东西多少登程客，　　　　柳拂旌旗冠盖停。

姥寺闻钟

（里人）桂山

陡觉丛林梵韵清，　　　　东禅有意发闲情。
晨钟一击传千里，　　　　姥岫三山响数声。
隔断横江犹渺渺，　　　　吹开练坂动怦怦。
梦回深省催诗兴，　　　　触起征人破晓行。

象石临溪

（松溪）周烈

怪石临流独擅奇，　　　　形同象饮势难羁。
张牙欲攫横山翠，　　　　卷鼻长眠练水湄。
塍拟青龙能斗丽，　　　　坂开白马若争驰。
岩岩借作回澜柱，　　　　怎肯随波漫转移。

狮峦锁翠

（并峰）文楙

名山镇宅壮奇观，　郁郁葱葱匝地蟠。
势拟熊罴超象石，　形雄虎豹号狮峦。
苔烟锁就苍流翠，　骨相开张猛寓宽。
雨怒雷轰增气概，　天然好作狻猊看。

山横水口

（松山）周贯

叠叠峰峦曲曲湾，　练溪尽处障云鬟。
水流更有山横水，　山抱几疑水绕山。
路口已饶泉石胜，　村居好似画图闲。
花明柳暗添幽趣，　槃涧优游任往还。

岭矗云头

（杜川）吴山恒

岭峻山崇径最幽，　峰头矗起接云头。
斜斜曲曲辽而往，　邈邈绵绵阻且修。
有路恍疑霄汉转，　无行不向雾烟浮。
登高眺远穷千里，　百尺天边望蜃楼。

注：选自慈溪《安定胡氏宗谱》。

三峰（黄村）十景诗

双溪汇流

一派青山呈秀色，　　两溪绿水泛崇光。
拨云白鹭中天舞，　　觅食斑凫贴水翔。

朝山灵秀

面里三峰笔架形，　　人文聿起地钟灵。
柏松郁郁云间秀，　　鸟语花香四季春。

狗墩传古

石犬如蹲谨守门，　　风风雨雨不辞辛。
当年随主卜居此，　　赢得芳名传古今。

荷塘鱼乐

十亩方塘一鉴开，　　水光山色共徘徊。
鱼儿喋喋悠游乐，　　白鹭嘎嘎去又回。

龙坑春水

涧水一泓细细流，　　蜿蜒伸展似龙游。
水源春季多丰足，　　灌溉良田数百丘。

庵山古寺

绿树丛中一古庵，　　飞檐高啄响铃悬。
林间时有催耕鸟，　　窗下常闻读佛经。

松岭亭风

松岭凉亭傍水滨，　　几番修葺几番新。
逶迤小径通舒口，　　来往行人憩又行。

三墩霁色

岿然平地起三墩，　　翠柏青樟似伞团。
百鸟笙喉亟弄巧，　　群群貂鼠乱枝穿。

祠前旗杆

一双旗杆擎青霄，　　鉴古观今足自豪。
毓秀三峰多俊杰，　　位高禄厚姓名标。

护村柏林

长堤下首柏森森，　　数抱树身几百春。
村舍狂飙无险虑，　　古来惯叫护村林。

注：选自黄村《江夏黄氏宗谱》新谱。

第八章　书画之页

湖山雨霁

山接青霄峻，明湖水浸空。
山光何艳艳，水色更溶溶。
移树莺声滑，凭栏客意慵。
伫观新雨足，泼墨画图浓。

——胡则周

为电视剧《水浒传》题字　　作者：王富强

《道法自然》　　作者：王富强

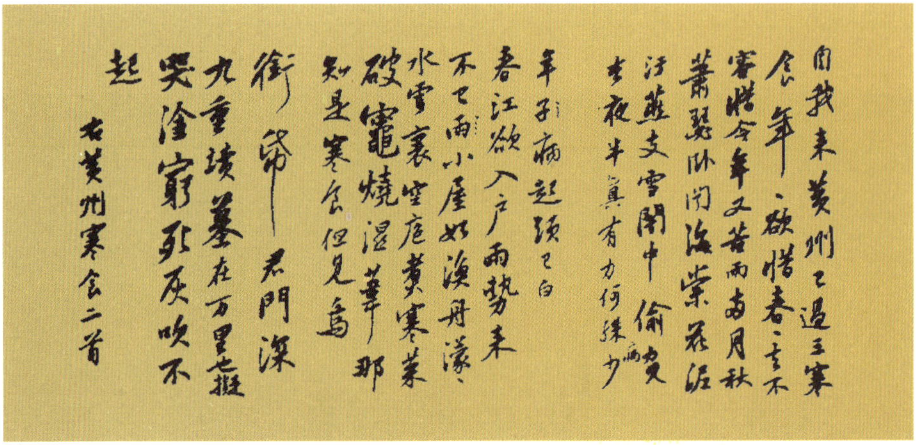

作者：卢红星

作者：卢红星

作者：卢红星

作者：胡则周

作者：胡则周

作者：胡锦帆

作者：胡锦帆

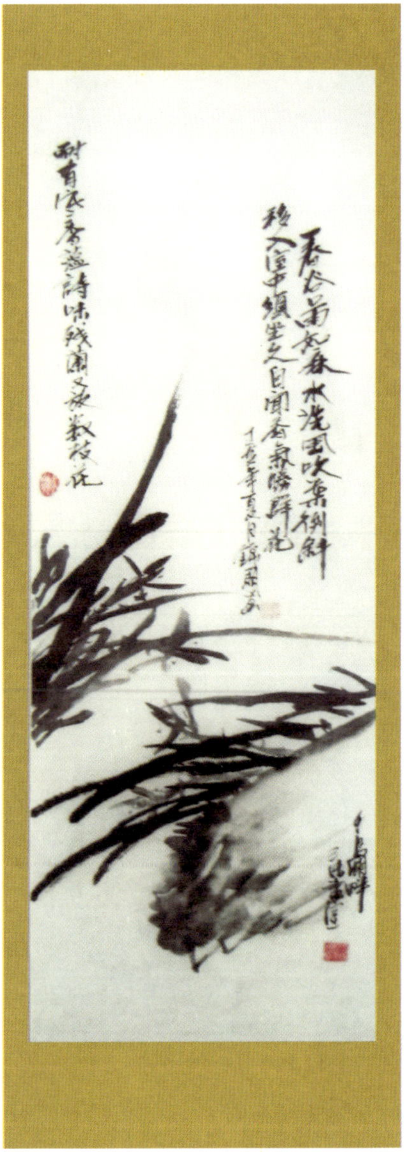

作者：胡锦帆

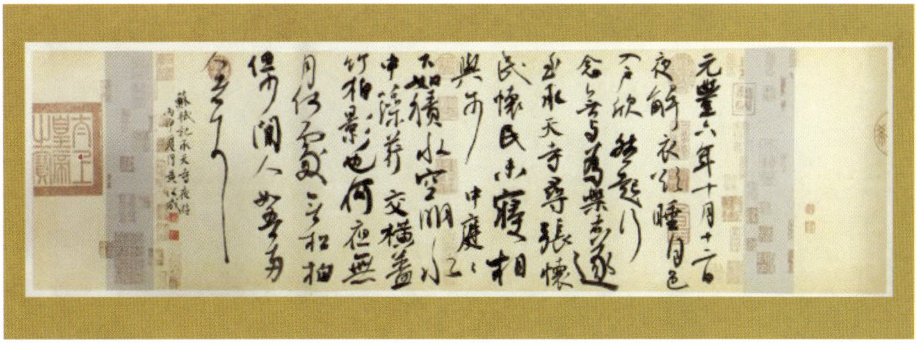

作者：黄裕成

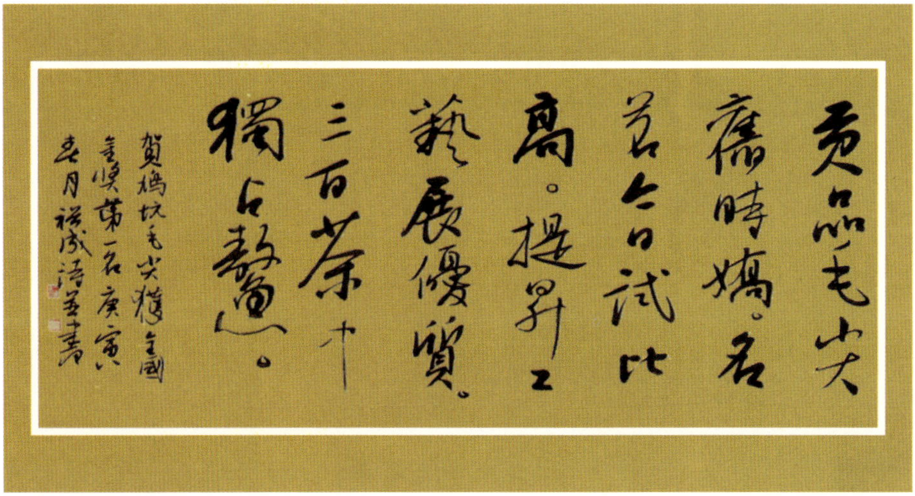

作者：黄裕成

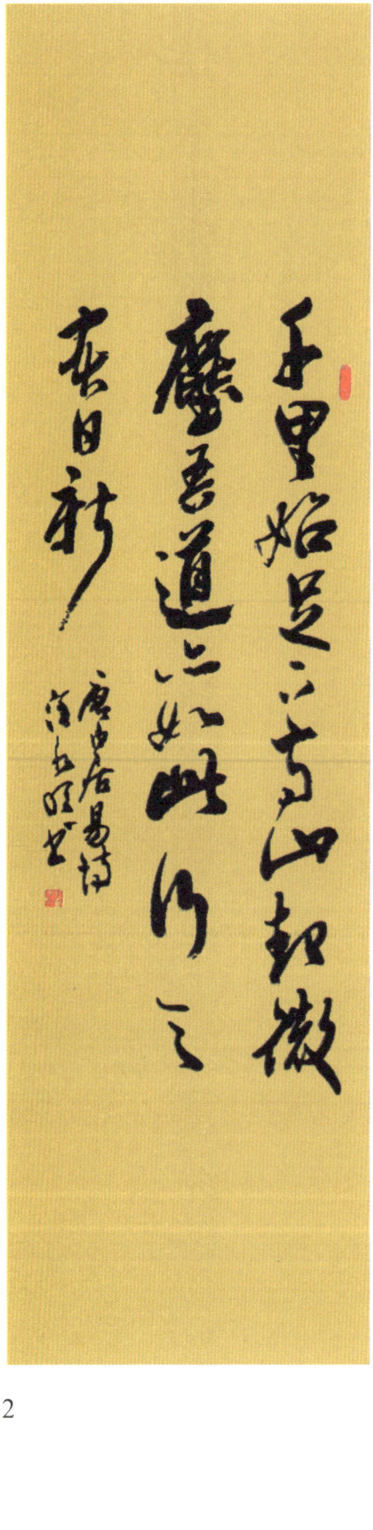

作者：汪永明

作者：汪永明

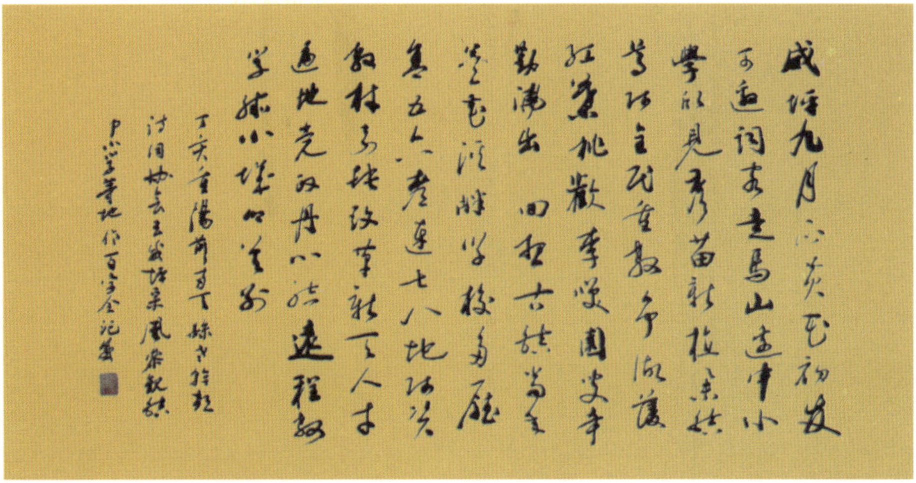

作者：卢凤祥

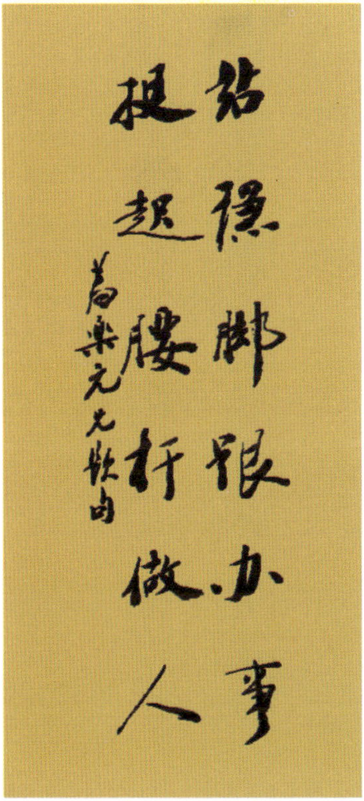

作者：卢凤祥

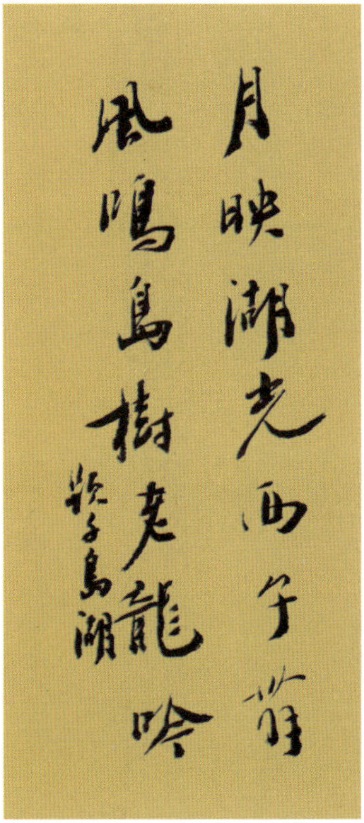

作者：卢凤祥

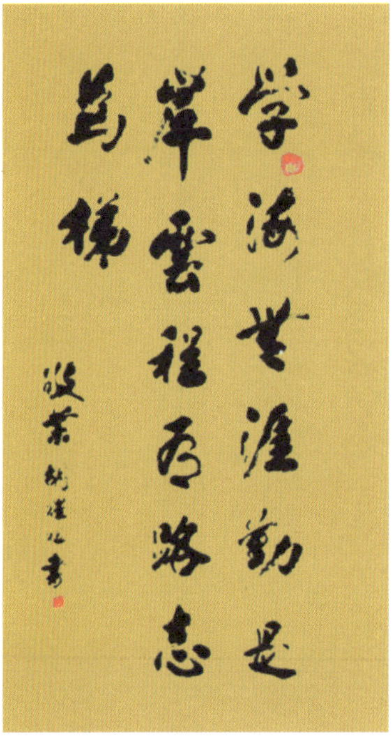

作者：胡耀祖

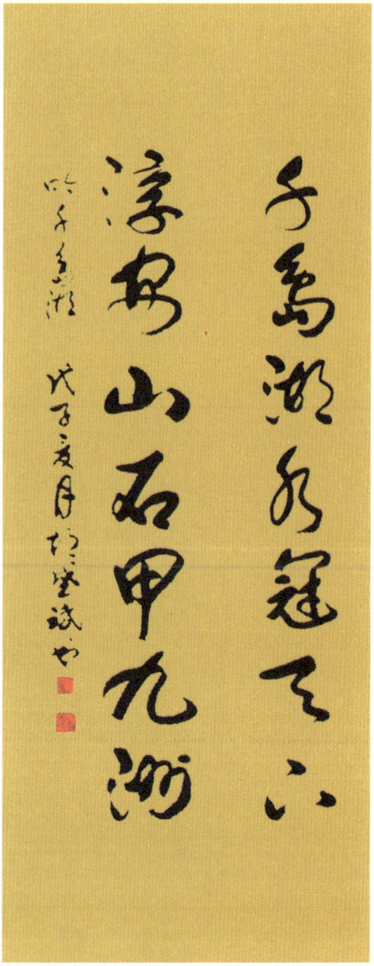

作者：胡耀祖

作者：胡耀祖

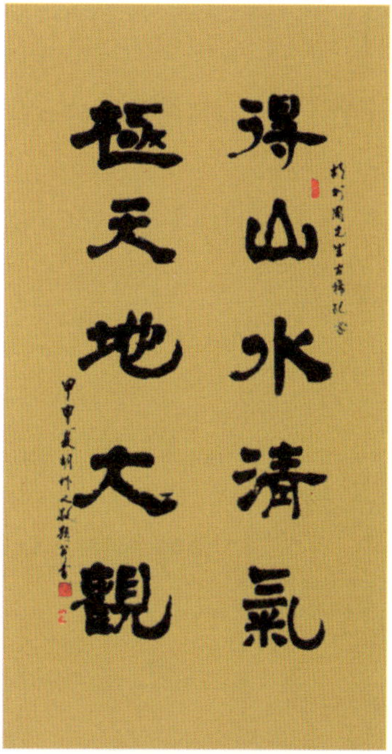

作者：胡作人

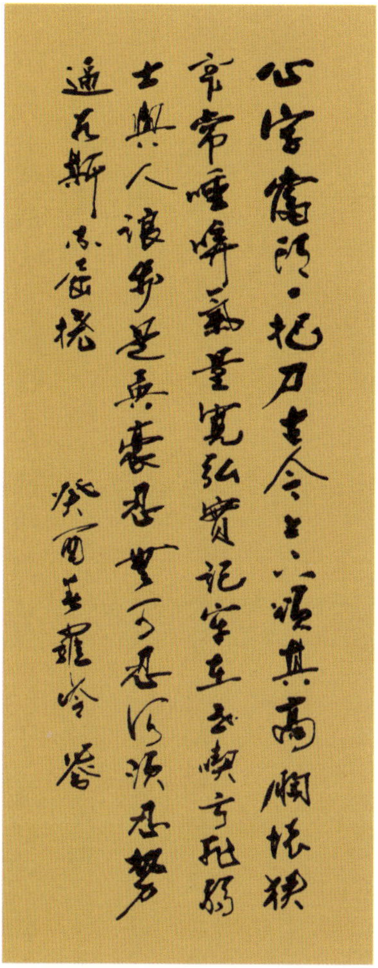

作者：胡作人

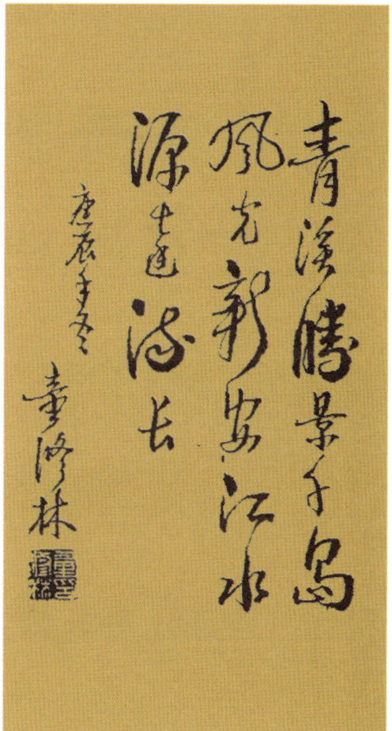

作者：童修林

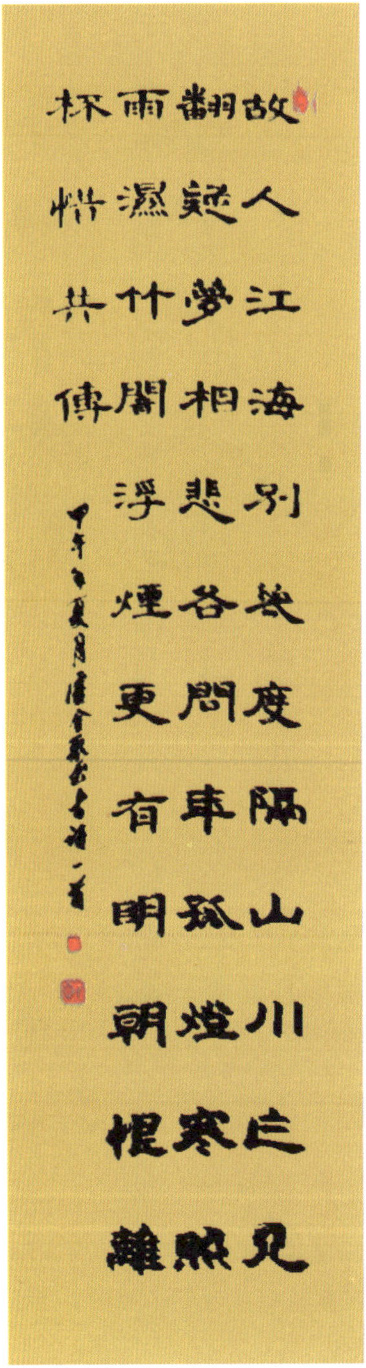
故人江海別幾度隔山川乍見
翻疑夢相悲各問年孤燈寒照
雨濕竹闇浮煙更有明朝恨離
杯惜共傳

作者：卢金聚

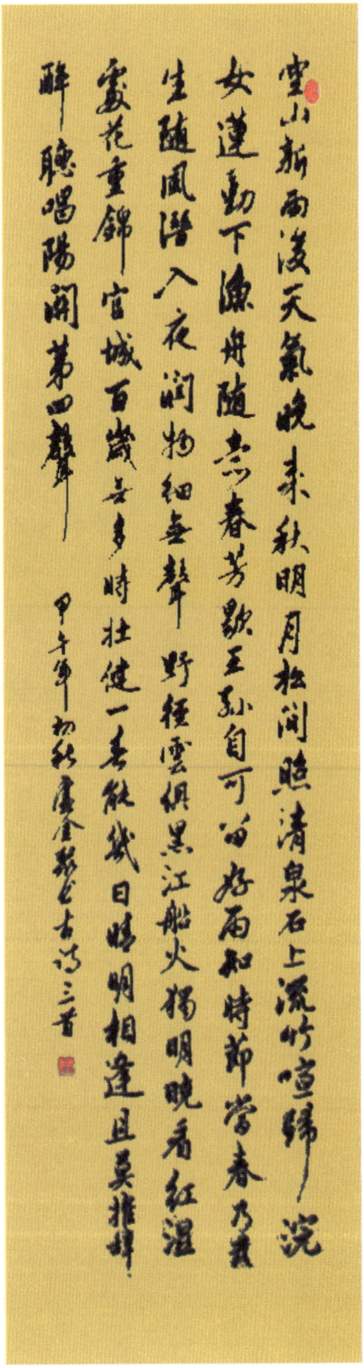
空山新雨後天氣晚來秋明月松間照清泉石上流竹喧歸浣
女蓮動下漁舟隨意春芳歇王孫自可留好雨知時節當春乃發
生隨風潛入夜潤物細無聲野徑雲俱黑江船火獨明曉看紅濕
處花重錦官城百歲無多時壯健一春能幾日晴明相逢且莫推辭
醉聽唱陽關第四聲

作者：卢金聚

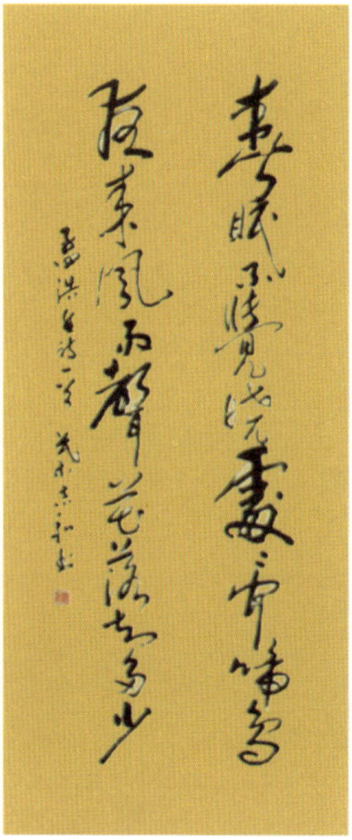

作者：叶志和

作者：叶志和

作者：叶志和

作者：叶志和

作者：童冠达

作者：黄有法

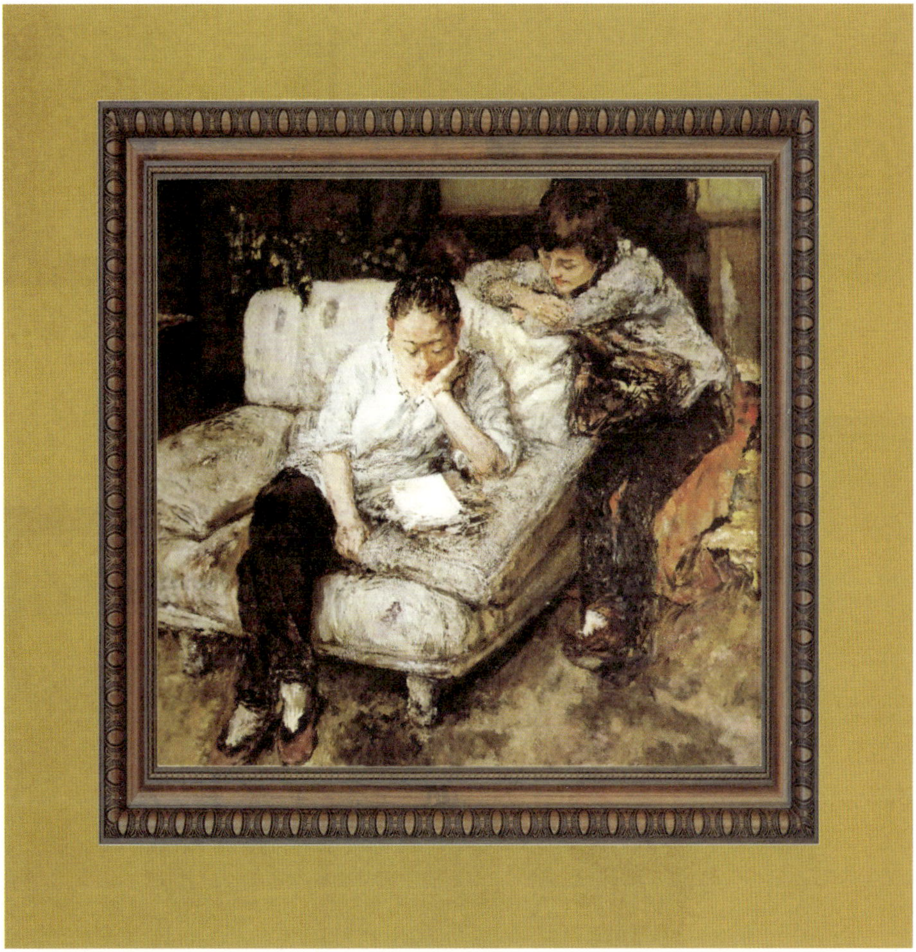

《对闲书畔》　　作者：胡雪晴

《群鱼图》　　作者：胡爱亮

《鱼乐图》　　作者：胡爱亮

《采茶图》　　作者：胡爱亮

作者：徐道法

作者：徐道法

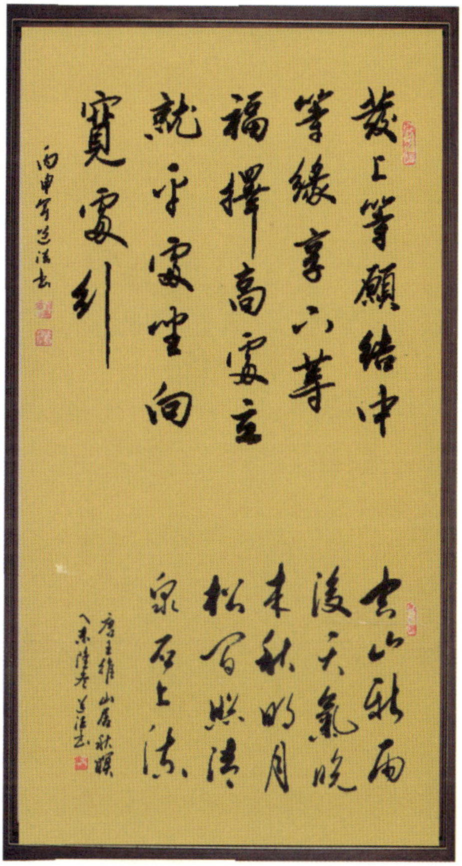

作者：徐道法

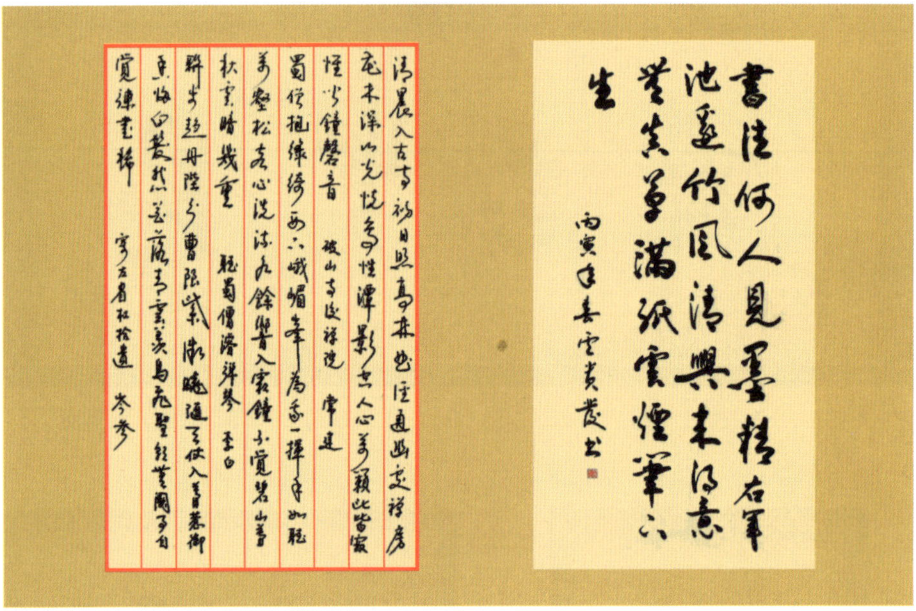

作者：卢贵发

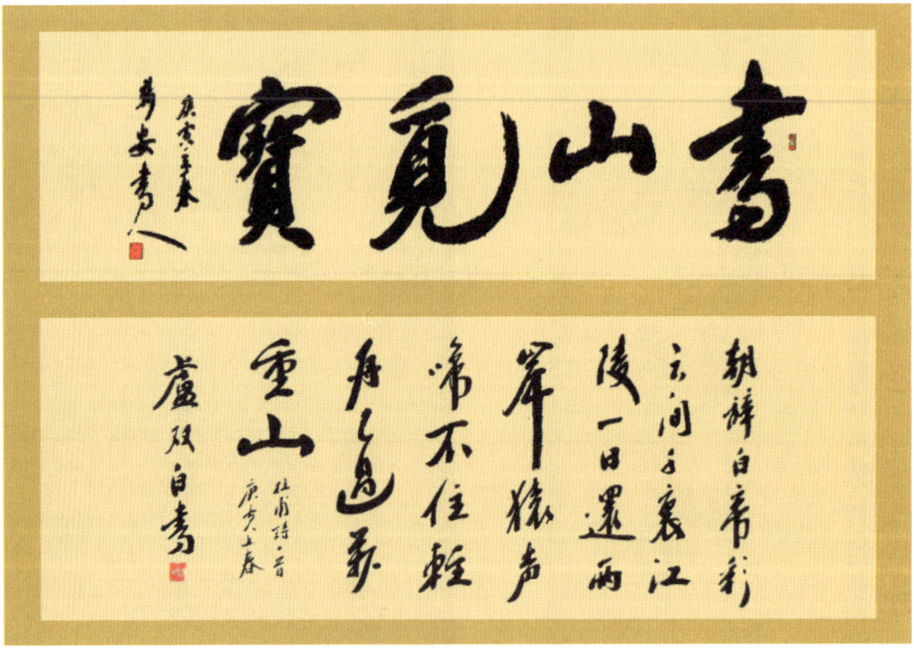

作者：卢新胜

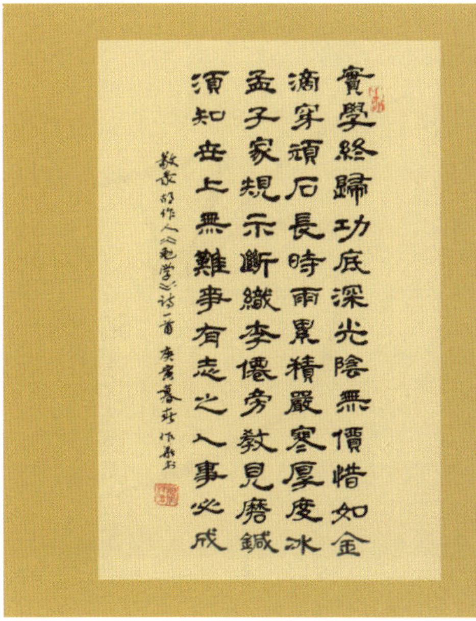

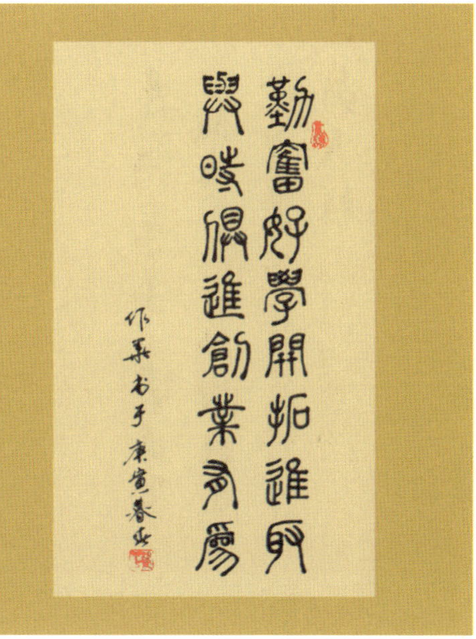

作者：胡作华

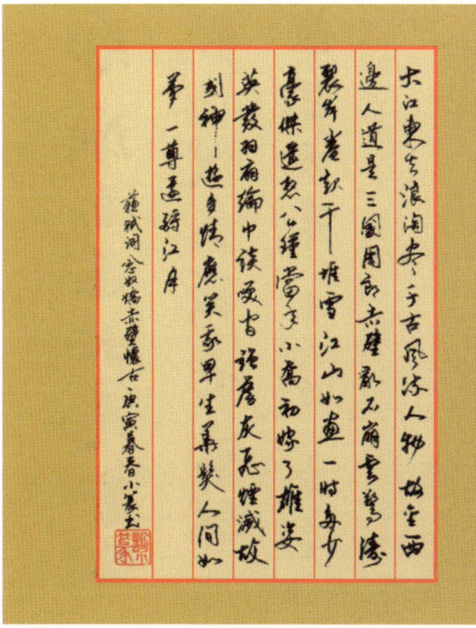

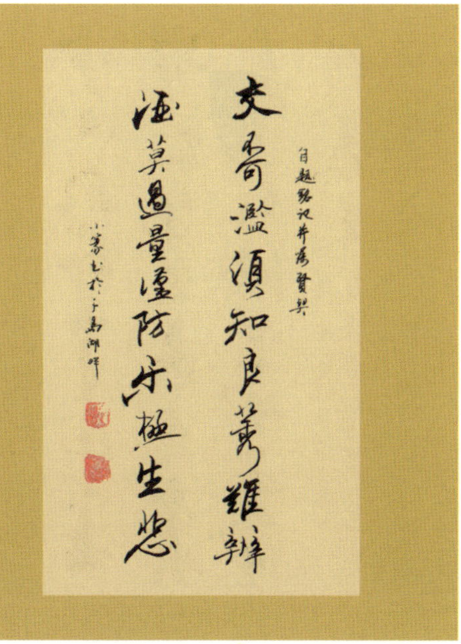

作者：胡小篆

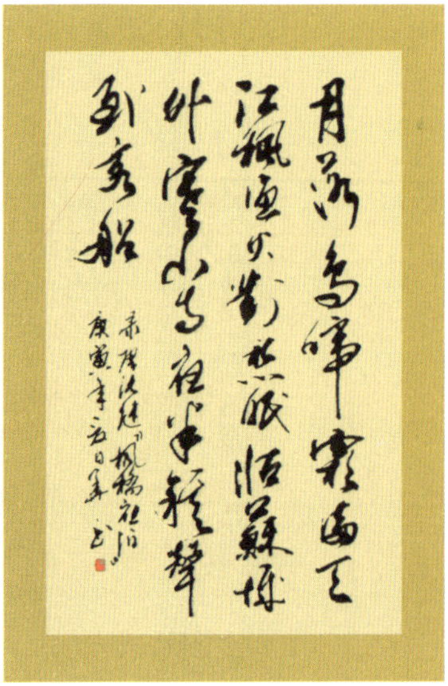

作者：胡新华

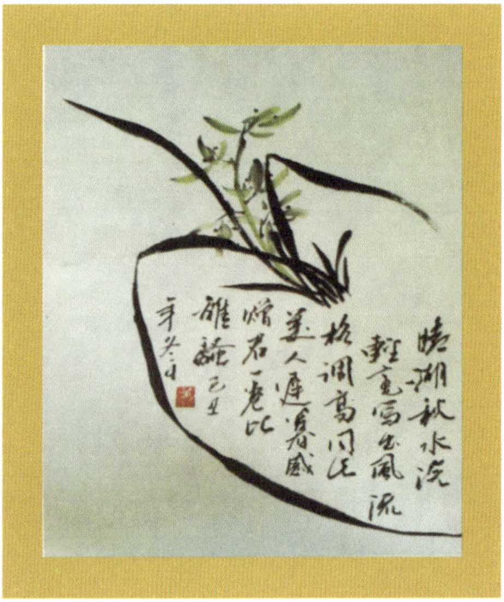

作者：胡新华

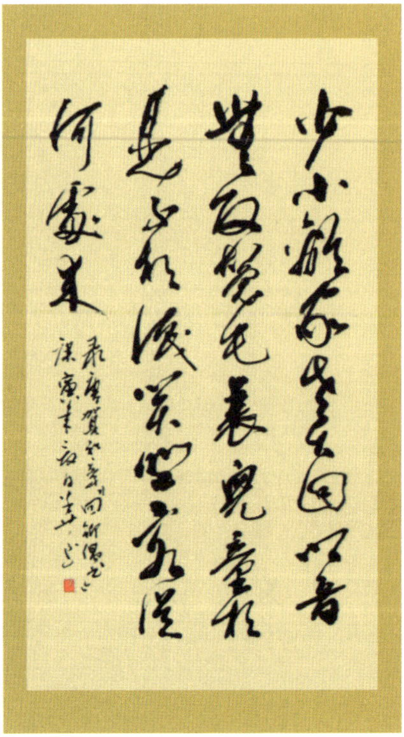

作者：胡新华

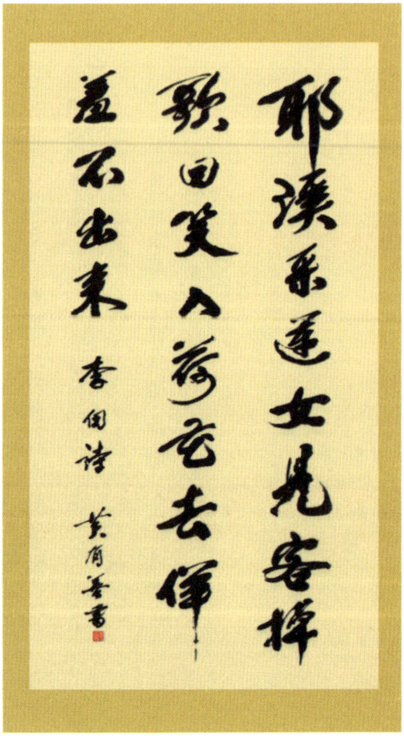

作者：黄有善

作者：汪云飞

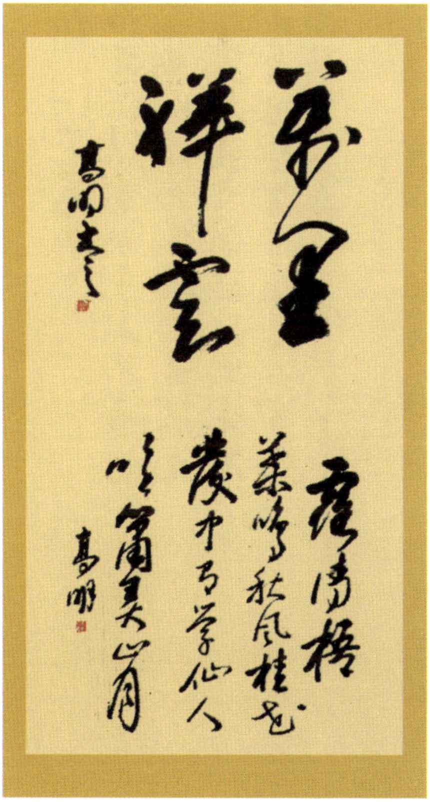

作者：汪高明

剪纸　作者：汪高明

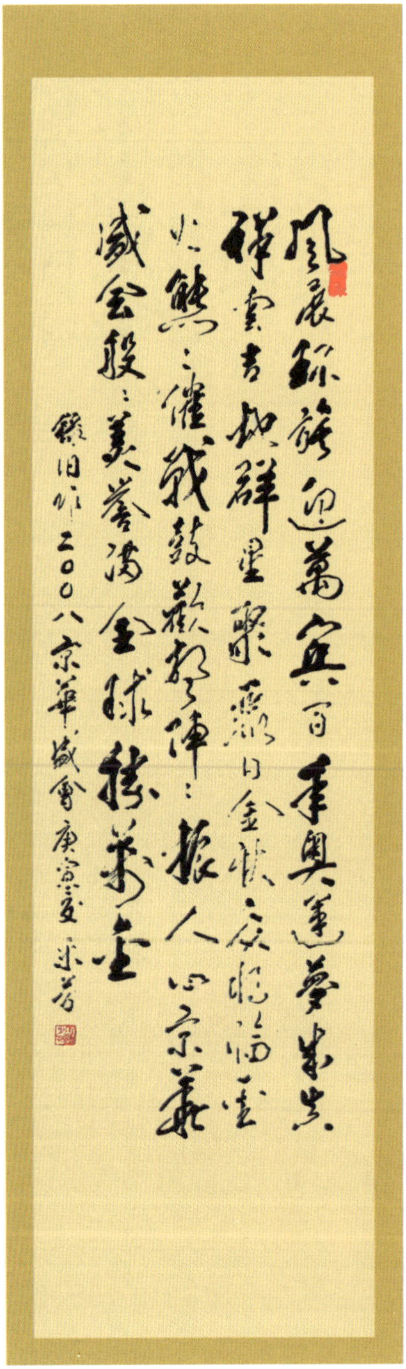

作者：胡乐芳

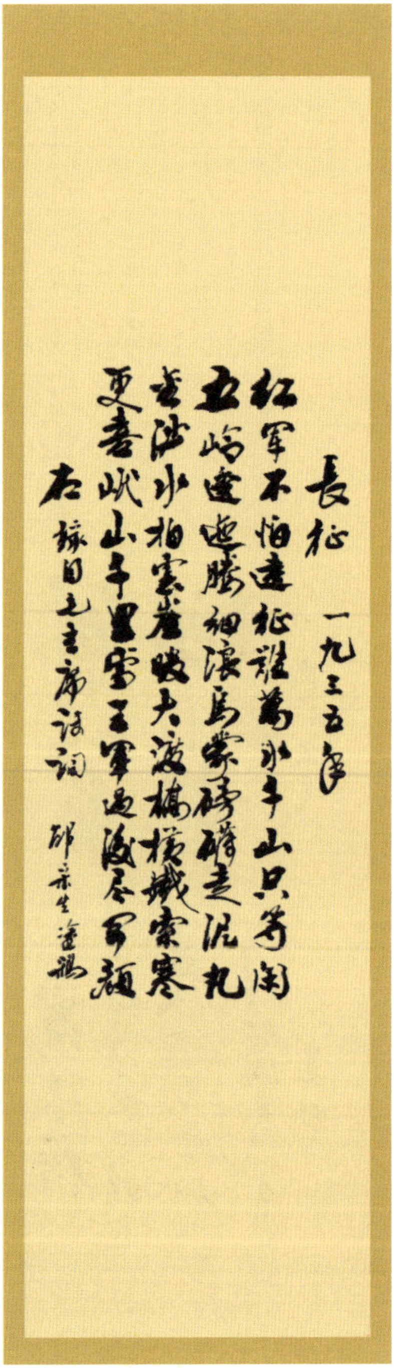
長征 一九三五年
红军不怕远征难
万水千山只等闲
五岭逶迤腾细浪
乌蒙磅礴走泥丸
金沙水拍云崖暖
大渡桥横铁索寒
更喜岷山千里雪
三军过后尽开颜
右录毛主席诗词
邵采生涂鸦

作者：邵采生

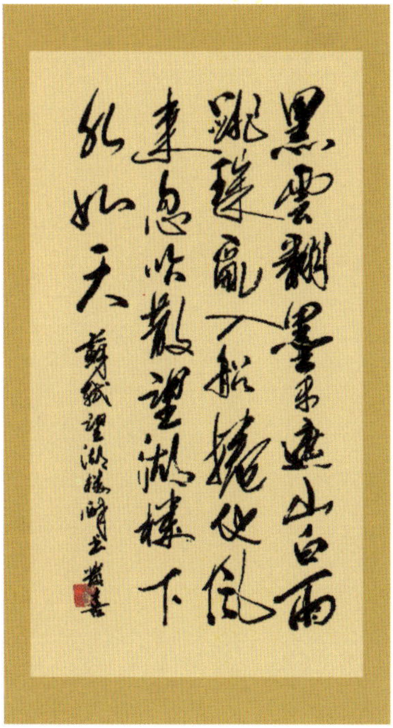

作者：姚发喜

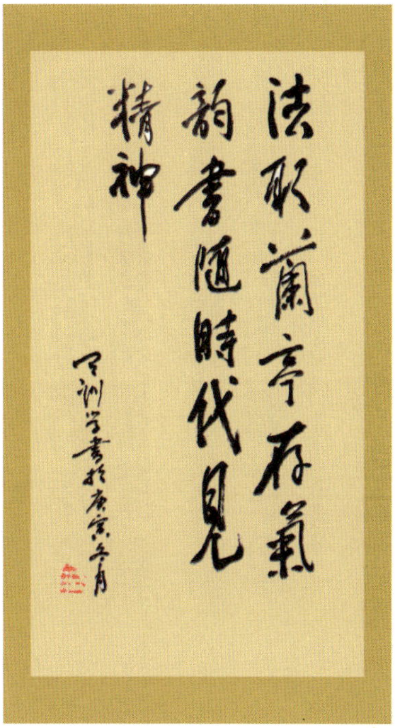

作者：黄有训

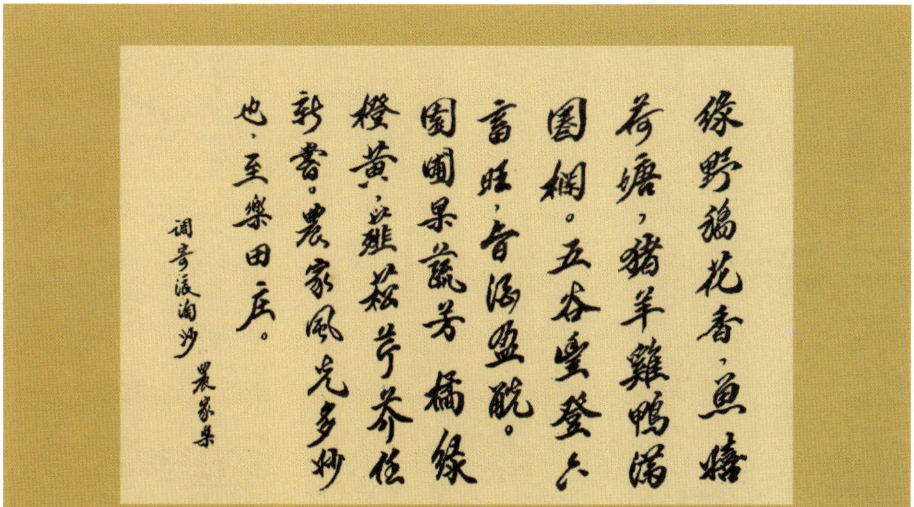

作者：黄建仪

作者：黄富贵

作者：黄富贵

作者：汪长贵

作者：黄郁祥

作者：黄新法

作者：黄裕来

作者：黄裕来

作者：胡双红

作者：胡双红

《高山平湖图》 作者：方春兵

作者：余善缘

作者：毕旭东

《江南山水图》 作者：方春兵

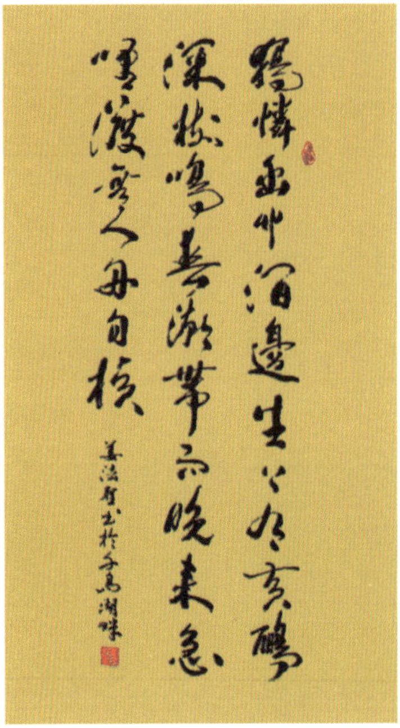

作者：姜法圣

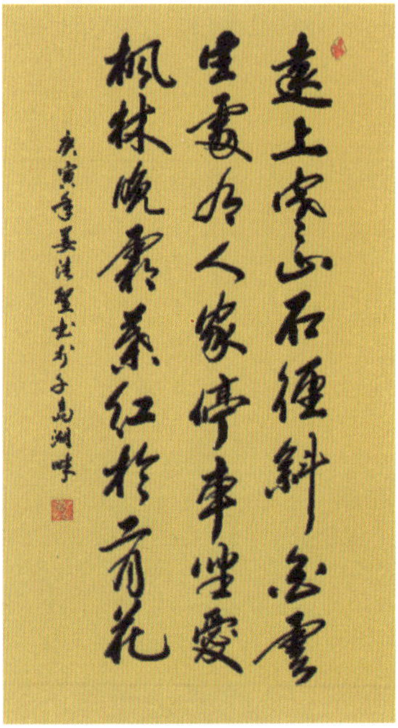

作者：姜法圣

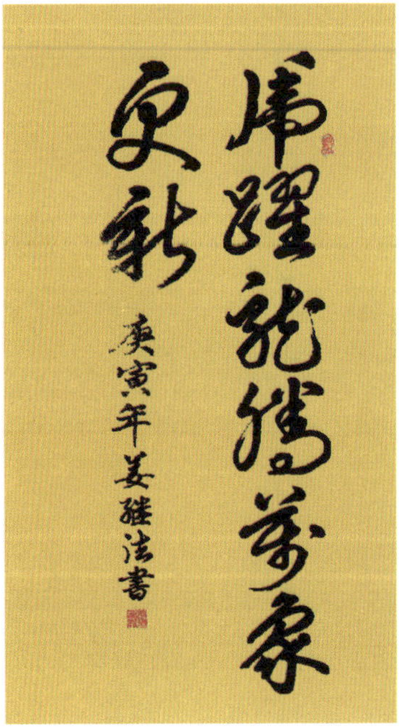

作者：姜继法

作者：姜继法

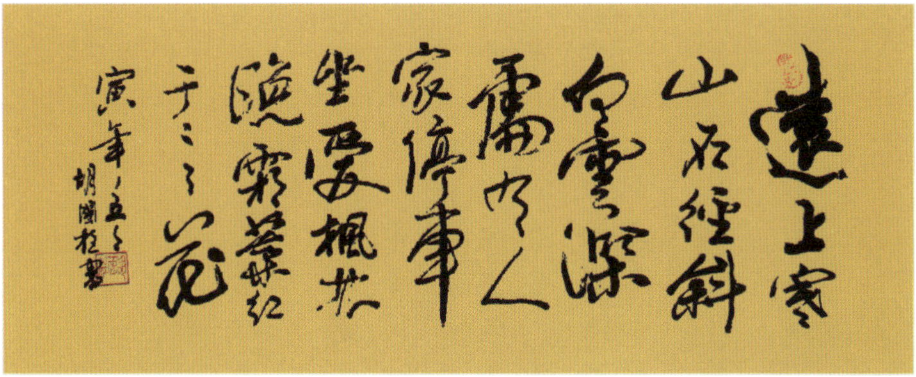

作者：胡国柱

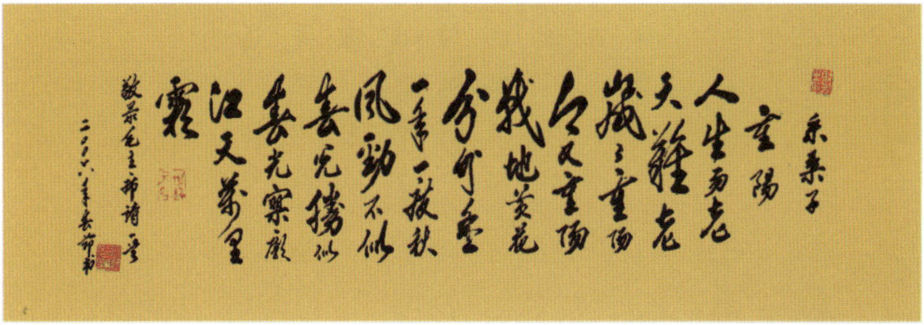

作者：胡财源

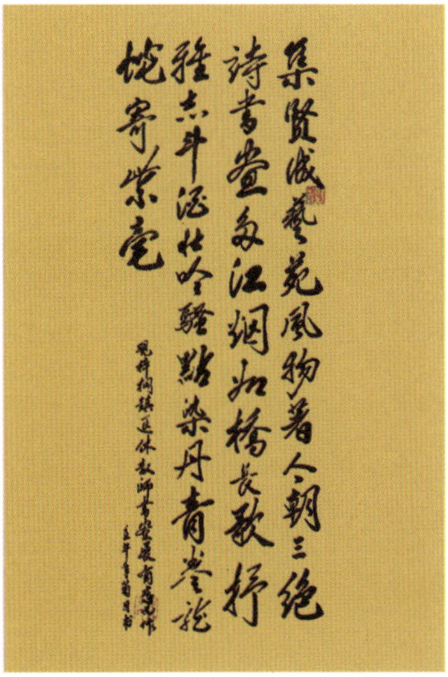

作者：胡财源

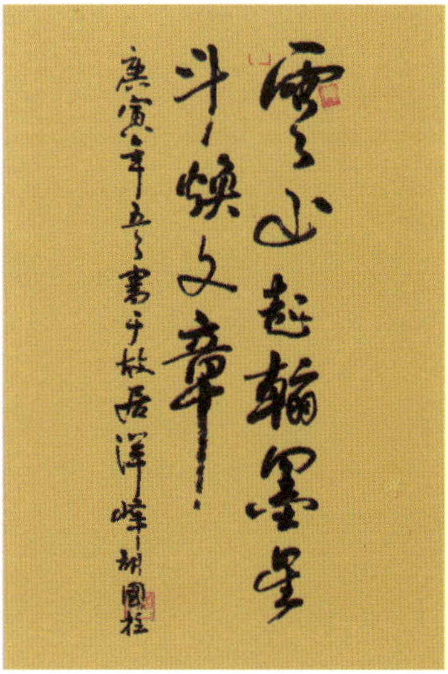

作者：胡国柱

日照香炉生紫烟遥看瀑布挂前
川飞流直下三千尺疑是银河落
九天天门中断楚江开碧水东流
至此回两岸青山相对出孤帆一
片日边来峨眉山月半轮秋影入
平羌江水流夜发清溪向三峡思
君不见下渝州小时不识月呼作
白玉盘又疑瑶台镜飞在青云端
录李白诗四首胡凤梅书

作者：胡凤梅

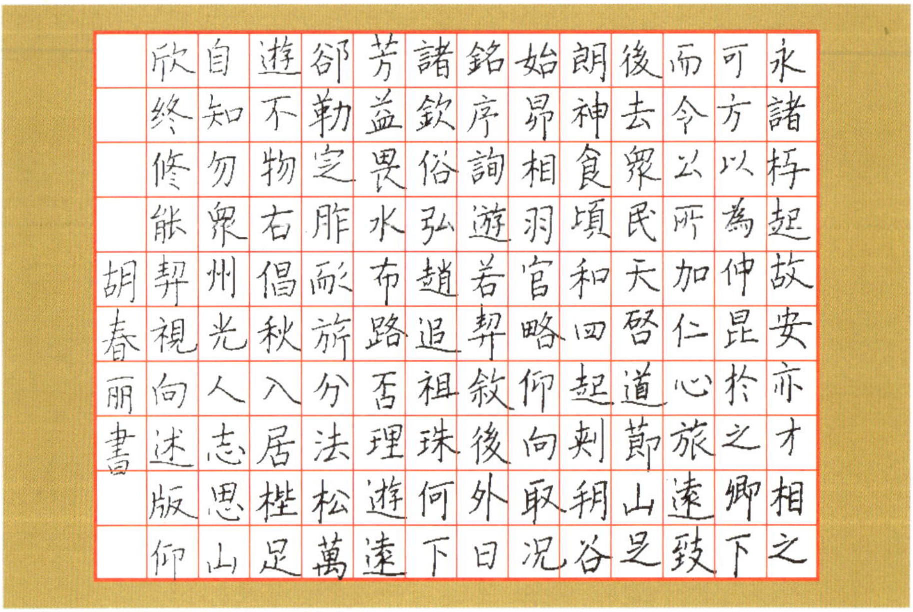
永諸桴起故安亦才相之
可方以為仲昆於之鄉下
而令公所加仁心旅遠致
後去衆民天啓道節山足
朗神食頃和回起剌翔谷
始昂相羽官略仰向取況
銘序詢遊若帮敘後外曰
諸欽俗弘趙追祖珠何下
芳益畏水布路否理遊遠
郤勒定胙耐旂分法松萬
遊不物右倡秋入居桯足
自知勿衆州光人志思山
欣終修能帮視向述版仰
胡春丽書

作者：胡春丽

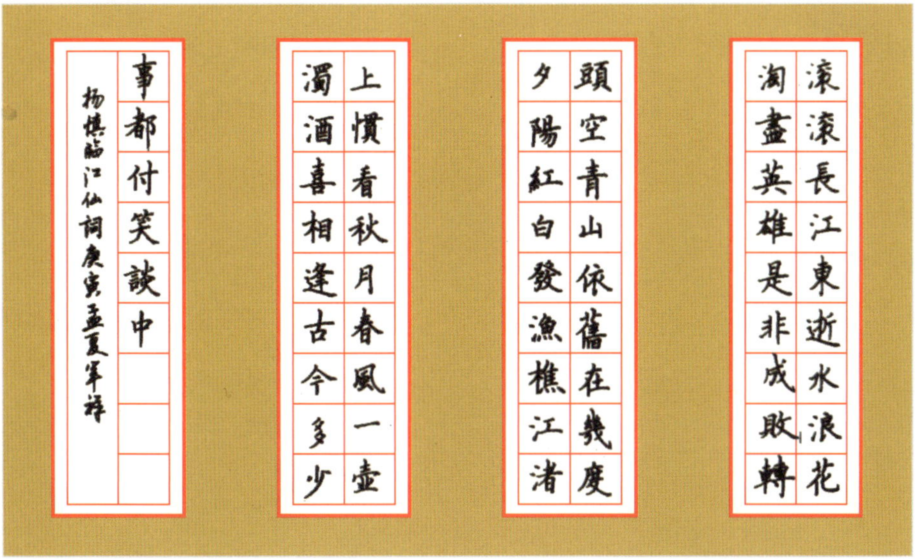

作者：姜军祥

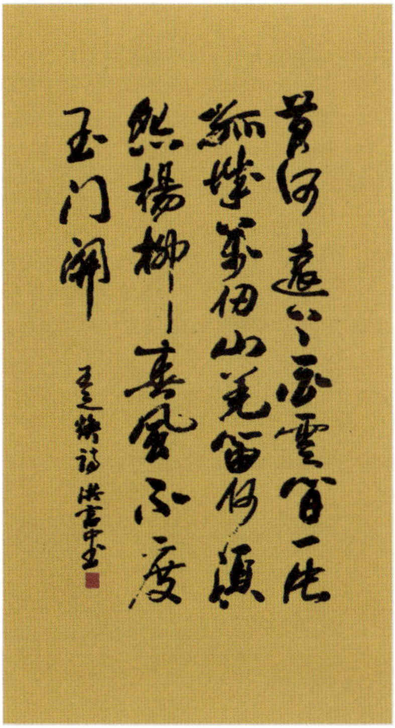

作者：洪富中

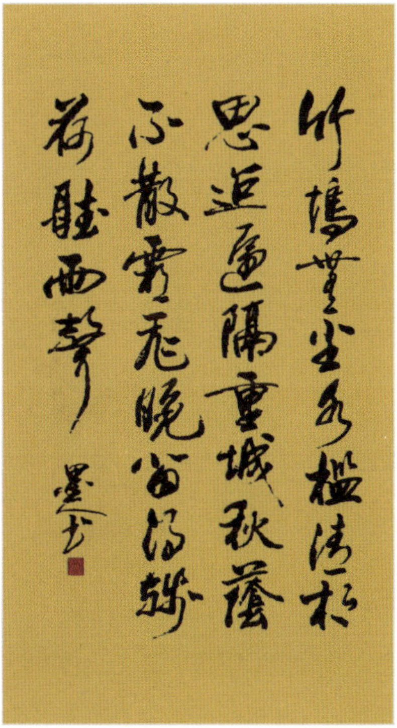

作者：洪富中

作者：章玉梅

作者：章玉梅

作者：余 跃

作者：余 跃

《一家之长》(摄于南极洲) 吴清旺 摄

《尖峰石阵》(摄于澳大利亚) 吴清旺 摄

《梓桐口》

《石人岭》

《尹山红叶》

《舒村木桥》

唐华木　摄

第九章 乡风民俗

千岛湖西梓桐源，万壑丛中一小川。
两岸群山如锦绣，一条碧溪似彩缣。
古有硕真光辉史，今有后人灿烂篇。
稻菽年年香飘溢，山乡岁岁好乐园。

——卢华

一、民间习俗

过年 梓桐源的岁时习俗，有一段顺口溜可以基本概括：“正月半、二月二，三月清明四月夏（立夏），五月端午六月六；七月半、八月半（中秋），九月重阳十月半，十一月没有节，十二月大年节。”其中，过年（即春节）是农村最传统、最隆重、最喜庆的节日。

一进腊月下旬，农村过年的气氛就逐渐浓厚起来了。“杀年猪、揿糖、沸豆腐”是梓桐源过年最普遍的准备。

“杀年猪”，对农民家庭来说是一件大事情，要挑个好日子。一般来说要避开亥日，最好是马日、牛日，企盼来年养的猪像牛、马一样大。杀猪那天，亲朋好友都要请来吃一顿，借此热闹一番并增强亲友之间的感情。同时，也要给左邻右舍端两碗菜去，一碗是猪肉，一碗是猪血或“瘪菜”（瘪菜是晒干了的萝卜菜叶子，由于杀猪那天荤油多，显得特别好吃）。虽然是有来有往、意思意思，也见得邻里和睦、相互关切。最高兴的当然要数自家的小孩了，他们会一直守候在杀猪师傅的身边，等到猪开膛时要来“猪尿泡”，让大人吹上气，晾干后当气球玩（那时没有今天气球之类的玩具）。杀猪师傅的工钱是一根“肋条肉”（不论大小），外加吃顿饭，很少有收现钱的。

“揿糖”即制作冻米糖。主要原料是爆米花和番薯糖（莳糖）。熬番薯糖（煎莳糖）有个过程：挖来的番薯先在家里放上几天，使淀粉糖化，然后洗净，切成片状或小块状，放在锅里煮。煮烂后加入“麦芽”分清，装进布袋放在木制的榨压机上榨出汁来，再把汁倒进锅中，长时间地熬。先起“米筛花”再起“落筛花”，最后起“牛眼花”，番薯糖就熬成了。做爆米花的过程是：冬天把糯米蒸熟后先放在室外，让它受冻后，再在太阳下晒干（即冻米），然后在锅中炒。炒时冻米中要拌入少量桐油，每次只能放一小杯，锅要热，动作要快，这样炒出来的爆米花才白而脆。这些前期工作做好了，制作冻米糖其实就很容易了。揿糖时先把番薯糖倒入锅中熬上几分钟，再把爆米花倒入一起搅拌，形成球状后起锅放到豆腐榨中夯实（一般是用人体的重量把它踩实，叫作“踏糖”），最后把它切成条、切成片，冻米糖就制作完成了。装入石器坛中或煤油箱中，一直要吃到来年的三四月。糖的种类有麻糖、粟谷糖、豆子糖等等，装糖时还要在器具底层放上石灰包，作干燥剂之用。

“沸豆腐”即煎油豆腐。“油豆腐炖猪肉”是农村最为传统的一道菜，也是“年夜饭”中不可缺少的一道菜。过年前，家家户户都要做上好几榨（板）。油豆腐多为三角形或长方形。沸好的油豆腐装进坛瓶中，用石块压紧，氽入盐水，到来年开春也不会坏。

腊月二十四是“小过年”，家家户户开始掸尘，洗刷，打扫卫生，准备干干净净过大年。是夜，要烧香点烛送灶神。梓桐源大多数村是廿四过小年，但大富村（大坞底）是廿六，据说是在京城做官的两位大人廿四赶不回来，到廿六才到家，此后就一直以腊月二十六为“小年节”。

腊月二十九（小年二十八），家家户户都开始包“香姜馃”（米粉馃）了。包馃的馅一般是以萝卜豆腐、腌菜豆腐两种为主，加上肉丁、葱花之类。做馃还是一种“艺术”。讲究的人家馃胚做得又圆又薄，花边捏得又细又均，大小不出手掌心，蒸熟后不沾不破，既好吃又好看。除了包菜馃，还要做“印把馃”。印把馃的图案以“寿”字、“福”字和“牡丹花”为多，也有“观音娘娘”形象的。也有大人为逗小孩高兴，把馃做成猪、狗、羊、猫等各种动物形状的。

大年三十是最繁忙的一天。妇女们早早起床煮“米羹”，过年吃米羹也是梓桐的一大特色和传统。年羹特别好吃，羹中除了瘪菜、豆荚干之外，还加入白豆腐、猪大肠等原料及花椒、桔皮等香料。一般人家都要煮一大锅，然后慢慢热着吃，一直吃到初五六。男人起早杀鸡宰鸭，准备年夜饭的菜，吃过早饭开始打扫卫生，贴对联。大门、横门、厨房，甚至牛栏、猪圈都贴上。对联都是买来红纸请村里老先生当场写的，不像现在有现成的可买。不贴对联的地方也要贴上“利市纸”（红纸剪成条）。中饭一般都很随便，吃点现成的米馃、米羹即可，留着肚子吃年夜饭。下午要上坟去祭祖宗，一般三四点钟光景，田畈里来来往往都是上坟的人。一家老少，由长辈带领，手里提着木托盘，托盘里放着“汤饭”（馃、菜）及香烛、爆竹、封套（里面装有锡箔摺成的银子）之类。到了坟上要烧香点烛放爆竹，然后向祖宗磕拜。上完坟回家就把祖宗画像（俗称太公太娘）挂起来，八仙桌上摆上烛台、香案及果子盘，盘中放上红枣、糕点等。就这样，大门贴上红对联，堂上挂上祖宗画像，过年的气氛马上就显现出来了。五点钟左右，村里就响起了爆竹声，开始吃年夜饭了！一家人团团围着八仙桌，桌上摆满平时难得一见的菜肴，此时此刻，不仅孩子们欢呼雀跃，大人们也都喜笑颜开；更欣慰的是那些年老的长辈，望着儿孙满堂，团团圆圆，天伦之乐的感觉油然从心底升起，布满皱纹的脸上露出了平时罕见的笑容……年夜饭的最后一道菜必定是鱼，象征“年年有余”。吃完年夜饭，大人就给小孩子发“红纸包”了，虽然钱很少，但孩子们高兴的心情却是难以形容的。大年三十夜，一般都要守岁（也叫守财）。一家老小围着火炉，彻夜不眠。平时点的青油灯是一根“灯草”，三十夜大多会点上两根，或者点红腊烛，屋子里显得亮堂了许多。老辈人会趁这个机会给下一代讲讲家庭的历史，讲讲来年种庄稼的打算，等等。想早点睡觉也听其便，趣称“享福”。

正月初一黎明前夕，按约定时辰开门接福。家家户户焚香点烛，鸣放鞭炮，备茶叶、米、豆等敬祭天地，然后到坛主庙祭神，到祖宗殿祭祖宗。小孩子便三五成群出去“捡火炮”了。早餐，先吃鸡蛋、喝红枣糖水，然后吃长寿面（俗称长长利市），寓意甜甜蜜蜜，长命百岁。初一是最热闹的日子，人人穿着一新。村民会集中到几个约定俗成的地方聚会，如祠堂里、小店门口、村头村尾的晒坦里或大户人家的院子里等。男人炒麻将、碰胡，妇女飘铜板；男孩子玩布球（中间是棉花，外面用麻线层层扎紧），女孩子踢毽子；等等。不时，咚咚锵锵的锣鼓就会响起，“竹马班”“狮子班”进村走户，川流不息……初一是喜庆日，但也有许多禁忌：一忌讲不吉利的话，如果小孩子不经意讲了，就赶紧用毛边纸擦嘴巴；二忌往外扫地、泼水；三忌打骂孩子；四忌用黄、白、青、绿等颜色。

初二开始，亲戚朋友之间互往拜年。一般先从长辈和至亲（如外公外婆、岳父岳母）开始，然后再在同辈之间走动，辈分最小的也往往是最后拜年的一家。在此期间，很多村都会请来戏班子演“新年戏”，一般到正月十五方止。

大多村庄正式过年是六天，从年三十到正月初五。初五下午，祠堂里就要“背罗竹”（三十那天要砍两根硕大的竹子，连枝带叶放到祠堂里，初五背出门。背竹的人在前面跑，青年男女在后面追着扯竹丝，扯下竹丝插到自己房间里，意为生男育女好运气）。各家各户也把祖宗画像从堂上取下，重新收藏起来，年就算过完了。但各村不尽相同，很多村祖宗画像一直挂到正月十五，过了月半（元宵节）才算是过完了年。

初六开工叫作“发利市”，一般干点轻松活。上山砍柴要砍青柴，谓之“青青吉吉”；劳动回家要吃面条，谓之“利市面”。

以上是梓桐源上世纪初、中叶过年的大致情形。但在特殊的年份如“文化大革命”和“农业学大寨”期间，过年往往就是正月初一这一天，初二就要下地干活了。有的村甚至初一也在“战天斗地”。二十世纪八十年代以后，农村面貌发生了巨大变化，农民生活水平和风俗习惯也逐步向城镇趋同。与此同时，别具乡土气息的“年味”也变得越来越淡了……

过月半 正月十五为元宵节，又叫上元节，但梓桐源俗称“正月半”。月半的礼节同年三十差不多，家家户户做馃、煮羹。傍晚，合家再次相聚吃团圆饭。晚上舞龙灯、演古戏、跳竹马，俗称“闹元宵”。元宵节照理应该吃汤圆，但梓桐源似乎没有这样的习俗，大多还是吃“香姜馃”和白米饭。舞龙灯的村庄也有，但不叫舞龙而叫“驮会”，时间也不一定是十五。如黄村“驮会”就在正月十三。

二月二 梓桐源有句俗语：“二月二，三粒苞芦两粒豆。”意即这一天，家家户户都要炒豆子（蚕豆、佛豆和玉米）。过去农村条件艰苦，平时吃的零食很少，豆子充饥解馋，是当时最为普遍的零食。还有炒过的番薯条、玉米爆花，玉米爆花和莳糖捏成的“个个”，尤其受孩子们喜爱。

清明 清明节是祭祖节，家家户户都要上坟祭祖扫墓。是日，做馃要掺入碾碎的艾青，称之为“清明馃”，梓桐就叫“艾馃”。有“清明会”的村庄，会将祀田中的一部分收入拿来做清明馃分给各房、各支儿孙。有的是将清明馃分给族中读书人，凡小学以上毕业生都可以领受一份。以今天的眼光看，这无疑是一种尊重知识、尊重人才的表现。清明意味着草木抽青，天气明丽，万物复苏，景色宜人。故人们纷纷走出屋子到田野去呼吸新鲜空气，古人曰“踏青”，今人叫“春游”。（唐）杜牧有诗脍炙人口：“清明时节雨纷纷，路上行人欲断魂。借问酒家何处有，牧童遥指杏花村。”

立夏 清明和立夏都是二十四节气之一，梓桐人将其作为节日来对待。立夏的习惯是早上吃鸡子（蛋）、鸭子（蛋），晚上吃炒面。鸡、鸭都是农家自养的，蛋的味道纯正、美好，加上平时吃得少，立夏小孩子有蛋吃格外高兴。吃炒面对今天的人们来说是最平常不过的了，想什么时候吃就什么时候吃。但在过去的年代，农村吃餐炒面也不容易。一是“绞面机”（手摇）很少，吃面不方便；二是炒面费油，平时农家也舍不得吃。立夏炒面一般用野竹笋来炒，所以早几天，村民便纷纷上山拔笋（以妇女、儿童为多）了。

端午 五月初五是端午节。众所周知，端午节是为纪念战国时期楚国诗人屈原投汨罗江而设置的。一般各地的风尚多为“裹粽子”“赛龙船”等。梓桐源因溪小水浅，自然就没有赛龙舟的可能。大多村庄也不裹粽子，而是到八月中秋节的时候才裹。端午节的习惯仍然是吃炒面。家家户户门上插艾叶、菖蒲，名曰“艾旗菖剑”，一说为屈原招魂。有的大门上还贴钟馗像，挂上端阳符，传说可以“驱邪避毒”。大人要喝雄黄酒，小孩子穿红戴绿，挂肚褡、香袋，内装雄黄、栀子解毒避瘟。各家都在房屋四周撒石灰，以驱走毒虫蜈蚣等。

六月六 农历六月是最炎热的时节。俗话说：“六月六，猫狗都洗浴（用方言讲才押韵）。”是日，家家户户翻箱倒柜，把四季衣物拿出来，挂在竹竿上，摊在竹簟上曝晒，防止霉烂蛀蚀。读书人也把书籍拿出来晒。据说：淳安才子徐明昌贫而好学，满腹诗书。富家曝书防蠹，他却在太阳下晒肚皮。他调侃道：“别人的书在柜子里喂蠹虫，鄙人的书在肚子里发霉。别人晒书橱，鄙人晒肚皮。”

七月半 七月十五为中元节，又称鬼节，梓桐俗称“七月半”。是日，要做米馃、馒头，炸油糖馃，上坟祭奠祖先。农历七月，天气闷热，过去在荒山野地经常有磷火出现，故云“七月十五鬼点灯”，小孩子是夜多半不敢出门玩。

中秋节 八月十五为中秋节，是万家团圆、温馨喜庆的日子，所谓“天上月圆，人间团圆”。中秋赏月，是天子和百姓共同的权利和欢乐。梓桐过中秋，习俗是裹粽子、吃月饼。上世纪初叶至中叶，吃月饼还是很奢侈的事，小孩子早就盼望这一天了。中秋节晚上分到一个月饼，久久舍不得吃，要等到明月升空，又圆又亮时，才会望着月亮一小口、一小口地细嚼慢咽起来……看到今天的小孩因嫌月饼太甜而不想吃，看到商店里的月饼包装豪华而卖上了百元、千元的天价，背离了月饼的原意，不由得感慨万千。粽子是八月十四晚上煮。闻着锅子里粽子散发出的香味，恨不得吃它十个八个，但真吃它时，最多也是两个而已。说到吃粽子，顺便又想起了一则笑话。明相商辂在皇帝面前戏云：“家乡的毛竹有三十抱粗。”帝遂命归砍一株贡上。商铬叫苦不迭。回乡暂住数日，后思一计，揣箬叶回京面圣："毛竹太大，运输艰难，现有竹叶为证。"言罢，从怀中取出一张二尺长的箬叶呈上。皇上见之大惊："竹叶大若此，此竹果大矣！"

重阳节　农历九月初九是重阳节。唐代王维《九月九日忆山东兄弟》诗云："独在异乡为异客，每逢佳节倍思亲。遥知兄弟登高处，遍插茱萸少一人。"故重阳节有"登高"（爬山）、"插茱萸"的习俗。梓桐源过重阳节一般是吃粽子或者吃炒面。今天的重阳节同时又是"老年节"，各村的"老年协会"是日举行活动，这就为传统的节日又增添了新意。

冬至　俗话说，"冬至大如年"。是日，梓桐源一般都要上坟祭祀祖先。如果要修墓做坟，也选在冬至日动土。

接春　即迎接立春到来。俗话说："初一、三十月月有，一年四季在于春"，表示对立春的重视。一般按照历书的时辰，及时燃放爆竹，迎接春神来临。

跳竹马　跳竹马的起源，众说不一，其中就有"源于鸠坑"之说。相传，元朝末年，朱元璋屯兵鸠坑源头谷雨岭（今万岁岭）时，曾遗下战马一匹，日夜长嘶山岗，然乡民觅而不得，遂以"神马作祟"为惧。为祈祷地方平安，岭下各村糊纸马（竹架、纸面，内燃红烛），让孩童骑上它走村串户索取"常例钱"，然后买得香纸连同竹马一起对天焚化，藉以超度战马亡魂。后来逐渐演变成当地群众自我娱乐的歌舞形式。

不管这传说是真是假，梓桐源跳竹马由来已久，且相当风行。旧时，几乎村村都有竹马班。

梓桐竹马班一般为红、黄、绿、白、黑五骑组成。红马为正生，黄马为青衣，绿马为小生，白马为花旦，黑马为小丑所扮。大多由十几岁的儿童或二十岁左右的男女青年组成。其中黑马（又称傲马）是最活跃的角色。也有的竹马班在五马前加一“马夫”引领，马夫为“武生”打扮。马夫一般都会点“武功”（跟头翻得好），也是引人注目的角色。跳竹马的阵势很多，据说有一百零八阵。现在流传的一般为八至十二阵。如“开四门”“五马盘柱”“铁索环”“一字阵”等，以“五瓣梅花形”为主。跳竹马突出一个“跳”字，跳的基本步法有：快步圆场、快步直进、快步跳跃、侧身蹉步、马步倒退、左右跨腿等等。跳竹马的形式热情奔放，简洁明快，并且随机伴有许多彩语（利市话）——如“竹马归屋，多子多福”“竹马上厅堂，福寿万年长”等等，因此深受农村群众喜爱。

梓桐竹马跳到结束时都会唱一首民歌——采花小调。曲调优美动听，富有生活气息，其词大体如下（各村略有不同）：

正月梅花白如雪，二月兰花满垄香；
三月桃花粉又红，四月菜花满地黄。

五月榴花红似火，六月荷花满池开；
七月菱花水上飘，八月桂花满路香。

九月菊花黄又黄，十月茶花满山开；
十一、十二无花采，大雪飘飘满天飞。

梓桐源跳竹马的规矩是：先要到祠堂跳，谓之“上马”，然后才能出村跳或挨家挨户去跳，跳完竹马后演小戏，如《下南京》《看花灯》《拜年》《南山种麦》等，东家给了糖果、红纸包后才到另一家跳，一天结束后仍要回到祠堂，谓之“下马”。

跳狮子 跳狮子分布狮和拉狮两种。布狮又分为大狮（双人狮）和小狮（单人狮）两种。布狮制作精致，狮身以青苎布作皮，脊尾饰有红毛。有拜年礼、狮象把门、打瞌睡、金猫洗脸、食盆、笔架、元宝、麒麟送子等舞蹈表演，锣鼓伴舞。狮子班兼跳狮子和杂技两大表演内容，通常是先耍杂技后跳狮子。杂技有耍钢叉、舞菜刀、滚瓶、转碗、转盆、舞钢刀等。梓桐源竹马班较多，狮子班相对较少，但有之。据说坑村的狮子班就耍得很好，有一年和云源宋村的狮子班拼台（比赛），得了第一名。《淳安县志》也载：“狮子班各有几套精彩的特技，尤以梓桐常岭头（常宁村）女伶狮子班所表演的桌上叠凳翻筋斗、穿针等绝技为著”。

驮会 驮会，即“舞板凳龙”。民国时期，梓桐源许多村都举行“驮会”活动。

据黄村老辈人讲：村里的规矩是“一丁一桥”（丁是指成年男子，桥指一条板凳长度的龙身。每桥约安4至5个“会葫芦”，会葫芦即用竹篾编成的长形灯笼，中间点腊烛，上面插三角旗。每桥后面有机关可衔接）。龙头就用正月初五从祠堂背出的大罗竹制作，龙身就是各家各户的“桥”。正月十三这一天，先到祠堂里“会桥”，也就是把龙头、龙身和龙尾衔接起来。然后从祠堂出来，经蜘蛛墩到荷花形脚再转叶村、安山沿大路再回到祠堂。尔后在祠堂里绕着柱子盘旋，叫“盘会”。盘会时，龙头前有一灯引路，这灯叫“珠灯”。盘会时是最精彩，也是最危险的时候。黄村人口多，龙的规模巨大，舞起来难度很大，也很好看：只见巨龙伴随着激越的锣鼓声，在“珠灯”的引领下，在人们“哦嚯！哦嚯！”的欢叫声中，一会儿向左旋“8”字，一会儿向右旋“8”字，“桥”板衔接处在快速旋转时发出“咯吱！咯吱！”的作响声，惊心动魄。观看的村民也兴奋到了极点，欢呼声、尖叫声、鼓掌声、锣鼓声交织在一起，达到了热闹的高潮……

跳魁星　春节旧俗。十多岁的男孩三人一组上门贺新年。一人戴魁星脸谱，另两人敲小锣，见到主人就唱祝词：“魁星点一点，要上二十块金牌匾；魁星大，进门来，恭喜大发财；魁星大，进门庆，恭喜六畜兴旺家六盛；魁星大，进门祥，恭喜尔等把名扬；魁星大，进门盛，恭喜万事如意大吉庆。”俗话说，“嘴甜当得钱”，何况是正月年头。每户人家见跳魁星都要送上“纸包”或果子以示酬谢。

跳和合　和合神初为亲人团聚的象征，后被奉为爱神。“唐朝异僧张万回愚痴无所知，虽父母亦以豚犬畜之。后以父母念其远戍安西之兄，日夕往返探视。其父母不信，乃出兄书。盖以‘万里传书，和合家人’之意，被祀为神。”宋时称之为和合神，后因和合二仙应为二人，张万回一身难兼两职，就以寒山拾得替代，拾得持荷，寒山捧盒。寒山、拾得为同里之人，虽异姓却亲如兄弟。寒山爱上里中美女，拾得也与同一美女坠入情网。寒山快成亲时，知悉拾得与美女互生爱慕便以出家成全两人。拾得不安，舍美女而寻寒山。拾得持荷寻访寒山，寒山捧盒斋饭迎接拾得，二人相向而舞，情投意合，形影不离。雍正十一年（1733），封为和合二圣。跳和合比较少见，但梓桐源历史上有过。

祭灶神　腊月廿四旧俗。灶神即九天东厨司命灶君，又称“灶王”。梓桐俗称“灶司娘娘”“灶司爷爷”“灶司菩萨”等。是民间信仰最广的菩萨。

腊月廿四晚饭后，人们把锅灶收拾干净，在黄表纸上填写灶疏，贴上横批“一家之主”、对联“上天言好事，下界保平安”。灶台供12个寿桃馃代表一年12个月月月平安，全家男子齐来祭拜。祭毕，到室外烧掉旧神像，表示送灶神上天。菩萨座安放于灶门上方，祭灶前要为菩萨座扫灰，然后换上新的灶王像。

祭灶起源很早，远在周代，上自天子，下至庶民，对灶神都崇祀有加。日常生活免不了磕磕碰碰，人们担心灶神向天帝打小报告，于是就跟灶神套近乎，俗称媚灶。虽然对灶神敬重有加，但也可以进行善意的调侃。宋代范成大《祭灶词》云：“古传腊月二十四，灶君朝天欲言事。云车风马小流连，家有杯盘丰典祀。猪头烂熟双鱼鲜，豆沙甘松粉饵圆。男儿酌献女儿避，酹酒烧钱灶君喜。婢子斗争君莫闻，猫犬触秽君莫嗔，送君醉饱登天门。勺长勺短勿复云，乞取利市归来兮。”可见祭灶不仅是为了免灾，更重要的是为了祈福。祭灶时间为官三民四家五，即官员在腊月二十三，百姓在二十四，疍民在二十五。

求雨　农村迷信旧俗。大旱之年，农民把降雨的希望寄托在菩萨或“龙王爷”身上。梓桐源求雨一般是上尹山庵接（抬）菩萨。各村所接菩萨不尽相同，黄村、常宁大多接的是“金老爷”。上山时，每户至少去一个男人（或者是十六岁以上的男丁都去），组成浩浩荡荡的队伍。抬菩萨的队伍中有一人负责取圣水，此人在上山前两三天就不能吃饭，专吃红枣或黑枣，以示圣洁。取得“圣水”（“圣水”即尹山泉水）后，挑在肩上（一头是香炉，一头是圣水）途中不能更换，要一个肩膀挑回村里。抬菩萨一般要晚上归村，求雨队伍举着火把（燥竹篾、葵花杆、松明灯等），高声呐喊，菩萨轿子前后的人抖动“钢叉”，发出“嚓嚓嚓”响声，还有土铳（俗称三碗铳）不时轰轰作响，威风凛凛，气势雄壮。菩萨进村后，放置在“坛主殿”里，村人轮值。第二天，抬着菩萨到田畈中转圈，让菩萨实地踏看，“视察”旱情。因天气久旱，所以有时凑巧菩萨刚抬下山大雨就来临了，人们就皆大欢喜，认为菩萨很“灵验”。据说有次楠树底（杏坡村）求雨，菩萨抬到哪里，雨就跟着下到哪里，菩萨进了横源，云雨也就拐进横源，直源里就没有雨了。下过雨后，村人就敲锣打鼓，“跳竹马”“摆大头”，兴高采烈地把菩萨送上山。如果菩萨下山后仍不降雨，有人就把菩萨从“坛主殿”中抬出来，放在太阳底下晒，似乎要让菩萨尝尝烈日的厉害。

还有一种求雨方式叫作“朝龙潭”，即到比较有名气的深潭去取“圣水”。有的村甚至远到八都仙人潭（今属王阜乡），来回一百多里路程。据说原来坑村（今已没入千岛湖）外面有一水潭，潭中有个石塔洞（岩石洞），洞中有一汪清泉，并坑等村就到此“朝龙潭”。选择水性极好的青年，喝够烧酒（白酒），然后潜入水底，将石塔洞口（俗称龙口）中的淤泥掏出，然后接泉水上岸。可见人们求雨的心情是多么虔诚！

求雨是一种迷信活动，随着科学知识的普及，这种习俗自然而然地消失了。

摆大头　农村娱乐节目。由三人装扮，一男一女一小孩。“大头”由竹篾做成骨架，外面糊上几层纸或蒙上白布，画成夸张的面具。其头比“饭盆”还要大，套在肩上，人就有一丈多高了。衣服也是竹架支撑，外面是布，身围有三人合抱那样粗，俨然是个庞然大物。男“大头”手中持扇，女“大头”手中持巾，小“大头”空着手，三个人摇摇摆摆，点头哈腰，做出各种动作，逗人发笑。有的村“摆大头”是两对（四个人），据说小的一对是“和合”二神，也有的说小的一对是“刘合和金蟾”。

婚嫁 新中国成立前，婚嫁讲究“父母之命，媒妁之言”。男方向女方求亲，先遣媒妁，取姑娘八字合之。如合，就商定聘仪，互换庚贴。聘仪分前后节，前节在押帖时送女方，称为定亲；后节在迎娶前一日送去，俗称“开号”。结婚日子大多选择三、六、九，至今如此。花轿进村，先在宗祠内举行结婚仪式，俗称拜堂。拜堂后，利市爷将新娘抱至新郎大门上，然后新娘双脚踏在青色新麻袋上，利市爷边撒喜果，边喊“一代传一代”，直至新房内。小孩子涌进新房讨果子（喜果为花生、发豆掺柏树籽）。在马子桶撒尿的小孩可领取马子桶中的红鸡蛋。当日下午，新郎新娘要吃交杯酒。晚上，新郎家摆喜宴，招待诸路亲朋，娘舅上坐。宴毕，送房时，利市爷要一边说吉利话，一边拿各色果子往帐上帐下撒，俗称撒帐。利市爷每吆喝一句，周围众人须高声附和一句“好哇！”如：手提红烛进新房（好哇！），只见新娘喜洋洋（好哇！），左边放着金丝笼（好哇！），右边放着衣柜箱（好哇！），中央一顶红罗帐（好哇！），红罗帐内一对好鸳鸯（好哇！）……接着亲友开始闹新房讨喜果。次晨，新娘拜见公婆，亲自下厨烧鸡蛋茶给诸亲友吃。三朝回花轿，新女婿上门拜见岳父母，婚礼结束。

丧葬 梓桐源老人亡故，大多称“过辈”或“过世”。咽气后替死者抹身更衣，穿寿衣、寿鞋，口中放一枚铜钱，称“衔口钱”；死者生前喜爱之物和亲友送的寿衣、寿被放入棺中，然后将棺材盖钉死，名曰“入殓”。民国时，停灵于祠堂，请道士做法事，超度亡灵，俗称“盘灯”。出殡时，先请亲友等送葬者吃“老米饭”。尔后，孝子披麻执幡俯首扶棺而行，沿途散发纸钱，俗称“买路钱”。到达墓地，移柩入椁。封椁时外立碑石，家属迎回木主（牌位），送入宗祠内安置。

一般死者棺材暂厝于山坡、菜地，俗称“厝基”。若干年后，骨殖葬入坟墓。

另外，寻短见上吊死亡的人称“吊死鬼”，旧时乡风有“赶吊死鬼”之式：用稻草扎成人形，穿上死者衣服，置于亡身之所，祭师口中念念有词。尔后，用绳子系住草人，一人在前面拼命往村外拖（不许回头看），后面众人放土铳、敲锣，呐喊驱赶，至村外三叉路口，将草人烧毁。

上个世纪，梓桐一般还是零星土葬（即棺葬）。本世纪初实行火化，骨灰安置在集体公墓。

寿庆 俗称“做寿”。一般自六十花甲之年始，十年一庆。做寿时，亲友都赠送寿礼。祝寿时，儿孙们延请老人上坐，行跪拜礼。拜毕，受拜人要向小孩分赠红包，然后喝寿酒，吃寿面。次日亲友返回时，要回赠长寿面或长寿馒头。另外，做寿还有“做三（十）不做四（十），做七（十）不做八（十）”之说。七十岁后，均以九代十（如九十岁生辰就在八十九岁时做）。

建房 农村建房是大事，俗称“做世事”。建房前，选地基，择吉日。动工时主人用茶叶、米、豆祭土地，拈香烧纸。梓桐例规，砖工砌门墙，木工上梁，竣工时吃酒坐上方。一家建房，全村乐助工夫，亲戚、邻居分别赠送蔬菜、豆腐。上梁日，左邻右舍、亲朋好友都来帮忙。上梁要择吉时，放鞭炮，梁两端扎红布，木工师傅说利市话。上梁完毕，请亲友和帮工吃上梁酒。

卜居 风水学主张择居应注重地理环境，更应该注重精神象征。梓桐源村落环境以山水为主要构成要素。背山面水是基本格局。山在风水学中称“龙脉”，带有明显的精神象征；对水的选择则主要从生存需要出发。风水学认为“山厚人肥，山瘦人饥，山清人秀，山浊人迷，山驻人宁，山走人离，山勇人勇，山缩人痴，山顺人孝，山逆人亏”。（《青囊海角经》）

住宅 旧时梓桐住宅结构主要为砖木、砖石木、泥木三种。式样有五正两厢天井房、四正对堂天井房、三正四厢天井房、三正一字堂、“官升格”、茅草房。二层楼较普遍，三层楼和平房甚少。新中国成立后，普遍建造砖木、泥木结构的“横三间”。20世纪80年代后，多为三层楼，为有平顶、阳台的钢筋混凝土结构的“洋楼”。进入21世纪后，形式新颖、装潢华丽、美观大方的农村小别墅开始出现。

服装 民国时，农村以自织土布（棉、麻）衣服为主。款式分大襟和对襟两种。劳动者短衫，男人以六尺土布束腰，垫肩；妇女系围身裙，俗称“脚布”。20世纪40年代流行仁丹士林，彩条府绸，人字卡其和“洋细布”。款式以对襟为主，中山装少之。新中国成立后，中山装普及，但老农仍以着对襟便衫居多。1953年流行“苏联花布”。“文化大革命”期间，青壮年以穿草绿色军装为时髦。20世纪70年代流行化纤面料。20世纪80年代后，西装、猎装、牛仔裤普及。20世纪90年代后，羽绒衣、夹克衫、滑雪衣为各年龄段的男女所喜爱。进入21世纪后，服装款式纷繁多样，举不胜举。

照明　民国时期，梓桐源农村照明具主要是铁质或铜质的油灯，俗称“灯盏亮”。内置“灯草”，油料为青油、桐油、桕籽油。少数贫户用松明当灯。逢年过节用蜡烛照明。20世纪60年代初，普遍使用煤油灯，大多用蓝墨水瓶作灯身，上插铁皮圆筒，内装毛边纸蕊。条件稍好的用“美孚灯”，俗称“洋油灯”。20世纪70年代，开始兴建小水电，至20世纪80年代初，电灯基本普及，实现照明电气化。

饮食　梓桐源旧时主食以苞芦（玉米）为主粮，辅以大米、小麦、番薯等。一般早、中餐以苞芦馃为主；晚餐吃稀，以面食（水面、麦馃汤）、粥、苞芦糊、苞芦羹（在苞芦糊中掺入青菜、南瓜，有时还掺入番薯块、番薯丝等）为主。梓桐的苞芦馃以薄见长（每斤粉可做15只左右），香软可口，远近闻名。农忙时当作点心。来客时，先以鸡子、面条招待，尔后再吃米饭。用手艺（请工匠）一般四碗菜，早上以干菜为主，或煎（炒）鸡蛋；中、晚餐以猪肉、豆腐为主菜，外加两个素菜。农家蔬菜主要有：青菜、白菜、芥菜、豆荚、扁荚、茄子、辣椒、冬瓜、丝瓜、菠菜、萝卜、大蒜、韭菜、葱等。用黄豆制作豆腐、豆腐干、腐乳，梓桐源的豆腐，尤其是烘豆腐也是比较著名的。

做素面　做素面也是梓桐源的一大特色。把和好的面粉搓成条，盘在两根长长的竹筷子上，尔后插在“素面架”上。素面架有两米多长，一人多高，上面是密集的小孔，用来插筷子。素面上架后，人们便把着下面那根筷子，慢慢地、间歇地往下拉，时间往往要持续半天左右，一直要拉到离地面一尺高为止。晒干后去掉两头，盘成结。素面要又细又长又白又不太咸才是上乘的。梓桐源做素面除了自己吃以外，还要挑到遂安去交换（换麦子），这也许是最早的商业行为了。说起“换素面”，黄村还流传着一则笑话：讳名老汉有一年素面做得不太好，面条粗而短，很不起眼。他和同伴一起挑到遂安去交换，那时到遂安要翻山越岭，非常辛苦。到了下午，同伴们的素面都交换完毕，准备启程回家了，但讳名老汉的素面还是满满一担，原封不动。同伴都说换不出去了，挑回家吧。老汉一急，突然急中生智，他大声吆喝：“换‘空心素面’啦！换‘空心素面’啦！”遂安人都知道梓桐的素面做得好，但“空心”素面还是头一回听说，更没有尝过，因此纷纷围了上来。老汉趁机吹道：“别看我的素面又粗又短，可里面是空心的，吃味就是不一般。会做这种素面的，梓桐源也只有我一家。”那时的人都很老实 ，听他这么一说，就你三斤、他五斤地交换起来，不多一会，一担素面就换光了。一路上，同伴们都哧哧发笑，打趣要讳名老汉传授做空心素面的经验。回到村里，“空心素面”的笑话就传开了。

乔迁　搬迁另居或乔迁新居，主人择吉日在凌晨抱着秤、斗、公鸡到新居，便鸣鞭炮报喜。是日，亲友上门作贺送贺礼、贺轴或贺联，并以朋友中最尊贵者送的贺轴挂于堂正中。主人办乔迁酒宴请来客。

如兄弟分家拆居，分家时要吃分家饭，请娘舅或村里有一定名望之长辈做中人（见证人），丈母娘家要送碗、筷、盐、油之物，以示关怀。

生育 妇女十月怀胎，产前娘家催生，送衣物、红糖、核桃肉、鸡蛋去。催生者当天来回。孕妇生产时忌生人出入产房，产后向娘家报喜。初生婴儿先喂黄连汤后喂奶，穿衣缚袖，三朝洗头，取乳名，满月剃头。产妇满月方能出门，忌多走动，忌洗冷水，忌吹风，吃东西忌硬、咸，多数到娘家休息。周岁“巴周”，外婆家送周岁衣帽鞋袜和首饰。现在从简，大多在医院分娩。亲友赠衣物或现金。为新生儿摄影留念。

打猎 俗称打“生狗”。打猎爱好者不分本村、外村，发现猎物，一经传信，就会带上猎狗、土铳等猎具赶来，并由发起人统一指挥。所得猎物按人分配，见者有份，猎狗也得一份。打中头枪的得猎物后腿一只，剩下的部分——头、内脏和什杂，一齐烹调成“烂糊”，大家打“朋伙”。

捕鱼 梓桐源传统的捕鱼方式为钓鱼，装梁和用石灰、茶籽饼、鱼命柴籽（一种野生植物）药鱼。后来发展到以鱼网捕鱼，鱼网主要有两种，一种称套（音兑）网，另一种叫隔网（也称围网）。后来用了“鱼藤精”“电击”等手段，致使梓桐源溪中少见游鳞也。

二、传统游戏

(以20世纪50、60年代为背景)

虽然童年离我们已经远去，但是童年的记忆却在脑海里挥之不去，特别是那些被我们弃置已久的童年游戏，每每想起，总会情不自禁地笑出声来。

跳房子 亦称跳圈。用瓦片在地上划出几个方格，然后将瓦片或沙包丢进第一个方格，单脚将瓦片或沙包踢到下一个方格，依此类推跳下去，脚踩到线或瓦片（沙包）碰到线就算输。如果一轮顺利跳下来，就可以在第一个方格中造房子，依此类推。其他人跳的时候必须跨越“房子”，直接进入第二个方格。谁造的“房子”多，谁就是赢家。另外一种跳房子是用圆圈代替方格，跳法相似。（男、女孩都玩）

打陀螺 用一段圆木削成三寸左右的倒圆锥形，就是自制的陀螺。然后用一根小木棍，系上一条绳子（最好是皮条），就成了鞭子。先用绳子把陀螺缠绕二三周，尔后在地上用力把绳子一抽，使陀螺在地上转动起来，然后用鞭子抽打，越打旋转越快。谁的陀螺旋转时间最长，谁就是赢家。（以男孩子玩居多）

打棍子 器械为2根1尺左右长、1公分左右粗的小木棍。在空地上放2块并列的砖块，搁上1根木棍。游戏开始时，一方守在砖块前，另一方站在5米之外，用手中的木棍对准砖块上横搁的小木棍打过去，如果打不下来，守的人就用手中的木棍将砖块上的木棍用劲往外挑，再用手中的木棍为尺子量出距离。如果打下来，就换刚才守的人打，以此类推，到最后累计木棍挑得距离最远的人为赢家。（男孩玩）

狗拖木勺　众人手拉手围成一个圆圈，然后原地蹲下。游戏开始时，先选出一个拖鞋的人，从脚上脱下一只鞋子，一只手抓住鞋帮，沿着大家的屁股后面转，并悄悄地把鞋子放在某一个人的后面，如果被发现，就马上捡起来接着跑，继续悄悄地放鞋子，放好鞋子后，第一个拖的人就坐在站起来的那个位子上。如果鞋子放在某个人身后没发现，被拖鞋的人跑一圈后抓住，就要罚唱歌或学动物（猫、狗、鸡等）叫。然后游戏继续进行。（集体游戏，男、女孩都玩）

猫捉老鼠　十几人围成圈子，大家手拉手举过头顶，一人扮小猫，另外几人为老鼠。老鼠可以在门里钻进钻出，连续钻5次不被捉住者为赢，5次之内被捉住者为输。猫只能在圈子外面捉人，不可以钻进圈内去。被捉到后的“老鼠”就变成了“猫”，再来捉别人，依此类推。（集体游戏，男、女孩都可以玩）

老虎吃羊　游戏第一步，选出一人当老虎。选法是：第一步，众人排成一行，由一人点数“颠颠倒倒，桃花试鬼，君子矮小，小人是鬼，请归请出”。“出”字指到哪个，他就扮老虎。第二步，游戏开始，大家排成长蛇阵，最前面较高大的一位当“老羊”，后面的人作“小羊”，一个跟一个拉住前面人的衣服。“老虎”东奔西窜要吃“小羊”，“小羊”东躲西藏（不能松开拉衣服的手），“老羊”伸开双手保护“小羊”。如果哪一只小羊被老虎捉住，就算被吃掉了，这只羊就被罚出队伍。第三步，按队伍人数计算，吃掉三分之一，“老虎”就算胜利了，接下来可以换一只“老虎”，游戏重新开始。（男、女孩都玩）

洋枪打老虎 用硬纸板剪成扑克牌状，上面画上（或写上）洋枪、老虎、癞痢、小孩、公鸡、蜜蜂图像（或字样），共六张牌。开始时要把牌放在身后，两人同时出牌。按照“老虎吃小孩，小孩捉公鸡，公鸡吃蜜蜂，蜜蜂叮癞痢，癞痢背洋枪，洋枪打老虎”的规则，以大吃小，直输到无牌出为止。再来的话，可以向别人借牌，从头开始。（男、女孩都玩）

找朋友 四人一组，围成一圈，先把手放在后面，然后同一时间伸出。手心朝上的为一方，手心朝下的为一方。如果四人或三人一致则无效，重新再来，直到两两相同为止。找朋友也可以是其他游戏的准备阶段，即分组阶段。（男、女孩都玩）

瞎子摸鱼 准备一条手帕，给扮“瞎子”的人眼睛蒙上。然后左右几个人抓住“瞎子”的手，在原地转圈子，反转几圈，顺转几圈，让他摸不着东南西北，再放开手。然后就开始拍他的屁股，“瞎子”凭借声音来捉人，谁被捉住，就轮到他来扮“瞎子”，游戏轮流进行下去。（男、女孩都玩）

鸡啄虫 两人游戏。双方伸出一只手放在胸前，中指和无名指往手心处扣。伸开的大拇指为土地菩萨，食指为鸡，小指为虫。游戏规则是：鸡啄虫，虫钻土地，杀鸡请菩萨。用指头点指头，谁的被先

“吃光”谁就算输。（男、女孩都玩）

石头剪刀布 两个人的游戏。开始时，双方把手放在身后，然后嘴里喊石头、剪刀、布，在“布”字落音的同时伸出手。规则是：拳头代表石头，手掌代表布，两个指头（食指和中指）代表剪刀。石头大于剪刀（石头敲剪刀），剪刀大于布（剪刀剪布），布大于石头（布包石头）。一般三次定输赢，赢的一方有选择开始的权力。（男、女孩子都玩）

搭东架 十几岁的孩子爱玩的游戏。在晒坦或空地上，找来两块砖头，再脱下一只鞋横放在两块砖上。一个人站在三米远之外，用脱下的另一只鞋子对准横架在砖块上的鞋子打过去，如果打落下来就算赢了，没有打落下来就算输。两人轮流打，谁打落的次数多谁就是最后赢家。（男孩玩居多）

捉子 即抓石子。把碎瓦片或白色的石子敲打成一公分大小的小石子，一般是七颗即行。首先，用抓子多少来决定由谁开始。先抓的人把七颗石子散开在地上，然后捡取其中一颗，往空中抛去，并且迅速捡起地上一颗，同时接牢空中那颗石子。接着便是同时捡取两颗、三颗等。在捡取地上石子时空中的石子不能落地，手中的石子也不能落下，否则就是输。如果输了则轮换对方来抓取。如果没有犯规，每次赢就可以抛子，即把所有的石子放在手心，往手背上翻后再往手心里抓，抓得越多赢的机率越高。数量可以累计，谁先达到一百谁就是赢家。（女孩玩居多）

寻拉宿 即捉迷藏。游戏开始先确定一个“寻”的人。方法是：由一个高个子伸出一只手，与肩平行，掌心向下，其他的人伸出一根食指点在他的掌心上，听他喊：“天公晴不晴？”大家回答：“晴！”“天公落不落？”“落！”接下来他喊一声：“簑衣加箬帽。”声音没有落地，手就开始往下抓。谁被抓住，谁就是捉（寻）的人，要靠到角落里用双手蒙住眼睛。其他的人赶紧四处奔跑，各自躲藏。捉（寻）的人听到“好了”，才可以去找躲藏的人。被找到的躲藏人就代替捉的人，第二轮游戏开始。（男、女孩都玩）

下火铳盖棋　先画棋盘：在圆圈里面先画个十字，十字中间再画个小圆，四个边角各画半个小圆。整个棋盘像火铳盖，所以称“火铳盖棋”。画好后，两人各占一边，双方各准备七颗棋子。为示区别，一方用小石子，另一方可用小木棍（就地取材）。摆子时，中间和两边在靠近自己的一边各放一粒，对准自己的半个圆放四粒，就可以沿着规定的路线开始包围，谁的子被吃光或无子可走就算输。（男、女孩都玩）

香烟纸牌比大小　用大人抽过的香烟纸盒做成扑克牌，香烟牌子朝外。打牌的时候，牌从身后伸出来，谁的牌子价格高谁就是赢家（如：经济牌8分，大红鹰1角3分，雄狮1角8分，新安江2角4分，利群2角9分，西湖3角4分……），低档的牌子被高档的吃掉。最后谁的牌输光了游戏就结束。如果继续进行，输家可向赢家借牌。（男孩玩居多）

坐手轿　三个人以上玩。其中两人各自用右手抓住左手手腕，然后左手抓紧对方的手腕（反之亦可），形成一座轿。接着两人同时蹲下，让第三人坐上，坐者双脚伸在两人胸前，双手扶住两人脖子，站起来走动或转圈。边走边唱儿歌："筛筛糠，拜拜米，你吃糠，我吃米，你吃鸡屎，我吃糖，糖儿甜，宝宝是个活神仙。"三人可以轮流坐手轿。（女孩玩居多）

跳步赛 选一块比较长的空地，先确定一个游戏距离，然后用石头、剪刀、布来规定"跳步"。规则是：如果是"布"赢，跳10步；如果是"剪刀"赢，跳两步；如果是"石头"赢，跳5步。一个来回后，谁先跳完规定的距离谁就是赢家，输的人要背赢的人一个来回，接着开始下一轮。（男女孩都玩）

打三角尺 将一张长方形的纸，先折成一个等腰三角形，再把一个角向上折，形成两个等腰三角形，到最后把两个边角往最里面的缝隙塞进去，一个三角尺就做好了。玩时，一人先把三角尺放在地上，另一人则用手中的三角尺去打地上的三角尺，利用角度和风力使地上的三角尺翻过身来。如果打翻过来就算赢，地上的三角尺归赢方。对方再放一张让赢家继续打，以此类推。如果翻不过来，就算输，换对方来打。（男孩玩居多）

踢毽子 十几岁的女孩最爱玩的游戏。毽子自己制作，一把鸡毛、一个铜钱、一根麻线，再加一小块硬纸板就可以扎成毽子。踢毽子的花样很多，如：右脚踢5下；左脚踢5下；左脚站立，右脚不落地连踢5下；左右脚对踢；右脚里左脚外翻；右脚朝外连踢规定数；右脚踢，左脚尖顶住，再用右脚踢；两只手的拇指对拇指、食指对食指形成一个圆圈，让毽子从圈中钻过；用双手十指相扣把毽子往里翻；同上往外翻；把毽子踢往空中然后用额或脸部接住；右脚前面踢出后再往屁股后面翻跳接过来踢；等等。毽子可以单踢，也可以两人对踢。

滚铁环 20世纪60、70年代在小学盛行。用一根带钩的特制铁条，推着铁环往前滚动，滚动时间长、速度快而不倒者为胜。也有比技巧的，在崎岖不平的路上滚，不倒者为胜。（男、女孩都玩，男孩居多）

网拉鱼 群体游戏，在晒坦或操场玩。由几个人手拉手形成一张网，其他人散开作为鱼。用“网”围“鱼”，“鱼”就逃跑，或从“网眼”（拉手处）底下钻过。如果被围住就算输了，被围者也就成了网的一环。这样接着玩，直到把“鱼”捉光，再开始下一轮。（男、女孩都玩）

搭鳖 两人以上玩的游戏。用小纸条折成小方块（即鳖），找块砖头，每人放上同样多的纸方块。然后在三米外画条线，站在线外，轮流用手中的小瓦片或薄石块对准砖块打去，打落的纸方块就归其所有。谁打落得多谁就是赢家。（男孩玩）

打扑克 玩扑克在梓桐源大概开始于20世纪50年代末。扑克牌与现代差不多，但玩法简单，只有“争上游”“接龙”“打百分”等几种。以小孩和年轻人玩居多。

跳绳 跳绳是一种游戏，更是一种健身活动。其形式有：单人跳、双人跳、多人跳。单人跳即用双手各执绳子一端，舞动绳子由头顶从脚底穿过。其花样有：走步式、双脚并跳式、绳子往前式、绳子往后式、双手交叉式等。双人跳即在单人跳时再“钻”进一人，两人一起跳。多人跳要取根较长的绳子，由两个人各执一端，晃动绳子呈抛物线，其他人在中间跳。跳时可以由一人进入先跳几下，然后退出，另一人再进入；也可以几个人同时跳。后来，在跳绳的基础上发展为跳“橡皮筋”，花样也更多了。（男、女孩都玩，女孩居多）

斗鸡 两人玩或多人分组玩。先在原地站好，然后弯起一只脚搁在另一只脚的膝盖上，用手抱住。准备好后，就相互用身子去碰撞对方，谁的脚先落地就算输。（男、女孩都玩，男孩居多）

犁田耙地 两人游戏，在干净的晒坦里进行。前面一人趴在地上，后面一人拉住他的一只脚，提空，然后趴在地上的人用双手和一只脚向前爬行，称之为“犁田”。如果把两只脚提空，只用双手支撑在地上向前爬行，称之为“耙地”。（男孩玩居多）

挑花 两人游戏。用一根毛线，两头打结成圆圈形，在双手手掌各绕一圈。再用左手中指去挑右手手掌上的线，用右手中指去挑左手手掌上的线，拉紧后形成第一种“花样”。然后另一人用双手手指去翻挑，使其变成另一种“花样”套在自己手指上。这样轮流进行下去，可以挑出许多“花样”来。所以有的村把这种游戏称之为“樊梨花”，即多变化的意思。（男、女孩都玩，以女孩居多）

拔河 集体游戏，至今流行。在空旷的场地（一般是操场、晒坦），放一条粗长的绳子，绳子中间系上红绸。红绸对准地上的中心线，中心线两旁各画一条直线，两条直线之间就是“河区”。然后把参加游戏的人分成均衡的两队，每个队伍拉住绳子一端。游戏开始，哨声一响，两队就拼命把绳子往自己的方向拉。旁边的人就“一、二、三”地喊着为自己队伍加油。红绸过了“河”偏向哪方，哪方就是胜者。然后交换场地，一般三次定输赢。（学校组织居多，社会组织有时也举行拔河比赛）

发拳 亦称划拳、猜拳。一种口猜双方手指和数的成人游戏。里人讲究饮酒发拳，以增宴席热闹气氛。因而每逢喜庆，拳令之声往往不绝于耳。各地拳令大同小异，多为庆贺祝福之语。试举常呼酒令之一，以飨读者：

春富寿啦（音“拳握手”，开始语），一等恭喜；二家好来；三元结蒂；四季发财；五谷丰登（本地一般不发）；六六顺利；七巧；八仙；九子登科；满堂富贵！

三、方言俚语

俗话说，五里不同风，十里不同俗。方言俚语更是纷繁复杂，不胜枚举。即使同一源里，相邻村庄之间也不尽相同。这里仅选录部分略具代表性的以飨读者。

称呼类

【吾】我　第一人称代词。吾里，即“我们”。

【嗯】你　第二人称代词。暖，即“你们”。

【扣】他　第三人称代词。佧，即“他们”。

【四果】自己。“自”方言音“四”，“家”方言音“果”。

【娘娘、爷爷】祖母、祖父。

【外公、外外】外祖父、外祖母。

【老子、娘母】背称父亲、母亲。

【老公、老女】丈夫、妻子。

【娘婆、新妇】婆婆、媳妇。

【哥老官、弟老官】背称哥哥、弟弟。

【姐老官、妹老官】背称姐姐、妹妹。

【驮、细姨夫】大、小姨夫。

【叔伯姆】妯娌。

【侄郎、侄囡妮】侄儿、侄女。

【啵啵、婶婶】伯母、叔母。

【伯伯、叔叔】伯父、叔父。

【朝翁】公公。

【兄弟果】弟兄总称。

【姊妹果】姐妹总称。

【性农果】男孩子。

【囡妮果】女孩子。

【嫩毛羊】儿童。

【驮农果】成人。

【先生】旧对医生、老师的尊称。前面冠姓或名，如“取取先生”“汉书先生”。

【火头师傅】厨师。

气象、动植物

【日头孔】太阳。

【落雨落雪】下雨下雪。

【打天隆】打雷。

【闪霍响】闪电。

【打薄落】下冰雹。

【苞芦】玉米。梓桐源广种苞芦，过去为农民主粮。苞芦整粒可炒，磨粉可做馃、发糊、煮羹。杆富糖分，可制糖，可供炊，棒可饲猪。

【卢稼】高粱。

【粟谷】小米。

【莳】番薯。梓桐源中桐、里桐习惯将番薯叫“莳”，如掘（挖）莳、洗莳粉、煎莳糖、吃莳粥等等。

【佛豆】蚕豆。

【蚕豆】豌豆。

【北瓜】南瓜。梓桐源习惯把南瓜称之为北瓜。如炒北瓜，煮北瓜粥等。

【落苏】茄子。有长条和卵形两种。“红苋调灰种磅田，落苏扁荚竹篱边。枯松高架北瓜络，羊角签排豆蔓牵。”（清方西畴《新安竹枝词》）

【猪牯】种猪。

【荣鸡公】公鸡。“荣”即“雄”。

【鸡子、鸭子】鸡蛋、鸭（喔）蛋。

【阿公公】蚂蚁。

【吱吁】 蝉。

【黄膳】 黄鼠狼。

其他类

【面布】毛巾。

【笤帚】扫把。

【箩柜】稻桶。“柜”音“除”。

【狂刀】柴刀。

【薄刀】菜刀。

【长角】二齿锄。

【三角爬】 月削，平板锄。

【桁竿】晒衣竿。有竹、木两种。“蓝衫悬竹桁，乌帽挂松枝。”

【火充】竹编烤篮，内置铁皮或陶质火盆，用来盛炭火。火充盖既可防烘烤衣物烧毁，又可焙馃烘糕。

【哄坞】风车。用于清除粮食中的杂质。

【簟皮】晒粮食的工具。

【做生活】做工，干活。泛指一切劳动。

【嬉】玩乐。“业精于勤，荒于嬉。”（唐韩愈《进学解》）。民谚称：“生在杭州，嬉在苏州，死在扬州，葬在徽州。”

【下饭】以菜肴佐餐。“下”方言音“花”。

【嚼痴】讥人胡言乱语。

【行时】时运好，事情顺利。

【倒灶】时运不济。“灶灭其火，唯家之祸。”（《大玄·灶》），后引申为事情不顺利。

【跌股】 吃苦头，倒霉之意。

【前世不修】失意时常用的一句怨言。“前世”源于佛教供奉的三世佛——前世佛主燃灯佛，今世佛主释迦佛，来世佛主弥勒佛。佛教轮回说认为人有三世——前世、今世、来世，世代相传，生生不息。

【堂前】即今客厅。用于礼节性活动，如迎接客人，办理喜事等，平时也作为起居活动场所。

【八仙桌】八人环坐的方桌。李白、李琎、苏晋、张旭、焦遂、贺知章、李適之、崔宗之八人常聚在一起饮酒作乐，后人称之为“饮中八仙”，故将饮酒之桌称为八仙桌。

【弄堂里】胡同。

【槛门】窗户。

【灶下】厨房。

【毛司】厕所。

【顺手、反手】右手、左手。

【旧年、该年】去年、今年。如旧年是猪年，今年是鼠年。

【杀麻】黄昏。

【驮龙】抱孩子。

【谈天】说话。

【不作声】不吭声，不说话。

【盘川】路费。

【打半工】发疟疾。

【促病】看病。

【歇力】休息。

【客气】漂亮、好看。

【难促】丑陋、难看。

【不识的】不知道。

【斫柴科草】砍柴、割草。

【着衣服】穿衣服。

【搅火】烤火取暖。

【蒙槌】棒槌。

【纸鸢】风筝。

【事体】事情。

【哪化】哪里。

【拉鱼】捉鱼。

【沿边】旁边。

【中央】中间。

【往年】前几年。

【日里、夜里】白天、晚上。

【钟摇睏】打瞌睡。

【猜白话】猜谜语。

【蒲日】晒太阳。

【好了无聊】好得很。

【多少好】很好。

【它来】什么。

【憨依】怎么样。

四、民谚拾掇

气象类

晴初一，烂月半。

清明断雪，谷雨断霜。

惊蛰雷动，虫蛇出洞。

两春夹一冬，无被暖烘烘。

春天孩儿面，一日变三变。

吃了端午粽，还要冻三冻。

夏至起风，晴到立冬。

夏至有雾，晴至白露。

六月不打扇，稻谷收一半。

大旱不过七月半。

一日黄沙三日晴，三日黄沙滴淋淋。

早上秋，凉嗖嗖；中午秋，晒昏头。

日落胭脂红，无雨必有风。

春东风，雨祖宗；春西风，燥烘烘。

东虹日头西虹雨，南虹刀枪北虹火。

白鹭归源，大水推（淹）田。

日晕三更雨，月晕午时风。

日头反照，晒得鬼叫。

月亮毛丛丛，无雨也有风。

天上鲤鱼斑，晒谷不用翻。

开门见雨饭前雨，关门见雨一夜雨。
夏雨隔座山，秋雨隔田塍。
山戴帽，蛇过道，蛤蟆叫，大雨快来到。
蜜蜂出桶天放晴，鸡不归窝阴雨临。
喜鹊“喀喀”叫，今朝日头笑。

农事类

种子年年调，好比施肥料。
秧好三分稻，桑好一半蚕。
宁种隔熟豆，不种隔夜秧。
冬种深一寸，稻谷多一半。
有水无肥一半谷，有肥无水朝天哭。
年里浇麦麦成堆，年外浇麦空布袋。
画眉叫三声，上山好动身；画眉叫三遍，回家摸不见。
秋日雷（音“累”）一雷，外半源给里半源颁布袋。
八成熟，十成收；十成熟，两成丢。
旱煞一半，涝煞全无。
桃花开满垄，豆籽好出桶。
豆上撒上灰，豆籽一堆堆。
吃了谷雨饭，天晴落雨要出畈。
下麻三日晴，归家买油瓶；下麻三日落，回家敲油勺。
三年桐籽七年漆，十年棕头开不得。
七月挖金，八月挖银。（锄茶园）
七月葱，八月蒜，九月再种少一半。
吃了中秋粽，麦籽慢慢种；吃了重阳酒，麦籽不离手。

社会类

美不美，家乡水；亲不亲，故乡人。

金窝银窝，不如自己的狗窝（穷家）。

五里不同风，十里不同俗。

远水难救近火，远亲不如近邻。

远亲不可断，近邻不可疏。

宰相肚里好撑船。

良言一句三冬暖，恶语伤人六月寒。

鸡啄麻糍难开口。

少吃多滋味，多吃坏肚皮。

冬吃萝卜夏吃姜，不用医生开药方。

黑心钱，一蓬烟；生意钱，三十年；种田钱，万万年。

穷不生根，富不到杪。

留得青山在，不怕没柴烧。

好事不出门，孬事传千里。

姜是老的辣，醋是陈的酸。

内行看门道，外行看热闹。

聪明一世，懵懂一时。

拳不离手，曲不离口。

走不完天下路，读不完世上书。

性急吃不得热豆腐。

活人赚活钱，死人打长年。

争口无好言，出手无好拳。

不怕别人看不起，只怕自己不争气。

佛争一炷香，人争一口气。

万众一心，黄土变金。

不做亏心事，不怕鬼敲门。

一个篱笆三个桩，一个好汉三个帮。

嬉要好伴，住要好邻。

在家靠父母，出外靠朋友。

油多不坏菜，礼多人不怪。

有借有还，再借不难。

强将手下无弱兵，严师门里出高徒。

不听老人言，吃苦在眼前。

学好千日不足，学坏一朝有余。

八十八，莫笑人跷脚眼瞎。

嬉在外婆家，吃在丈母家。

养儿防老，积谷防饥。

亲兄弟，明算账。

清官难断家务事。

上梁不正下梁歪。

穷在家里，富在路上。

用砖匠，有得挑；用木匠，有得烧。

六月不晒背，冬天要后悔。

吃不穷，用不穷，不会打算一世穷。

养牛为耕田，养猪为过年。

小洞不补，大洞吃苦。

天上落雨地上流，夫妻争口不记仇。

三朝媳妇不要宠，三朝婴儿不要捧。

千补万补，馃饭顶补。

不沾烟和酒，活到九十九。

千金难买老来瘦。

第十章　土产品珍

梓桐苞芦馃

梓桐人们啥主粮？田间玉米赛珠黄。
秋阳照耀山羊角，粉馃红炉脆又香。

——胡剑楼

乌桕 梓桐源传统经济作物。以乌鸦喜食而得名。别称桊子树、蜡子树、木梓树。属大戟科，落叶乔木。树冠近球形，小枝细。叶菱状卵形，五月开细黄白花。深秋，叶子由绿变紫、变红。叶落籽出，露出串串“珍珠”。籽实初青，成熟时变黑，外壳自行裂开剥落，露出蜡白籽实。桕籽产青油和皮油。解放前，青油是农民主要点灯照明用油。皮油用于制蜡烛、制肥皂等。

乌桕树在梓桐源广有分布，多种植于田头、地角、路旁和山坡地。20世纪80年代以后，由于化学工业原料的发展，国家不再收购桕籽。因而乌桕树被大量砍伐。目前，乌桕树已经比较稀少。

油桐 梓桐源传统经济作物。俗称桐子树，属大戟科，落叶乔木。树高3米至10米。叶互生，革质，卵状心脏形，绿色有光泽。花先叶开放，呈圆锥形复聚伞花序，密集小枝顶端。核果近球形，与苹果相似。内具种子3至5颗，种子宽卵形。喜生于较低的山坡、山麓和沟旁。种仁含油量高达70%。桐油是重要的工业用油，可制油漆和涂料。

梓桐源栽培油桐的历史悠久，素有“桐白之乡”的称誉。农民向有“插杉点桐”的传统，杉桐套种，以短养长，经济效益较好。20世纪80年代后，国家不再收购，故农民也不再种植了。

山核桃 俗称小核桃、小胡桃，是淳安县传统的木本油料和干果。属落叶乔木，树高10米至20米（新品种较矮）。树皮呈灰白色，其叶单数羽状复生，叶面绿色，叶背呈锈黄色，叶边锯齿形。一般生于山坡谷地，喜气候温和，宜种于土质肥厚、排水好的钙质土壤。

淳安栽培山核桃历史悠久，早在清顺治《淳安县志》就有记载。主要产地为临歧、瑶山、屏门、王阜、唐村等乡镇。梓桐源里半源大多数村庄及中桐的龙源三村均有分布，以桐坑源、大富、结蒙、郑家和龙源三村较多。因经济效益好，现在适宜种植的村子都在扩大种植规模。

油茶 常绿灌木或乔木。树皮淡褐色，平滑不裂，叶椭圆形，有锯齿，革质，秋季开白花。是我国特有的油料树种，种子含油量20%—30%，榨出的油供食用及工业用。油茶树在梓桐源广有分布，里半源居多。

板栗 属山毛榉科，落叶乔木。树高20米以上（新品种较矮）。叶椭圆状矩圆形，疏生刺毛状锯齿。初夏开花，单性，雌雄同株。壳斗大，球形，具密生刺。坚果2—3个，生于壳中。板栗果实肥大，淀粉含量高，肉质偏粳性，适于炒食和菜用。

板栗在淳安栽培的历史已久。清乾隆《淳安县志》记载：青溪板栗其仁如蚌肉。梓桐源板栗作零散分布，各村均有，但产量不高，一般农民自己食用。相对而言，龙源三村多些。最近几年，成片栗园也在不断增加。

青枣 由青枣制成的金丝蜜枣是淳安的传统名产。金丝蜜枣形大核小，质地细密干燥，光亮透明，丝缕平整，吸糖率高。以色泽艳如琥珀、形似金丝缠裹而著称的“琥珀金丝蜜枣”，清时曾受乾隆皇帝褒奖而成为贡品。产品大部分产于青溪的左口、金峰等地。梓桐源亦有种植，旧时以里桐结蒙村的竹山、鸠岭山最多，年产青枣300多担。

石斑鱼 俗称乌石斑，有黑头和红头石斑之分，属杂食性鱼类。体小鳞多，斑纹有规则竖列，接近石色，故名。喜栖于山涧深潭及水滩的石块之下，繁殖力极强。石斑鱼肉多刺软，肉质细嫩，味道极佳。

梓桐源老溪磅和碣坝多为石块垒成，多缝隙洞穴，非常适宜石斑鱼生活。故梓桐源的石斑鱼，尤其是鱼干很有名气。据说20世纪50年代，时任浙江省委书记的江华就对它赞赏有加。

石鸡 学名棘胸蛙，属两栖类动物。色呈褐黄，皮肤粗糙。雄蛙背部有成行的长疣，胸部有大团刺疣，刺疣中间有角质黑刺，前肢粗而短，后肢较长；雌蛙背部布满小圆疣，腹部光滑，趾有蹼，以昆虫为食，善跳跃和泅水，喜栖溪流石涧。野生石鸡营养丰富，价格昂贵。梓桐源深山溪涧之中均有出产。

蕨菜 俗称蕨芨，多年生宿根草木，因形似爪子，又称“龙爪菜”。春季自地下茎抽出嫩茎，黄绿色，以荒山、荒地为最多。嫩茎长至5寸左右采摘为好，待其展叶、生毛即不可食。采摘后，用沸水煮熟，制成蕨芨干。蕨芨干炖火腿，柔软清脆，味道独特。用蕨芨干煮“年羹”（米粉汤），也是梓桐源人最喜欢的吃法。据说厥芨干不仅味道好，而且还有降低血压和胆固醇的功能。

蕨根洗粉即“乌露粉”，也叫“山粉”。20世纪60年代“三年困难时期”，农民大量挖取蕨根充饥。蕨根经捣碎、淋洗、沉淀、去渣、晒干制成蕨粉，味道胜过薯粉。

腊豆腐 亦称“辣豆腐”。据传，腊豆腐是丈母娘在腊月做好，用来回赠女婿吃的，故称“腊豆腐”。制作腊豆腐的豆浆要磨得特别细嫩，豆腐起锅上榨后，拌入辣椒丁、桔皮丝等佐料，然后紧压漏尽酸水。出榨后，切成块，用文火焙，直至两面发黄，再放进配有桂皮、茴香等佐料的五香酱油中煮沸，约半小时起锅，风干后即成。腊豆腐色微黄，韧性好，咸淡适中，细嚼回味无穷。梓桐源的腊豆腐做得好，烘豆腐、臭豆腐也极有特色，备受邑人赞赏。

辣椒酱　淳安一大特产。梓桐源家家都会制作。其方法是先把黄豆煮熟，摊开凉干，然后将炒熟的麦麸或麦粉掺入熟豆内搅拌。麦粉用量以能将潮湿的熟豆拌成颗粒为宜，再用棉絮等覆盖发酵，待豆的外表长出金黄色或灰色的豆花时，放置在太阳光下晒干，称“酱黄”。将洗净、晒瘪的红辣椒切碎，加入30%的食盐，再加入生姜、大蒜、茴香、白糖、黄酒等佐料，与酱黄一起放置于适当的瓷坛内，1个月后即可食。

腐乳　腐乳、辣椒酱，对梓桐源人来说称得上是分不开的孪生姐妹。宁可无肉，不可缺此也。其制作方法是将白豆腐切成小方块，放入箩筐中，垫上梧桐树叶或稻草杆，上覆布，任其发霉，以生毛菌为好，再粘拌辣粉、茴香粉和炒过的食盐，入罐时加入少量黄酒密封，十天半月后即可食用。

苞芦馃　玉米俗称苞芦，玉米饼即称之为苞芦馃。苞芦馃在淳安较为普遍，但各地制作方法略有不同。唐村八都一带偏爱“生粉馃”，即用水将苞芦粉浸润后，放在双手之间拍成饼，然后放在锅中烙熟。这种馃的特点是粉较粗糙，制作方便，苞芦的香味特别浓郁，可以说是原汁原味。梓桐源习惯于吃“细粉馃”，其制作较为复杂些。将苞芦粉放在锅中烧制成粉团（俗称“烧茨”），起锅后放至“水缸板”上用双手揉搓，然后摘成小粉团，再用手粘水将其拍成薄饼，放至铁锅中烙，烙时要翻动2至3次，表皮鼓起时即可起锅。梓桐苞芦馃以圆、薄见长，细软可口，色香味俱佳。

另一种吃法是“包菜馃”。即以苞芦粉作皮面，以豆腐腌菜、豆腐萝卜或其他蔬菜为馅心，外加猪油丁，用双手拍成饼后放入铁锅里，温火烙至色泽微黄、外皮焦脆、有苞芦香、馅心油润有板油香即可。此时食用亦可，但还差一味。最佳吃法是取出冷却后，放至火炉上焙烤。香喷喷，甜滋滋，脆松松，令人食欲大增，胃口大开。苞芦馃最为耐饥，故深受乡民欢迎。民谚云：“手捧苞芦馃，脚踏一炉火，除了神仙就数我。”传神地道出了农民对苞芦馃的厚爱。

茶叶　梓桐源传统经济作物。20世纪70年代之前，“两籽一叶”（即柏籽、桐籽、茶叶）是农民经济收入的三大来源。

茶树属山茶科，多年生常绿木本植物。一般为灌木，多在0.8至1.2米之间。中国是茶的故乡，最早的茶树出现在云南、贵州和四川一带。原始的茶树可以长到几十米高，慢慢从长江中下游过来，从乔木、半乔木而变成灌木。春秋至秦汉时期，人们开始食茶。战国时期，茶叶从古巴蜀传到中原。人类种植茶叶最早记载的地方是四川蒙山，西汉吴理真是植茶最早记载的第一人。汉代，中国最早的茶叶文献——王褒的《僮约》诞生。两晋南北朝，中国茶业初兴，茶文化初显：儒学家以茶养廉；道学家以茶升清降浊；佛学家以茶禅定入静，明心见性；清谈家从玄学清谈发展为佐茶会友；文学家、词赋家以茶激发文思，感悟茶性外化为诗赋歌志。唐代，世界上第一部茶学专著——陆羽的《茶经》问世。《茶经》首次把饮茶当作一门艺术，创造了从烤茶，选水，煮茗，列具，品饮的一套中国茶艺，营造了美学意境。元明清时期，茶类百花齐放，乌龙茶、红茶、绿茶、散茶都是从元明开始流行的；品饮艺术随之跟进，从“唐煮”“宋点”演进为元代的“冲泡”。

今天人们饮茶，不仅为解渴，而且为保健，同时更是一种精神和文化的享受。

淳安产茶历史悠久，梓桐源是主要茶区之一。尤其是里半源，与著名的“鸠坑贡茶”产地相邻，茶叶品质优异。传统茶叶的采摘时间为清明之后，立夏之前（谷雨前后），故有“夏前是宝，夏后是草”之民谚。新中国成立后，茶叶的发展也几经起伏，20世纪70年代至80年代发展较快，茶叶种植面积大，产量高。20世纪90年代后从数量型转向质量型，品种也从普通“炒青”转向制作“名茶”。2007年，梓桐镇有茶园6445亩，产茶155吨，产值约1700万元。

蚕桑 当代梓桐源的主导经济。桑树为落叶乔木或灌木，树体富含乳浆，树皮黄褐色。叶卵形至广卵形，叶端尖，叶基圆形或浅心脏形，边缘有粗锯齿。雌雄异株，5月开花，柔荑花序。果（桑葚）熟期6—7月，聚花果卵形或圆柱形，黑紫色或白色。桑树喜光，喜温暖湿润气候，对土壤适应性强，耐寒、耐修剪。

据南宋《严州图经》记载，自宋以来，养蚕业便成为淳安农民的主要副业之一。明清时更为发达。后因战乱，蚕桑业一度凋落。至1950年，全县仅有桑树15600株，产茧250担。新安江水库建成后，大量农田被淹没，吃粮矛盾突出，导致毁桑种粮。至1964年，全县仅剩桑园47亩，产茧10担。1965年桑蚕业开始复苏，且发展很快。1979年，全县桑园面积超万亩，1981年产茧超万担，1990年超过5万担，成为杭州蚕桑重点县。

梓桐源蚕桑发展起步于20世纪70年代，中桐的钱家、斗坂，里桐的结蒙、郑家、桐坑等村种桑养蚕较早。因经济效益好，很快就像“星火燎原”遍及梓桐各村。20世纪80年代初土地到户，1986年中桐办了缫丝厂，产供销一条龙，加快了蚕桑业的发展。20世纪90年代后，开始在农田大面积种植桑苗，形成了常宁、结蒙、叶家等几大示范基地。蚕桑经济被定为梓桐主导产业。1991年，中桐、里桐、外桐三个乡桑园面积达5391亩，产茧333.7吨；2004年，梓桐镇桑园面积为6300亩，养蚕农户为2848户，产茧664.43吨；2007年，桑园面积为6700亩，产茧720吨，产值约2200万元。

1985年，中桐公社与杭州丝绸印染联合厂（简称“杭丝联”）合资创办了“杭丝联淳安县中桐联办缫丝厂”。1986年3月一期工程竣工，投入试生产。1986年10月，二期工程相继竣工。1990年，工业产值达966.3万元，创利税243.7万元。1992年又与县茧丝绸公司三方联营，投资300万再建一家丝织厂。1993年，该厂占地面积2万多平方米，建筑面积1.6万平方米，职工770人。年产丝120.2吨，销售收入达2094.71万元，实现利润108.58万元，税金121.19万元。1997年后，企业转制为私营，更名为“淳安县梓桐丝厂”，2001年，更名为“淳安县千岛湖茧丝发展有限公司”。目前有职工260多人，是县内规模最大的单纯缫丝企业。

番薯和番薯粉丝　当代梓桐源主导产业和著名特产。

番薯，梓桐俗称“莳”。又名红薯、地瓜、山芋等。原产于南美的秘鲁、厄瓜多尔、墨西哥一带。具有适应性广，繁殖能力强，栽培方便，高产稳产，营养丰富，用途广泛等特点。

最初引入我国是在明朝万历年间。当时福建华侨陈振龙在吕宋（今菲律宾）经商，发现当地番薯产量高，就向当地农民学习种植之法。后来经陈氏家族的推广，番薯在全国普遍栽种。

番薯系块根作物，其茎（藤）匍匐蔓生或半直立，长1米至7米，呈绿、绿紫或褐色。茎节能生芽，长出分枝和发根。利用这种再生能力强的特点，可剪蔓扦插繁殖。叶生于茎节，叶序为2/5。叶片有心脏形、肾形、三角形等，全缘或具有深浅不同的缺刻。聚伞花序，腋生，形似牵牛花，淡红或紫红色，但很少开花（开花的番薯产量低）。番薯因土壤和栽培条件不同而有差异，分为纺锤形、圆筒形、球形等。皮色有白、黄、淡红、紫红等色，肉色可分为白、黄、淡黄、橘红等。番薯生长过程分发根、分枝、结薯，蔓薯并长和薯块盛长3个时期。性喜温，不耐寒，适宜于在平均气温22度以上的夏季栽培。

梓桐源栽培番薯的历史悠久，主要作粮食、饲料和副食品用。番薯的吃法很多，有蒸（煮）番薯、烤番薯、番薯粥、番薯干，煎糖、洗粉、做粉丝等。如今，种番薯已成为梓桐源主导产业，大多数农民以种番薯来换取大米、麦粉等粮食产品和其他生活用品。

20世纪60年代末，少数家庭开始制作番薯粉丝：把番薯粉蒸熟后，夹在木架上，用特制的刨把它刨成细条即成，完全是手工操作。20世纪90年代后，采用机器制作，慢慢集中成为几家私营企业。梓桐源山清水秀，少工业污染，原料质地好。产品晶莹剔透，柔软可口。常吃不上火，不发胖，可预防癌症，属低热能、低脂肪、绿色环保型产品。目前产品远销全国各地。

葛粉 梓桐源传统特产之一。葛为多年生豆科藤本植物。葛全身是宝，其根、茎、叶、花均可入药。葛根是我国卫生部批准的药食同源植物，既有药用价值，又具营养保健之功效。关于葛粉还有一个民间传说。

相传东晋时，道学家葛洪（江苏句容人）来到茅山，选定抱朴峰结庐炼丹。炼丹原料有“八琼”（丹砂、雄黄、雌黄、云母、硫磺、空青、戎盐、消石），均有毒性。两弟子在炉边日久，呈中毒之状，施药无效。葛洪梦见三清道祖前来指点迷津："此山遍生青藤，挖掘其根，取出根中淀粉，既可充饥，又可药用，不妨寻来一试。"第二天，葛洪亲自上山挖掘，并按道祖指点的方法洗制成粉，冲泡成汤，让弟子喝下，其病即愈。当时人们并不知道这种青藤的名字，只知道是葛洪发现的，就取名"葛藤"，其根块则称为"葛根"，从葛根中提取的淀粉名"葛粉"。在淳安县流传着一则同样的故事，只不过故事中的主人公葛洪换成了朱元璋，葛洪的弟子换成了朱元璋的士兵。因为是传说，故相信哪则均无大碍。

梓桐源山民向有挖葛洗粉之传统。其方法是：将挖来的葛根投入水中浸泡三天，捞起后将其捣烂，用清水把淀粉洗入水缸或木桶中，待淀粉沉淀在桶底后再把水倒掉，取起淀粉放在太阳底下晒干，就成了葛粉。常吃葛粉，有生津止渴、消炎解毒、防暑止泻、清热润肺之功效，是老人、儿童理想的保健佳品。20世纪80年代，里桐曾经办过葛粉厂。

素面　梓桐源传统特产。旧时婚礼、寿礼必备喜物。一是制作素面的原料要精细，选用水碓飞箩筛筛下的头遍粉，其韧性足，易拉长，且不易拉断；二是盐水适量，过多过少都会影响素面质量；三是拉力适中，用力过大则易断，反之则不软。拉成扁扁的面棍后上架悬挂，一遍遍往下拉，待到细如丝时再放于通风处阴干到八成即可。制作时温度不能超过15度，否则干得快，不易拉长，且易变质，反之亦不行。

梓桐素面煮、炒均可，韧而不硬，软而不糊，滑而不粘，咸而不腻。故有名气。

麦杆扇和麦杆帽　用麦杆编织的帽子（俗称荫帽）和扇子是农家重要的生产、生活用品。梓桐源家家都有，家家会编。

取大麦杆顶端一节，剪去穗头，放入清水浸泡一两天，然后取出放在太阳底下晒干，如此二三次，麦杆就变得白皙而柔软（此时亦可用“洋红洋绿”将麦杆染色）。之后，姑娘、妇女们往往利用劳动之余的时间，一边“聊天”，一边编织麦杆“辫子”，辫子中间要添加棕榈树叶的“茎”，以增加韧性。辫子编好后再将它“盘”成扇子或帽子，外圈用布条“框边”（也有不用布条而用锯齿形的辫子框边）。姑娘们对扇子的制作很讲究，麦杆原料要选最好的，然后漂白，破成细条再精心编织。扇心圆框用彩色丝线扎就，而且扎出花样来，如“福”字、“寿”字等，中间洁白的扇心绣上美丽的图案——花鸟、鱼虫、龙凤等。可以说，梓桐源的麦杆扇不仅经济、美观、实用，而且称得上是民间精致的工艺品。麦杆帽更是农民的心爱之物。晴天遮阳，雨天挡雨（小雨），“歇力”时取下垫屁股或捲在手中当扇子，用途多多，称得上是农民的日日相伴的“好朋友”。

矿产 梓桐源矿产资源丰富，计有铅锌矿、锑矿、黄铁矿、磁铁矿、金矿、银矿、滑石矿、萤石矿、云母矿、重晶石矿、透灰石矿、朱砂矿，黑大理石矿、白大理石矿等。大多分布在里桐的尹山、河山、夏水源口、三宝台及外桐的坑村、西湖一带。

据说民国十七年（1928），先后就有河南、上海的老板来开采过锑矿（当地农民说是开银矿）。矿石要挑到威坪对面的河口冶炼厂冶炼。因交通过于不便，后来便停止了。改革开放以后，社办企业兴起，里桐恢复开采矿产，主要为铅锌矿、锑矿等，后转为私人开采。目前办有选矿厂两个，日采铅锌矿240吨左右，老板均为富阳市人。

此外，梓桐源石灰石资源丰富，故“灰窑”（俗称灰灶）遍布各个村庄。旧时，“石灰”是农村重要的“肥料”和“农药”，又是重要的建筑材料之一。

第十一章 史海存真

历史变迁

历史原为记事篇，一番风雨一番烟。
炎凉世事何须问，幻似桃源别有天。

——胡剑勋

一、梓桐亭和梓桐石桥

梓桐亭是六十里梓桐源外、中、里三桐6791户28645位居民出入的孔道。这里是梓桐源南北两条山脉环抱处。梓桐亭就在北脉向南伸的童家岭上。梓洞源、桃花源实为孪生景观。梓桐亭其实是一个长长的山洞，上有小庙。四周古木参天，浓荫滴翠。洞外满山麻桠农田，山风习习，四野茫茫。一进梓桐亭，则鸡犬相闻，烟村簇簇。

梓桐石桥，建于民国初年，方树来（曾任瑞安县长）为石桥作序。梓桐石桥为五孔茶园石建筑，桥头有石级，两边有雕花石栏。清澈如蓝的梓桐源溪水由此汇入新安江。这里是有名的长滩（慈滩）。上埠与慈滩两个村相望。滩下停泊众多船只，冬季上威坪的客商船，要耐心等纤夫一只一只拖上。水枯时，附近村民常涉水过对岸。

据《随园诗话》记载：安徽徽州秀才汪廷昉，乙酉年乡试时，因丁忧归，路过淳安。船停泊在慈滩时，曾赋诗一律云：

扁舟一叶枕江滨，　邑小如村俗尚淳。
出郭千家围竹木，　浪游五日识风尘。
云垂有脚疑成雨，水落无声欲断津。
屈指故园扫信早，　天涯极目倚闾人。

（胡剑楼　稿）

二、梓桐“尚书坊”牌楼

原胡溪村口有一座牌楼建在大路中央，有四根柱子，顶篷有飞檐，东面书“尚书坊”三个大字，西面书“双桂传芳”四字。是为庆贺叔侄同登进士，又说是皇上恩准胡拱辰建的拦路牌楼。凡就此经过的官员，比尚书官职小的官员，要下轿或下马过去。牌楼边有一大块公有场所，人们习惯叫“牌楼底”，是村民聚会地。

胡拱辰，后人叫他长水公。明代淳安胡溪人。进士，官任安徽黟县知县，并调往过广东、广西、四川等地，官至工部尚书。1440年前后在世。终年93岁。

据说胡拱辰告老还乡住在淳安老城。病故前，夏夜乘凉，忽一只母猪窜来，他随手用扇子去赶，不料母猪用嘴一拱，咬破其腹部，老人经受不住，不久即去世。安葬在县城西郊西部的西坑桥附近，听老人说，新中国成立前夕上面曾有人特来此处发掘过，但无结果。

胡溪旧村有一个厅堂叫“流芳堂”，就是为胡拱辰设立的。

（胡乐芳　稿）

三、陈硕真有关问题稽考

中国历史上第一个称帝的女性——陈硕真，这个曾在神州大地一放光辉的名字，当今不少的人，其中包括可以以她为骄傲的当代妇女，知之者恐怕不多了。关于她的原籍问题，见诸书报的文字材料，则多有误；至于她壮烈牺牲的地点，研究者也是说法不一；她的起义和称帝的历史意义也是值得探讨的。现陈述己见如下。

（一）关于陈硕真原籍的问题

现有记载陈硕真的书籍，介绍陈硕真的报刊，对于陈硕真的原籍系何处，说法不一：绝大多数的书籍、报刊，都说陈硕真是今浙江建德人；只有极少数的书籍和非正式出版的文字材料说，陈硕真是今浙江淳安人。此外，还有一种情况，只说陈硕真是唐初睦州人，于“睦州人”之后未加注明现系何处人。

要弄清陈硕真的原籍，必须先搞清“睦州”的建制情况及其治所的变迁情况。据《辞源》记载：“睦州，隋仁寿三年（603）置，治所雉山，大业初改遂安郡，唐武德四年（621）复睦州。”其中所说的治所是在雉山，而雉山的治所则在贺城。唐代的雉山，即现在的浙江淳安；而那时的贺城，则是淳安县的老县城。睦州的治所，直到唐神功元年（697），才从淳安的贺城迁到建德的梅城。从这时起的“睦州”，才能说是“今浙江建德”。但是，这时距陈硕真起义的唐永徽四年（653）已有四十四年之久了。而且，治所设在雉山贺城的睦州，只辖雉山、遂安、寿昌三县，还未包括建德县。由此可知，陈硕真的原籍，如果只说是“睦州”，并没有错；如果说是“今浙江淳安县”，那就更具体更确切了；但若说是“今浙江建德县”，那就搞错了。

近几年来，淳安、建德两县都曾组织人员，对陈硕真起义的历史资料和民间传说，进行了收集整理，两县得出了相同的结论：陈硕真原籍系今浙江淳安县。淳安县文化馆1986年编印的《陈硕真传说》和淳安县民间文学集成办公室1988年编辑出版的《中国民间文学集成浙江省淳安县卷》中，都说“陈硕真是雉山县（今淳安）梓桐源田庄里人”。而建德县图书馆1987年编撰的《严州人物》一书则说：“陈硕真，唐睦州青溪（淳安）县碣村人。”雉山，是唐初时的县名；青溪，是唐后易的县名；说的都是今淳安县的故名。陈硕真是唐初时期人物，说到她的原籍，还是以“雉山”为更妥。至于具体说到是哪个村子的人，淳安说，她是淳安县“梓桐源田庄里人”；建德说，她是“青溪县碣村人”。田庄里，是在新安江千岛湖南岸的梓桐源口，那里有好多关于陈硕真起义的遗迹和传说，而碣村，是在田庄里西北方向约二十多公里的新安江千岛湖北岸，是北宋方腊起义的地方。所以，陈硕真的出生地，还是以前者的记载和说法更为准确。

据上所说，陈硕真的原籍，应该是唐代睦州雉山县梓桐源田庄里，也就是现在的浙江省淳安县梓桐源外桐乡的田庄里村。

（二）关于陈硕真牺牲地的问题

陈硕真起义并称帝，不仅在她取得胜利的时候有着各种不同的振奋人心的记述和传说，而且在她英勇牺牲的时候也有不同的感人肺腑的描叙和颂扬。

在建德，人们传说在梅城城东十八公里处的“落凤山”，是陈硕真的牺牲处。陈硕真起义军失利后，战斗到只有七八个人了，当官兵大队人马向她扑来时，陈硕真视死如归，纵身跳下了陡峭的悬崖。这时有一只光彩夺目的彩凤飞来，负陈硕真而去。落凤山的山名，就是由此而来。上海辞书出版社出版的《中国名胜词典》，对落凤山也做了类似这样的辞解。

在淳安，人们传说陈硕真起义军失利后，退兵故里。她令所有部将退入梓桐源里，自己仗剑扼守隘口，迎敌奋战，杀得唐朝官兵尸首堆积如山，血流遍野。但因彼此兵力悬殊，寡不敌众，最后被唐朝官兵乱箭射死，英勇牺牲。陈硕真正气冲天，死仍站立不倒。后人为了纪念她这位女英雄，就把这源口的两座小山叫作文佳岭、尸山坪。千岛湖形成后，文佳岭和尸山坪已成为梓桐源口千岛湖边的大小两岛。

从现有的书籍记载、报纸上的文章看，由于多数文章在说陈硕真的原籍是“睦州”之后，又都注明睦州即今浙江建德县，所以在文章中说到陈硕真牺牲时，虽然只说了她牺牲于睦州，而未再加注解，但在实际上，文章作者本人的概念及其告诉读者的，当然也就是说陈硕真是牺牲在现在的浙江省建德县了。但是，北宋的《资治通鉴》、建德的《严州人物》、淳安的《陈硕真传略》等文史材料记载，陈硕真的牺牲地，是在唐代的睦州雉山县，即现在的浙江淳安县。《资治通鉴》说：婺州（今浙江金华市）刺史崔义玄率部“至下淮，……斩首数千级，……进至睦州境，……，十一月，庚戌，房仁裕合，获硕真、叔胤，斩之”。《严州人物》说：“十一月二日，……崔义玄攻陷了睦州，起义军在城里同唐军进行了英勇的巷战。陈硕真、章叔胤在最后身负重伤的情况下，退归睦州，途中不幸被俘，英勇就义。”《淳安地方志》说：“十一月十一日，崔义玄部与房仁裕部会合。由于重兵压境，陈硕真退保睦州，终因兵力悬殊，硕真、叔胤两位农民起义领袖不幸被捕，惨遭杀害。”《资治通鉴》《严州人物》《淳安县地方志》所说的“睦州”，与其他许多书中所说的“睦州”不同，指的是今浙江淳安县。何以见得？因为它们在说到陈硕真的原籍睦州时，对睦州的注解是雉山县或今淳安县。

综上所述，陈硕真英勇牺牲处，就在她聚众起义地，是唐睦州雉山县，今浙江省淳安县。

（三）关于陈硕真起义并称帝的意义

陈硕真起义并称帝，在中国历史上有没有意义，有多大的意义，人们的认识不一。笔者根据史学家的记叙和评论，认为有以下意义：

（1）陈硕真起义并称帝，揭去了“皇权天授”的面纱。在中国封建社会里，封建皇帝为了巩固、维持和延续他们的统治，编造了“天子受命于天”“龙子龙孙”等封建迷信的理论，借以欺骗蒙蔽人民。陈硕真以一个普通农家女子的身份，敢于率众反抗神圣的封建皇朝，敢于大胆地自称“文佳皇帝”，充分表现了她不信“天命”的大无畏精神。从秦、汉、三国、两晋、南北朝、隋到唐永徽四年，在中国将近900年的封建社会史上，未曾有过称帝的女性。身为封建社会的农家女子，陈硕真不仅敢于率众抗击强大的唐皇朝，而且敢于号称没有女性敢称的皇帝，这在历史上是第一次。

（2）陈硕真起义并称帝，曾经震惊了强盛的唐皇朝。陈硕真起义反唐之时，尚属唐朝巩固和繁荣时期。但是，即使是在盛唐之时，也仍存在着官吏贪暴、豪强压榨的一面，以致酿成官逼民反，爆发农民起义运动。此事震惊了朝廷，遂从外地调兵遣将前去镇压。此次起义失败以后，江、浙一带的官府仍然惶恐不安，生怕起义军卷土重来，因此到处搜捕可疑人员。当时在现在的南京、镇江一带，对于来自浙江的和尚也不敢留宿。可见陈硕真起义对唐朝影响之大。

（3）陈硕真起义并称帝，是对中国封建礼教的挑战。在封建社会里，男尊女卑，妇女被压在最底层，深受政权、神权、族权、夫权的多重压迫之苦。陈硕真率众起义并称帝，冲破了“四权”的束缚，宣告了中国妇女和男子一样大有作为！

（4）陈硕真起义和称帝，给予后人以革命的启迪。中国历史上真正掌政权并称帝的女性是距陈硕真起义之后37年的武则天。有些历史研究工作者认为，武则天之所以敢称帝，是受陈硕真敢于称帝的启迪。北宋方腊起义，地点就在距陈硕真起义之地仅20公里的同一县同一区，当地人们说，是受陈硕真起义的影响；北宋方勺所著的《青溪寇轨》也认为：“梓桐相传有天子基、万年楼，方腊因凭籍而起……。”此后，明初永乐十八年（1420）今山东滨县白莲教女首领唐赛儿率众起义，清朝乾隆年间今湖北襄樊白莲教女首领王聪儿率众起义，以及清光绪年间天津义和团女首领林黑儿率众起义，从她们率众起义的情况和特点来看，都与陈硕真起义的壮举有关，都因受陈硕真起义启迪而爆发。

（卢华　稿）

四、梓桐源移民村庄、人数及去向

20世纪50年代末、60年代初的“新安江大移民”是一幅惊天地、泣鬼神的历史画卷：29万淳安（含原遂安县）人民，为了我国第一座自己设计、自制设备的大型水力发电站——新安江水电站建设而扶老携幼，告别家园，迁往皖、浙、赣三省的异境他乡！这其中就有梓桐源42个自然村的7709位父老乡亲。

今天，当我们尽情享受着秀丽的湖光山色和一湖碧水带来的恩惠时，请不要忘记先人们做出的巨大牺牲和奉献，不要忘记移民的亲人在告别故园时那婆娑的泪眼和蹒跚的身影……

（一）新安江水库梓桐源移民村庄人数

乡 名	村 名	人 数	村 名	人 数	村 名	人 数
外桐乡	童 家	1024	上 埠	325	石板桥	139
	世合头	126	湖 田	299	息 航	281
	邵 家	34	汪 坂	384	石山脚	106
	刘 家	28	崇 良	158	八都碓	130
	息岭脚	133	庄 里	135	溪 河	111
	阳 坂	222	包 店	361	塘坞口	335
	洋合店	29	陆家坑	47	董 家	119
	浯 溪	483	朱 家	122	石 坂	137
	练 溪	1180	水碓埠	172	接坑口	55
	石洲里	18	笑山脚	207	木瓜岭	72
	朱 家	55	黄泥坪	39	下 湾	143
	石川屋	11	丁 家	89	下坑坞	5
中桐乡	田社里	27	坑 下	240	慈 溪	690
	钱 家	212	岩石下	125	斗 坂	101

（二）新安江水库梓桐源移民去向

迁出地区		安置地区			
乡（社）名	自然村	县	省	社	队（自然村）
外桐乡	童家、石板桥、世合头	本	桐庐	至南、高翔	东华
	上埠、息航、邵家、大家坪	本	富阳	新登	城阳镇
	溪河	本	开化	城关	下茨
	庄里	本	开化	城关	罗峰
	塘坞口	本	开化	城关	黎明
	包店、洋合店	本	开化	城关	庆丰
	汪坂、刘家、石山脚	本	开化	池淮	池淮
	阳坂、麻车岭	本	开化	池淮	芹沅
	息岭脚	本	开化	池淮	虹光
	湖田	本	开化	池淮	柚底
	八都堆、崇良	本	开化	池淮	篁岸
	浯溪	本	巨县	大街	杨林
	塘坞口	江西	吉安	油田	芳头
中桐乡	下坑坞	本	巨县	安仁	笑山脚
	下坑坞	江西	吉安	油田	花桥
	西湖、董家	本	巨县	安仁	西湖
	石坂	本	巨县	樟潭	平坦
	石川	江西	吉安	油田	七里
	浯溪	江西	务沅	务口茶场	向阳
	石坂	江西	务沅	务口茶场	立新
	坑下	本	遂昌	城关	新东
	坑下	江西	景德镇	鹅湖	京山

续表

迁出地区		安置地区			
乡(社)名	自然村	县	省	社	队(自然村)
中桐乡	坑下	江西	吉安	官田	舍背
	坑下	江西	波阳	莲花山	新村分场
	慈溪	本	遂昌	城关	东江
	慈溪	江西	景德镇	鹅湖	朱锦
	慈溪	江西	景德镇	洪沅	高峰、前进
	慈溪	江西	景德镇	南安	古田
	慈溪	江西	南丰	古城	大沅
	胡家	本	遂昌	蕉川	胡家
	胡家	江西	景德镇	鹅湖	京山
	余家	本	遂昌	三川	余家
	余家	本	武义	桃溪滩	余家
	余家	本	龙泉	茶丰	青坑底
	水碓埠	江西	龙沅	务口	茶场
	坑村	江西	景德镇	鹅湖	朱锦
	斗坂	江西	景德镇	鹅湖	查坑
	钱家	江西	景德镇	鹅湖	红旗
	钱家	江西	南丰	古城	沅科
	岩丰	江西	务沅	务口茶场	向阳
	下湾	江西	务沅	务口茶场	创业
	下湾	江西	吉安	油田	芳头
	东湖	江西	南丰	古城	大沅
	董家	江西	吉安	油田	花桥
	水碓埠	江西	吉安	官田	平田

五、梓桐源古树名木

树名	树龄(年)	树高(米)	胸围(厘米)	冠幅(米)	所在地(自然村)
银杏	1347	32	630	12	花姑庵
银杏	650	32	340	17	尹山村
银杏	300	15	198	16	姜宅村
柏木	300	15	175	3	高山坞村
柏木	300	18	160	4	高山坞村
罗汉松	300	18	238	10	洋峰村
小叶青冈	300	12	408	8	尹山村
木犀	400	8	209	9	尹山村
枫杨	300	9	320	7	卢家村
枫杨	300	11	322	17	卢家村
石楠	300	11	114	5	河山村
女贞	460	16	195	9	杜井村
枫香	300	23	365	11	富石前山脚
枫香	250	35	140	5	姜宅村
枫香	230	30	90	4	板桥村
黄柏	100	6	12	3	洋峰村
樟树	330	21	391	16	并峰村
樟树	460	21	455	16	叶家庄

续表

树名	树龄(年)	树高(米)	胸围(厘米)	冠幅(米)	所在地(自然村)
樟树	300	14	278	15	卢家村
樟树	340	18	350	22	程家源村
樟树	300	18	297	13	河山村
樟树	400	19	450	15	坑村
樟树	470	18	568	27	杜井村
樟树	300	25	420	26	富石新屋里
樟树	300	16	290	15	姜宅村
苦槠	470	14	485	8	程家源村
苦槠	470	20	580	16	程家源村
苦槠	470	12	418	7	程家源村
苦槠	470	15	435	9	程家源村
苦槠	470	16	353	10	程家源村
苦槠	470	20	300	11	程家源村
苦槠	470	17	322	7	程家源村
银杏	350	29	108	10	富坡村
柏木	200	23	75	3	常宁村
柏木	200	29	72	3	洋峰村
化香	100	13	47	5	尹山村
杭州榆	200	21	100	8	墩头村
黄山玉兰	150	18	70	3	尹山村
木犀	200	13	62	8	三联村

后记

《古今梓桐源》的付梓出版，首先要衷心感谢中共淳安县委党史研究室、中共梓桐镇委员会和梓桐镇人民政府的鼎力支持。党史研究室主任朱华民，梓桐镇党委三任书记方震凡、徐军飞、罗宝华审阅了书稿，并提出了许多中肯的修改意见，可谓尽心尽力矣。同时，还要感谢胡耀祖、胡剑楼、胡则周、卢衍德、唐华木、胡柏木、方德和、余运德、叶春晖、胡锦帆、徐早法等诸多乡人好友的热情鼓励和实实在在的帮助。如果没有他们的支持和帮助，或许就没有此书的问世。作为编者的我，倾注了深情，付出了艰辛，也收获了喜悦，自然感到莫大的安慰。

为了对读者负责，也对自己负责，尚有几点说明陈述如下：

一、本书所指“梓桐源”系地理概念，其范围与现在梓桐镇区域相一致。

二、本书资料主要来源：县档案馆、县图书馆馆藏四部（明嘉靖、清光绪、1990年版、2016年版）《淳安县志》；县委组织部编纂的《中共淳安县组织史资料》1—4卷；县政协文史室编纂的《文史资料》和《千岛湖民间故事精选》；县地名志办公室编纂的《淳安地名志》（1984年版）；以及梓桐源部分村庄现存的宗族谱牒和本人藏书。

三、本书收集的人物部分及选取范围：“志载名人”以四部《县志》为限；“政界人士”以1949年以来至2017年3月底止曾任副科（相当副科）以上职务者为限；“教育行政”以1949年以来曾任中、小学校长者为限；“翰墨留香”以书、画方面有一定成绩、一定影响者为限；“杏林传芳”“科技·艺人”则记录部分梓桐籍有一定影响的医生，科技工作者和原淳安县睦剧、越剧团的演艺界人士。梓桐源人文荟萃，加上编者能力有限，故难以毕集于册，望因诸多原因未录入者见谅。

四、本书系杂纂体例，以资料性为主，文学性为辅；纪实性为主，可读性为辅。书中文稿除注名者外，均为编者撰写或改写。编者编写本书纯为兴趣、爱好和家乡情结所趋，别无他图。

再次对为本书做出奉献的同志和乡友表示衷心的感谢！

编　者

二〇一七年三月